Bilder

Das ist ein Foto.

Es zeigt … (die Stadt Merzig/die Insel Sylt/das Stahlwerk …).
Mithilfe der Bildunterschrift kann man feststellen, … .
Das Foto ist ein … (Schrägluftbild/Senkrechtluftbild/Erdbild).
Das Wichtigste auf dem Foto ist … .
Das Foto macht deutlich, dass … .
Im Vordergrund sieht man … .
In der Bildmitte sieht man … .   Die Landschaft ist … .
Im Hintergrund sieht man … .   Die Menschen sind … .

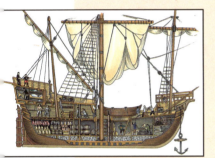

Das ist eine Zeichnung.
Sie zeigt … .
Mithilfe der Bildunterschrift kann man feststellen, … .
Besonders eindrucksvoll ist … .

Das ist eine Schemazeichnung.
Sie verdeutlicht … .

Tabellen

Das ist eine Tabelle.

Der Titel der Tabelle lautet: … .
Die Tabelle zeigt … (die Entwicklung der Einwohnerzahlen von Städten im Saarland/…).
Die Zeilen zeigen (einzelne Städte/…).
Die Spalten zeigen (die Einwohnerzahlen der Städte in einem bestimmten Jahr/…).
Es ist festzustellen, dass im Jahr … die Stadt … die meisten Einwohner hat.
Es ist festzustellen, dass die Einwohnerzahl der Stadt … zugenommen/abgenommen/… hat.
Insgesamt ist festzustellen, dass … .

Heimat und Welt ⊕

Gesellschaftswissenschaften
Saarland 5/6

Moderator:
Jürgen Nebel

Berater:
Michael Ernst, Saarbrücken
Sabine Bleyer, Homburg
Georg Kahlert, Kleinblittersdorf

westermann

 **Atlaslinks – online lernen**

Durch Eingabe des Web-Codes unter der Adresse *www.heimatundwelt.de* gelangt man auf die passende Doppelseite im aktuellen Atlas *Heimat und Welt, Weltatlas + Geschichte, Saarland*. Dort erhält man Hinweise zu ergänzenden Atlaskarten mit Informationen zu den Karten sowie weiterführende Materialien.

 **Aufgaben mit einem Pfeil**

Bei den Aufgaben, die mit einem Pfeil gekennzeichnet sind, muss man besonders nachdenken. Sie sind etwas schwieriger zu lösen.

Auf verschiedenen Seiten dieses Buches befinden sich Verweise (Links) auf externe Internet-Adressen.
Haftungshinweis: Trotz sorgfältiger inhaltlicher Kontrolle wird die Haftung für die Inhalte der externen Seiten ausgeschlossen. Für den Inhalt dieser externen Seiten sind ausschließlich deren Betreiber verantwortlich. Sollten Sie bei dem angegebenen Inhalt des Anbieters dieser Seite auf kostenpflichtige, illegale oder anstößige Inhalte treffen, so bedauern wir dies ausdrücklich und bitten Sie, uns umgehend per E-Mail unter www.westermann.de davon in Kenntnis zu setzen, damit beim Nachdruck der Verweis gelöscht wird.

© 2012 Bildungshaus Schulbuchverlage
Westermann Schroedel Diesterweg Schöningh Winklers GmbH, Braunschweig
www.westermann.de

Das Werk und seine Teile sind urheberrechtlich geschützt.
Jede Nutzung in anderen als den gesetzlich zugelassenen Fällen bedarf der vorherigen schriftlichen Einwilligung des Verlages.
Hinweis zu § 52a UrhG: Weder das Werk noch seine Teile dürfen ohne eine solche Einwilligung gescannt und in ein Netzwerk eingestellt werden.
Das gilt auch für Intranets von Schulen und sonstigen Bildungseinrichtungen.

Druck A^2 / Jahr 2013
Alle Drucke der Serie A sind inhaltlich unverändert.

Verlagslektorat: Brigitte Mazzega
Layout-Konzept und Umschlaggestaltung: Thomas Schröder
Herstellung und Satz: Lektoratsbüro Eck, Meike Lorenz, Berlin
Druck und Bindung: westermann druck GmbH, Braunschweig

ISBN 978-3-14-**114752**-0

Inhaltsverzeichnis

Neues Fach – neue Klasse – neue Schule 6
Gesellschaftswissenschaften –
unser neues Fach 8
Gewusst wie: GW-Seiten perfekt gestalten . . . 10
Wir lernen uns kennen 12
Lernen im Team: Wir erkunden unsere neue
Schule 14

Kartenkunde: sich orientieren 16
Wie orientiere ich mich? 18
Vom Bild zur Karte 20
Gewusst wie: Einen Stadtplan lesen 22
Gewusst wie: Mit dem Maßstab umgehen . . . 24
Das Gradnetz der Erde 26
Gewusst wie: Orte im Gradnetz finden 27
Gewusst wie: Eine physische Karte lesen 28
Gewusst wie: Mit dem Atlas arbeiten 30
Schaffst du den Atlasführerschein? 32
Alles klar? 34

Orientierung in Deutschland 36
Großlandschaften in Deutschland 38
Gewusst wo: Deutschland 40
Gewusst wie: Eine Kartenskizze zeichnen . . . 41
Die Länder Deutschlands 42
Das Bundesland Saarland 44
Berlin – Bundeshauptstadt mit Herz 46
Alles klar? 48

Leben in der neuen Schulgemeinschaft 50
Gewusst wie: Wir wählen unsere
Klassensprecher 52
Wir regeln unser Zusammensein 54
Wir schlichten einen Streit 56
Schule früher 58
Welcher Freizeittyp bist du? 60
Jeder Mensch spielt viele Rollen 62
Internet – Chancen und Gefahren 64
Alles klar? 66

Lernen im Team: Kinder der Welt 68
Sina in Deutschland 70
Bryan in den USA 72
Pandisvari in Indien 74
Mariam in Westafrika 76
Vier Kinder – Leben auf der Straße 78
Huy in Ägypten um 1500 v. Chr. 80
Carilla in Rom um 100 n. Chr. 82
Amadou – auf der Flucht 84
Beitrag der Schule zur Integration 86

Die Erde – ein Himmelskörper 88
Die Erde auf einen Blick 90
Gewusst wie: Ein Säulendiagramm zeichnen . 92
Die Jahreszeiten 94
Die Erde im Sonnensystem 96
Lernen im Team: Wir zeichnen
eine Weltkarte 98
Alles klar? 100

Inhaltsverzeichnis

Lernen im Team: Wetter und Klima — 102

Alle reden vom Wetter. 104
Temperaturen 105
Wolken und Niederschlag. 106
Luftdruck und Wind 108
Gewusst wie: Klimadiagramme lesen 110
Gewusst wie: Klimadiagramme zeichnen . . . 112
Wetter- und Klimarekorde der Erde. 114

Leben in extremen Klimazonen — 116

Klimazonen der Erde. 118
Klima und Vegetation ergänzen sich 120
In den Polargebieten 122
Gewusst wie: Einen Text auswerten. 126
In der Wüste. 128
Im tropischen Regenwald 130
Alles klar? 132

Auf den Spuren der Menschen — 134

Vormenschen – schon vor fünf Millionen
Jahren 136
Jäger und Sammler der Altsteinzeit 138
Lebensverhältnisse in der Jungsteinzeit. 142
Neue Techniken erleichtern das Leben 146
Gewusst wie: Eine Erkundung
im Museum. 148
Aus der Arbeit der Steinzeitforscher 150
Werkstoffe Bronze und Eisen 152
Gewusst wie: Informationen gewinnen. 154
Alles klar? 156

Landwirtschaft im Saarland — 158

Felder, Grünland und Wälder. 160
Lernen im Team: Wir erkunden
einen Bauernhof 164
Berufe rund um die Landwirtschaft 166
Alles klar? 168

Die Gemeinde — 170

Die Gemeinde ist für alle da 172
Wer soll das bezahlen? 174
Einen Jugendtreff für unsere Gemeinde. 176
Gewusst wie: Eine Freizeitkarte erstellen . . . 180
Lernen im Team: Spuren der Vergangenheit in
unserer Gemeinde 182
Alles klar? 184

Freizeit und Erholung — 186

Gewusst wo: Großlandschaften in Europa . . 188
Tourismus und Umwelt 190
Gewusst wie: Reiseangebote bewerten 192
Die Alpen – ein Urlaubsparadies? 194
Massentourismus auf Mallorca. 200
Alles klar? 202

Ägypten – ein Geschenk des Nils 204

Die Sahara – eine Trockenwüste 206
Der Nil – Lebensader Ägyptens 212
Leben unter der Herrschaft der Pharaonen. .216
Die Schrift der alten Ägypter 218
Alltagsleben der alten Ägypter 220
Die Bedeutung der Pyramiden 222
Die ägyptischen Götter 224
Leben in Ägypten heute 226
Alles klar? 228

Griechenland – die Wiege Europas 230

Gewusst wo: Am Mittelmeer 232
Das Klima am Mittelmeer 234
Oliven und Orangen –
Früchte vom Mittelmeer 236
Das griechische Erbe 238
Griechische Stadtstaaten 240
Anfänge der Demokratie in Athen 242
Leben in der Polis 244
Die Olympischen Spiele 246
Die Olympischen Spiele heute 248
Frauenleben im antiken Griechenland 250
„Väter" der Wissenschaften 252
Alles klar? 254

Römer und Kelten 256

2000 Jahre sind kein Alter 258
Vom Stadtstaat zum Weltreich 260
Gewusst wie: Quellentexte untersuchen 261
Der Limes als Grenzbefestigung 262
Wirtschaft und Handel am Limes 264
Spiel: Wirtschaft und Handel 266
Der Kaiser regiert 268
Leben in Rom 270
Die Kelten bei uns 274
Lernen im Team: Rom im Klassenzimmer . . .276
Alles klar? 278

Anhang 280

Minilexikon 280
Zeitleisten 287
Bildquellen 288

Neues Fach – neue Klasse – neue Schule

Gesellschaftswissenschaften – unser neues Fach	8
GW-Seiten perfekt gestalten	10
Wir lernen uns kennen	12
Wir erkunden unsere Schule	14

Am Ende dieses Kapitels kannst du:
- darlegen, welche Themen zum neuen Fach Gesellschaftswissenschaften gehören,
- Erdkundeseiten perfekt gestalten,
- ein Plakat zu deiner Person mit deinen Interessen anfertigen,
- dich in deiner neuen Schule orientieren.

M1 *In der neuen Schule*

Gesellschaftswissenschaften – unser neues Fach

Drei auf einen Streich

Gesellschaftswissenschaften (GW) ist ein neues Unterrichtsfach. Es verbindet die Fächer Erdkunde (Raum), Geschichte (Zeit) und Sozialkunde (Gesellschaft) miteinander. Das Fach Gesellschaftswissenschaften erklärt die Zusammenhänge, in denen wir leben. Jeder Mensch lebt in einem bestimmten *Raum* auf der Erde, jeder Mensch lebt in einer bestimmten *Zeit* und jeder Mensch ist Teil der *Gesellschaft*.

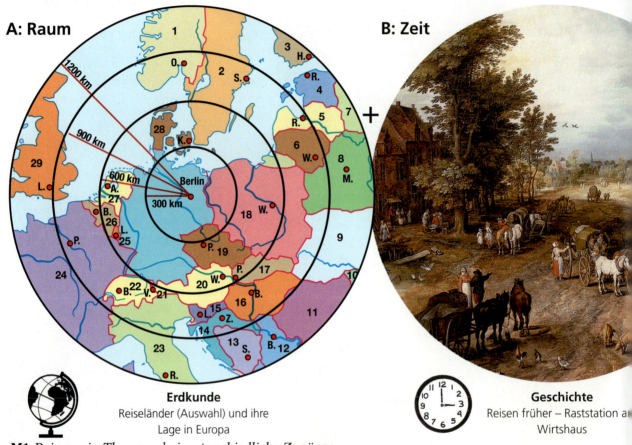

A: Raum

Erdkunde
Reiseländer (Auswahl) und ihre Lage in Europa

B: Zeit

Geschichte
Reisen früher – Raststation am Wirtshaus

M1 *Reisen: ein Thema – drei unterschiedliche Zugänge*

M2 *Hansekogge: Frachtschiff im 14. Jahrhundert*

Hansekogge

Die Hanse ist ein Zusammenschluss von Kaufleuten im Mittelalter, die sich gegenseitig Schutz und Beistand gewährten. Hansestädte, wie zum Beispiel Lübeck, Rostock, Hamburg und Bremen, führen die Bezeichnung „Hansestadt" heute in ihrem Namen. Mit eigenen Segelschiffen, den Hansekoggen, transportierten die Mitglieder der Hanse zum Beispiel Getreide, Fische, Butter, Stoffe, Salz und Wein. Mehrere hundert Hansekoggen segelten zwischen den Hafenstädten an Nordsee und Ostsee, zum Beispiel von Hamburg nach London oder von Lübeck bis Tallinn (früher Reval). In den Häfen wurden die Waren entladen und von dort mit Pferdewagen weitertransportiert.

Neues Fach – neue Klasse – neue Schule

Aber aufgepasst! Das neue Fach Gesellschaftswissenschaften ist mehr als diese drei Fächer zusammen. Es zeigt uns die Wirklichkeit aus verschiedenen Blickwinkeln und zu unterschiedlichen Zeiten. Ein Beispiel: Zu allen Zeiten handelten die Menschen mit Waren und transportierten Güter oft über große Entfernungen. In Gesellschaftswissenschaften betrachten und vergleichen wir zum Beispiel den Warentransport mit Hanseschiffen vor 700 Jahren und den Warentransport mit Containerschiffen heute.

C: Gesellschaft

Sozialkunde
Schülerinnen und Schüler planen gemeinsam eine Klassenreise.

Aufgaben

1 Betrachte die Abbildungen A–C in M1. Erkläre den Zusammenhang von Raum, Zeit und Gesellschaft am Thema Reisen.

2 Zeichne drei Kreise mit anderen Bildern als in M1, die ebenfalls zum neuen Fach Gesellschaftswissenschaften passen.

3 Informiere dich im Internet über das Containerschiff „Emma Maersk". Erstelle einen kleinen Steckbrief.

4 Erläutere, welche Vorteile Container gegenüber Kisten, Säcken, Fässern usw. haben.

5 Trage mithilfe des Internets weitere Informationen zur „Hanse" und zur „Hansekogge" zusammen. Schreibe einen Bericht mit dem Titel: „Die Hansekogge – ein Frachtschiff in alter Zeit".

> **Merke**
> Das Fach Gesellschaftswissenschaften verbindet die Fächer Erdkunde, Geschichte und Sozialkunde.

Containerschiff

Ein Container ist ein wiederverwendbarer Transportbehälter zur Beförderung von Gütern in größeren Mengen. Container werden direkt auf Eisenbahn, Lkw, Schiff oder Flugzeug verladen. Das erste Containerschiff vor 50 Jahren war ein umgebauter US amerikanischer Frachter. Rasch entwickelte sich daraus ein eigener Schiffstyp. Containerschiffe werden so gebaut, dass kein Platz verschwendet wird. Wie Bauklötze werden die Container nebeneinander- und hintereinandergesetzt und übereinandergestapelt.
1966 lief zum ersten Mal ein Containerschiff in einen deutschen Hafen ein: Es war die „Fairland". Sie machte in Bremerhaven fest. Dies war eine Revolution im Transportwesen.

M3 *Containerschiff: Frachtschiff im 21. Jahrhundert*

Gewusst wie

GW-Seiten perfekt gestalten

Gut gestaltete GW-Seiten sind eine große Hilfe

M1 *GW-Heft mit Checkliste*

Im Laufe des Schuljahres erhältst du in deinem neuen Fach Gesellschaftswissenschaften viele Arbeitsblätter, schreibst Arbeitsergebnisse auf, fertigst Zeichnungen an und erstellst eigene Karten.

Schnell kommt so eine Menge an Material zusammen. Daher ist es wichtig, dass du ordentliche GW-Seiten führst, auf denen du alles gut ordnest, abheftest oder einklebst. Nur Aufzeichnungen, die dir selbst gut gefallen, können dir eine Hilfe sein, wenn:
– dich ein bestimmtes Thema interessiert und du nochmal etwas nachlesen willst,
– du dich auf eine schriftliche Überprüfung vorbereiten willst,
– du einen Vortrag für deine Klasse vorbereitest.

Suche dir einen Lernbuddy, …
… der deine Arbeitsblätter entgegennimmt, wenn du mal fehlst,
… der dein Erdkundeheft oder deine Erdkundemappe überprüft,
… von dem du Aufzeichnungen übernehmen kannst, wenn dir Einträge fehlen.

Checkliste für perfekte GW-Seiten

1. Beschrifte dein Heft oder deine Mappe von außen (Name, Klasse, Fach, Name der Lehrkraft). ☑
2. Nutze für Geschriebenes ausschließlich Füller oder Fineliner. ☐
3. Skizzen, Zeichnungen, Schaubilder, Gedankenkarten usw. werden immer mit einem angespitzten Bleistift und/oder Buntstiften erstellt. ☐
4. Lasse vom linken Seitenrand fünf Kästchen frei. Lasse vom oberen und unteren Rand jeweils vier Kästchen frei. ☐
5. Unterstreiche die Überschrift mit Lineal und schreibe das Datum an den Rand. Zwei Kästchenzeilen freilassen. ☐
6. Schreibe nur in jede zweite Kästchenzeile. ☐
7. Lege ein Inhaltsverzeichnis mit den Hauptthemen des Schuljahres an. Ergänze die Hauptthemen mit den Überschriften der einzelnen GW-Stunden (mit Datum). ☐
8. Gestalte zu jedem Hauptthema ein Deckblatt mit dem Namen des Themas. Schmücke die Seite mit Abbildungen oder eigenen Zeichnungen zum Thema aus. ☐
9. Schreibe vor Lösungen von Aufgaben aus deinem Buch die entsprechende Seitenzahl und Aufgabennummer. ☐
10. Achte auf Sauberkeit (keine Eselsohren, Fettflecken, Kritzeleien). ☐
11. Prüfe Arbeitsblätter und Einträge auf Vollständigkeit und Korrektheit. ☐

M2 *Beispiel für eine Checkliste*

Neues Fach – neue Klasse – neue Schule

Gewusst wie

Diese Tipps helfen dir, perfekte GW-Seiten zu erstellen. Einiges muss aber auch verbindlich festgelegt werden, damit es nicht zu Missverständnissen kommt.

Allgemeines zum Material
- Legt fest, ob ein Heft oder eine Mappe geführt wird.
- Entscheidet euch für eine einheitliche Heftumschlags- oder Mappenfarbe.
- Führt zusätzlich eine Art Vokabelheft, in das alle neuen Grundbegriffe eingetragen werden.

Anlage und Einteilung
- Legt ein Inhaltsverzeichnis an, das ständig ergänzt wird.
- Gestaltet Deckblätter zu jedem neuen Unterrichtsthema.
- Einigt euch auf den Umgang mit Arbeitsblättern. Werden sie an den Rändern beschnitten und ins Heft eingeklebt oder in einen separaten Schnellhefter abgeheftet? Werden sie nummeriert und wird eine Übersichtsliste angelegt? Wo findest du nachträglich Lösungen?

Gestaltung einer Seite
- Wo steht das Datum?
- Welche Seitenabstände werden eingehalten?
- Wie viele Zeilen bleiben nach einer Überschrift frei?
- Wie wird mit Schreibfehlern umgegangen?

M3 *Die Checkliste im Einsatz*

Dein Vorteil durch eine GW-Checkliste

Nachdem ihr euch auf eine gemeinsame Vorgehensweise bei der Gestaltung der GW-Seiten geeinigt habt, wird die fertige Liste mit Abhakkästchen versehen (wie in M2). Sie kann nach euren Vorstellungen mit Symbolen und Bildern gestaltet werden. Sie wird für alle kopiert und in eine Folie gelegt.

Eure Liste wird in regelmäßigen Abständen herausgeholt und die Hefte oder Mappen werden auf die Einhaltung der Regeln kontrolliert. Das geht am einfachsten, wenn ihr mit eurem Tischnachbarn die Hefte oder Mappen austauscht. Die Einzelpunkte werden nacheinander geprüft und mit einem wasserlöslichen Folienstift abgehakt.

Ein Häkchen heißt „In Ordnung!" oder „Gut gemacht!" und ein Fragezeichen bedeutet „Bitte erneut prüfen und in Zukunft die Regel beachten." So sieht dein Nachbar genau, welche Regeln schon gut beherrscht werden und an welchen noch gearbeitet werden muss. Im Nu wird sich die Heft- oder Mappenführung verbessern.

Nach der Überprüfung werden die laminierten Checklisten mit einem feuchten Tuch abgerieben und stehen zur nächsten Prüfung bereit.

M4 *Pantelis und Aleyna überprüfen gegenseitig ihre Hefte.*

Wir lernen uns kennen

Aufgaben

1 Erinnere dich an den letzten Ferientag. Sicherlich hast du an die neue Schule gedacht.
a) Stelle dar, worauf du dich gefreut hast.
b) Beschreibe, wovor du Angst hattest.

2 Erinnere dich an den ersten Tag in der neuen Schule.
a) Nenne, was dir am besten gefiel.
b) Erläutere, was dir nicht gefiel.

3 „Mein erster Tag in der neuen Schule". Schreibe dazu einen Text.

4 a) Beantworte für dich die Fragen der Kinder in M1.
b) Sammelt in der Klasse Fragen zur neuen Schule und ihrer Umgebung. Schreibt die Fragen auf Karteikarten und beantwortet sie im Lauf der ersten Schulwochen.

5 a) Spielt das Spiel „Spinnennetz" (M2) zum Kennenlernen eurer Mitschülerinnen und Mitschüler.
b) Überlegt euch weitere Spiele zum Kennenlernen der anderen Kinder.

6 Mach es wie Christina in M3. Erstelle ein Plakat mit dem Thema: „Das bin ich".

M1 *Neue Schule – viele Fragen*

Neue Schule – neue Klasse

Christina Elbert ist richtig aufgeregt. Heute ist ihr erster Schultag in der neuen Schule. Sie ist neugierig, hat auch ein wenig Angst, aber vor allem ein Kribbeln im Bauch.

Die Schulleiterin sagt, dass vier 5. Klassen gebildet werden. Wird sie mit ihren Mitschülerinnen und Mitschülern aus der Grundschule zusammen bleiben? Zwei Lehrerinnen und zwei Lehrer stellen sich vor. Sie übernehmen die neuen Klassen.

Die Spannung steigt, als die Namen von den Schülerinnen und Schülern vorgelesen werden. Endlich hört sie ihren Namen. Zusammen mit vielen ihr noch unbekannten Mitschülerinnen und Mitschülern folgt sie ihrer neuen Klassenlehrerin in den Klassenraum im Erdgeschoss.

In der neuen Klasse sind 24 Schülerinnen und Schüler aus verschiedenen Grundschulen. Lisa, Ayse, Alexia, Konrad und Lucas haben mit Christina gemeinsam schon die Grundschule besucht.

Das Spinnennetz
Dauer: etwa 20 Minuten; Material: aufgewickeltes Band oder Wollknäuel.
Alle Schülerinnen und Schüler sitzen im Kreis. Ein Kind hat eine Bandrolle oder ein Wollknäuel in der Hand und stellt sich vor:
„Ich heiße Jan und bin zwölf Jahre alt. Wer bist du?" Er hält das Band oder den Faden mit der einen Hand fest und wirft das Knäuel einem anderen Kind zu. Das Kind wiederholt Jans Aussage und fügt hinzu: „Ich heiße Hanna …" Das Spiel ist zu Ende, wenn sich jeder aus der Klasse vorgestellt hat.

M2 *Spiel zum Kennenlernen*

Neues Fach – neue Klasse – neue Schule

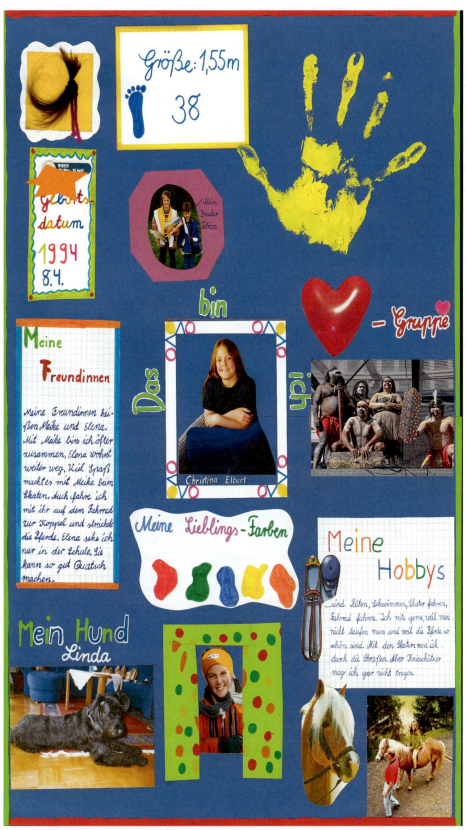

Tipps
zur Gestaltung deines Plakats

Darüber kannst du berichten:

– Name
– Adresse
– Geburtstag
– Haarfarbe
– Frisur
– Größe
– Gewicht
– Schuhgröße
– Augenfarbe

– Lieblingsessen
– Lieblings-Pop-
  gruppe
– Hobbys
– Lieblingsfächer
– Lieblingsfarben
– Lieblingsbuch
– Lieblingsfilm

– deine Familie
– Haustiere
– beste Freundin/
  bester Freund

oder über etwas anderes.

M3 *Plakat, auf dem sich Christina vorstellt*

Lernen im Team
Wir erkunden unsere Schule

Schau mal auf den **Grundriss**: Sekretariat, Schulleitung, Bücherei, Werkräume, Küche, Physikraum, Computerraum, Lehrerzimmer, Musikraum – bei den vielen Räumen und Gängen kommen wir ganz schön ins Schwitzen. Und dann kommt noch das Interview!

Eine Rallye durch die Schule

Material: Grundriss der Schule, Schreibzeug, Fragebogen

Durchführung: Jeweils zwei Schülerinnen und Schüler lösen die Aufgaben des Fragebogens.

Auswertung: Für jede richtige Antwort gibt es einen Punkt. Die Gruppe mit den meisten Punkten gewinnt.

Schulrallye

Aufgabe 1:
– Erkundigt euch im Sekretariat, ob es eine Liste mit den Sprechstunden der Lehrerinnen und Lehrer gibt.
– Wann hat euer Klassenlehrer oder eure Klassenlehrerin Sprechstunde?
– Wie viele Schülerinnen und Schüler sind in eurer Schule?

Aufgabe 2:
– Nennt fünf verschiedene Sachen, die ihr in der Cafeteria kaufen könnt.
– Was kosten sie?
– Wie viele Tischgruppen gibt es in der Cafeteria?

Aufgabe 3:
– Welche Spielgeräte gibt es auf den Pausenhöfen?

Aufgabe 4:
– Nennt die verschiedenen Werkräume der Schule.

Aufgabe 5:
– Wo findet ihr Informationen über Arbeitsgemeinschaften?
– Nennt zwei Arbeitsgemeinschaften.

Aufgabe 6:
– Wo hängt der Vertretungsplan?

Aufgabe 7:
– Wo bewahrt der Hausmeister die Fundsachen auf?
– Wo befindet sich der Kartenraum?

Aufgabe 8:
– Wie viele Computer stehen im Informatikraum?

M1 *Fragebogen für eine Schulrallye*

Bitte ein Interview!

Wir befragen Menschen, die an unserer Schule arbeiten.

Vorbereitung: Entscheidet euch, wen ihr befragen wollt. Stellt eine Liste mit Fragen zusammen.

Material: Fragebogen, Schreibzeug und Fotoapparat.

Durchführung: Jeweils zwei bis vier Schülerinnen und Schüler führen die Befragung durch. Die Antworten werden schriftlich notiert.

Auswertung: Es werden Plakate mit den Fotos und den wichtigsten Ergebnissen der Befragung gestaltet.

Inge Neumann
Beruf: Schulsekretärin

„Ich bin seit acht Jahren an der Schule. Die Arbeit macht Spaß, ist aber auch anstrengend. Ich bin Ansprechpartnerin für alle Lehrerinnen und Lehrer, Schülerinnen und Schüler. Eine meiner Hauptaufgaben ist die Durchführung des Schriftwechsels für die Schulleitung und die Beantwortung oder Weiterleitung von Telefonaten."

M2 *Plakat zum Interview*

Neues Fach – neue Klasse – neue Schule

Lernen im Team

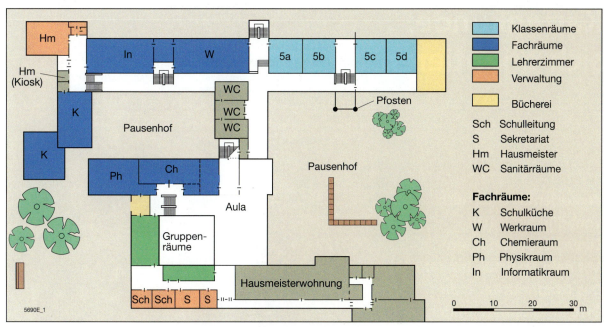

M3 *Grundriss vom Erdgeschoss einer Schule (Ausschnitt)*

Info

Grundriss
Der **Grundriss** ist eine Zeichnung, die etwas – z.B. einen Gegenstand, ein Haus oder eine ganze Stadt – von oben darstellt. Du kannst auf folgende Weise sehr einfach einen Grundriss von einem Gegenstand zeichnen: Lege den Gegenstand auf ein Blatt Papier. Umfahre ihn mit einem Stift. Wenn du dann den Gegenstand wegnimmst, hast du den Grundriss des Gegenstandes. Den Grundriss eurer Schule könnt ihr vielleicht im Sekretariat erhalten.

Fotosuchspiel

Die Lehrerin der 5a hat in der neuen Schule verschiedene Stellen fotografiert. Sie sind nicht leicht zu finden – entweder weil das Foto einen kleinen Teil groß zeigt oder weil auf die Stellen kaum jemand achtet. Nun sollen die Schülerinnen und Schüler herausfinden, wo die Fotos gemacht wurden.

Ihr könnt das Suchspiel auch selbst für andere Klassen organisieren: Fotografiert Einzelheiten an eurer Schule, stellt die Bilder aus und lasst die Stellen suchen.

M4 *Fotosuchspiel*

Aufgaben

1 Führt eine Schulrallye, ein Interview (mit Plakat) oder ein Fotosuchspiel in eurer Schule durch.

2 Erstellt ein anderes Plakat: eine Bild-Collage zum Thema „Meine neue Schule". Klebt zunächst den Grundriss eurer Schule in die Mitte des Plakats. Klebt um den Grundriss Fotos oder Zeichnungen von der Schule und verbindet sie mit Strichen oder Wollfäden mit dem jeweiligen Aufnahmeort.

Merke
Es gibt viele Möglichkeiten, die neue Schule zu erkunden: z.B. eine Schulrallye, ein Interview oder ein Fotosuchspiel.

Grundbegriff
- der Grundriss

Kartenkunde: sich orientieren

Wie orientiere ich mich?	18
Vom Bild zur Karte	20
Einen Stadtplan lesen	22
Mit dem Maßstab umgehen	24
Das Gradnetz der Erde	26
Orte im Gradnetz finden	27
Eine physische Karte lesen	28
Mit dem Atlas arbeiten	30
Schaffst du den Atlasführerschein?	32
Alles klar?	34

Am Ende dieses Kapitels kannst du:
- darstellen, welche Möglichkeiten es zur Orientierung gibt,
- Luftbild und Karte vergleichen,
- dich mit dem Stadtplan in der Stadt orientieren,
- mit dem Maßstab arbeiten,
- mit physischen und thematischen Karten arbeiten,
- die Lage eines Ortes mithilfe des Gradnetzes beschreiben,
- die Lage von Städten, Flüssen, Gebirgen usw. auf Karten bestimmen.

M1 *Schrägluftbild von Saarlouis* ▶

Wie orientiere ich mich?

Ohne Orientierung geht es kaum

Orientieren heißt: sich zurechtfinden. Hierbei helfen dir Karten. Sie zeigen dir zum Beispiel, wo Berge, Straßen und Flüsse sind. Sie helfen dir auch, den Weg zu finden, wenn du draußen bist. In der Regel ist am oberen Kartenrand Norden. Dazu musst du aber wissen, wo welche **Himmelsrichtung** ist, und die Karte danach ausrichten.

Orientieren mit dem Kompass

Wenn du einen **Kompass** hast, kannst du die Himmelsrichtungen feststellen. Die Kompassnadel ist magnetisch und richtet sich in Nord-Süd-Richtung aus, da die Erde selbst wie ein riesiger Magnet wirkt. Die Spitze der Kompassnadel zeigt nach Norden. Um auch die anderen Himmelsrichtungen bestimmen zu können, ist unter der Kompassnadel eine **Windrose** eingezeichnet. Darauf sind die Himmelsrichtungen mit ihren Abkürzungen eingetragen.

Du willst dich im Gelände mit Karte und Kompass orientieren. Nimm den Kompass in die Hand und bleib ruhig stehen. Nach kurzer Zeit hat sich die Nadelspitze eingependelt und zeigt nach Norden. Drehe nun den Kompass so lange, bis die Spitze der Kompassnadel auf den Buchstaben N für Norden zeigt. Nimm jetzt die Karte, lege sie so unter den Kompass, dass der obere Kartenrand nach Norden zeigt.

Orientieren mit dem GPS

GPS ist die Abkürzung für **G**lobal **P**ositioning **S**ystem. Übersetzt heißt das: „weltweites Positionsbestimmungssystem". Bei diesem System umkreisen 24 Satelliten die Erde. So kann mithilfe von mindestens drei Satelliten zu jeder Zeit und bei jedem Wetter ein Standort auf der Erde sehr genau bestimmt werden. Das GPS wird unter anderem in Flugzeugen, Autos und Schiffen eingesetzt. Viele Mobiltelefone verfügen ebenfalls über diese Technik.

Ptolemäus war ein griechischer Wissenschaftler. Er lebte vor etwa 2000 Jahren. Er zeichnete alle seine Karten so, dass Norden am oberen Kartenrand lag. Das ist bei den meisten Karten heute noch so.

M1 *Himmelsrichtungen auf der Karte*

Merkvers
*Im Osten geht die Sonne auf,
im Süden steigt sie hoch hinauf,
im Westen wird sie untergehen,
im Norden ist sie nie zu sehen.*

M2 *Kompass mit Windrose* **M3** *Wir bauen einen Kompass.*

Material
- ein Magnet
- eine große Nähnadel
- eine Korkscheibe
- ein Suppenteller

Bauanleitung
1. Fülle den Suppenteller mit Wasser.
2. Lege in die Mitte die Korkscheibe.
3. Streiche mit einem Ende des Magneten etwa 50 Mal in einer Richtung über die Nadel.
4. Lege die Nadel vorsichtig auf die Korkscheibe.
5. Beobachte, was passiert.

Kartenkunde: sich orientieren

Beruf: Vermessungstechniker

Wenn zum Beispiel eine neue Straße gebaut wird, ist der Vermessungstechniker gefragt. Er kommt mit seinem Messgerät und bestimmt Grenzpunkte im Gelände. Diese kennzeichnen den Verlauf der neuen Straße. Die Daten gibt er in seinen Computer ein. Damit erstellt er eine Karte, in der die neue Straße eingezeichnet ist.
Der Vermessungstechniker arbeitet bei Architekten oder auch in einem Vermessungsamt.
Worauf kommt es an? In diesem Beruf ist vor allem Sorgfalt wichtig, zum Beispiel beim Ablesen und Dokumentieren der Messergebnisse. Für Berechnungen benötigt man Kenntnisse in Mathematik. Wissen in Erdkunde ist wichtig, um Karten und Luftbilder interpretieren zu können.

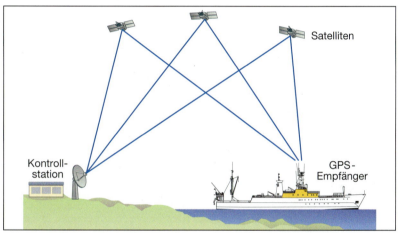

M4 *So arbeitet ein GPS-Empfänger.*

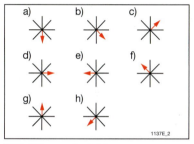

M6 *Himmelsrichtungen*

Aufgaben

1 Nenne drei Möglichkeiten die Himmelsrichtungen zu bestimmen.

2 Bestimme in M6 die Himmelsrichtungen der roten Pfeile.

3 Ermittle die Himmelsrichtung, in die M5 fotografiert ist.

Wie helfe ich mir ohne Kompass?

Hast du keinen Kompass, kannst du dir folgendermaßen helfen:
An vielen Häusern sind Schüsseln für den Satellitenempfang von Fernsehsendungen angebracht. Die Schüsseln zeigen zumeist nach Süden.
Bei uns weht der Wind oft aus Westen. Die Kronen frei stehender Bäume neigen sich daher nach Osten. Die Rinde der Bäume ist auf der Westseite häufig bemoost und die Borke rissig.

Merke
Orientieren heißt sich zurechtfinden. Dabei helfen Karten. Mit einem Kompass kann man die Himmelsrichtungen bestimmen.

Grundbegriffe
- die Himmelsrichtung
- der Kompass
- die Windrose

M5 *Frei stehender Baum*

Vom Bild zur Karte

Saarlouis aus der Luft

Adriane betrachtet die beiden Fotos von Saarlouis (M2 und M4). Es sind **Luftbilder**. Ein Fotograf hat sie von einem Flugzeug aus aufgenommen. Doch welch ein Unterschied zwischen den Bildern!

Das **Schrägluftbild** (M2) zeigt alles schräg von oben. Besonders im Vordergrund und Mittelgrund kann Adriane vieles sehr gut erkennen: die Häuserblocks, den Großen Markt und das Theater am Ring. Im Hintergrund wird alles kleiner. Den Saar-Altarm erkennt man kaum noch.

Das **Senkrechtluftbild** (M4) zeigt das Gebiet senkrecht von oben. Es gibt keinen Vordergrund, Mittelgrund und Hintergrund. Alles ist gleich weit entfernt. Daher kann Adriane den Verlauf der Straßen und die Anordnung der Häuser gut erkennen.

Will Adriane mehr wissen, muss sie eine **Karte** (M3) zu Hilfe nehmen. Sie zeigt die Stadt ähnlich wie das Senkrechtluftbild, jedoch stark vereinfacht. Viele Einzelheiten sind weggelassen. Dafür sind die Namen von Straßen, Plätzen und Gebäuden eingetragen. Wichtige Straßen sind besonders breit gezeichnet. So ist die Karte einfach zu lesen. Die **Legende** erklärt die Bedeutung der Farben und Zeichen.

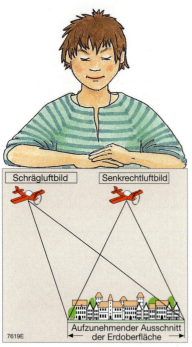

M1 *Luftbildaufnahmen*

M2 *Schrägluftbild*

Kartenkunde: sich orientieren

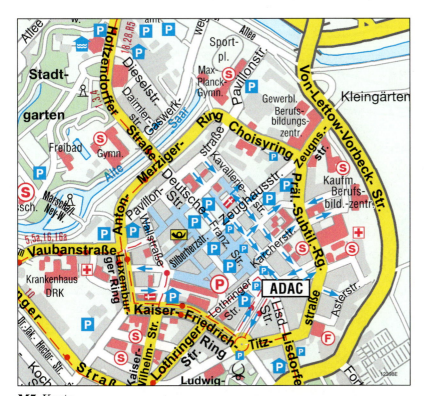

M3 *Karte*

M5 *Legende zur Karte M3*

Aufgaben

1 Nenne Gemeinsamkeiten und Unterschiede von Schrägluftbildern (M2) und Senkrechtluftbildern (M4).

2 Ergänze: Die Zeichenerklärung in einer Karte nennt man … .

3 a) Suche im Senkrechtluftbild (M4) und auf der Karte (M3): das Gymnasium am Stadtgarten, das Krankenhaus DRK, die Feuerwehr, die Post.
b) Nenne die Farbe, die diese Gebäude auf der Karte haben.
c) Stelle fest, was die Farbe bedeutet (M5).

Merke
Eine Karte zeigt einen Ort oder eine Landschaft verkleinert und vereinfacht senkrecht von oben. Karten haben eine Legende.

Grundbegriffe
- das Luftbild
- das Schrägluftbild
- das Senkrechtluftbild
- die Karte
- die Legende

M4 *Senkrechtluftbild*

Gewusst wie
Einen Stadtplan lesen

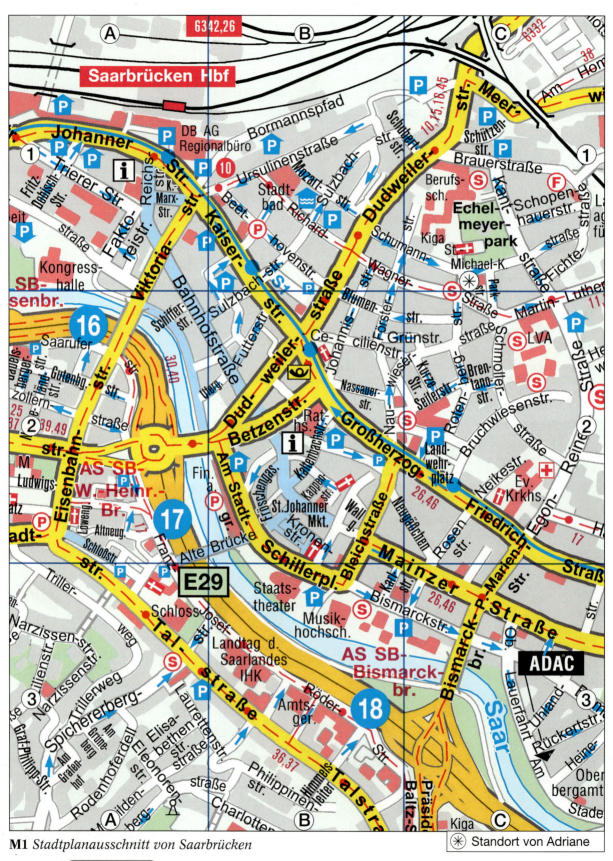

M1 *Stadtplanausschnitt von Saarbrücken*

✳ Standort von Adriane

Gewusst wie

Kartenkunde: sich orientieren

Arbeit mit dem Stadtplan

Ein **Stadtplan** hilft dir, dich in einer Stadt zu orientieren. Er zeigt dir die wichtigsten Sehenswürdigkeiten, die Straßen, Grünflächen und vieles mehr. Auf dem Stadtplan von Saarbrücken (M1) erkennst du den Verlauf der Eisenbahnlinien mit dem Hauptbahnhof, die Saar, die Kongresshalle, das Staatstheater und die übrigen Gebiete der Stadt.

Adriane hat sich mit einer Freundin in Saarbrücken am Staatstheater verabredet. Sie kann einen Stadtplan lesen und die Himmelsrichtungen bestimmen. Sie kennt das **Gitternetz** und die **Planquadrate**. So findet sie den ausgemachten Treffpunkt.

Info

Gitternetz
Über eine Karte (hier den Stadtplan) ist ein Gitternetz gelegt. Das sind die blauen Linien. Die Linien bilden Rechtecke. Sie heißen Planquadrate. Oben am Kartenrand stehen Buchstaben (A, B, C), rechts Zahlen (1–3). So lassen sich die Planquadrate ganz genau bezeichnen. Das Planquadrat unten rechts heißt „C3".

Aufgaben

1 a) Suche den Standort von Adriane in M1 mithilfe von M3. Ermittle das Planquadrat.
b) Bestimme die Himmelsrichtung zum Staatstheater.

2 a) Hilf Adriane, den Weg zum Staatstheater zu finden: Beschreibe den Weg mithilfe der Straßennamen.
Benenne die Planquadrate, durch die der Weg führt.

3 Bestimme die Planquadrate, in denen die folgenden Einrichtungen liegen:
a) das Stadtbad,
b) das Schloss.

4 Arbeite mit dem Atlas (Karte: Saarland, Physische Karte):
a) Im Planquadrat E3 liegen zwei Städte mit 20 000 – 50 000 Einwohnern. Schreibe ihre Namen auf.
b) Bestimme das Planquadrat, in dem der Höcherberg liegt und notiere seine Höhe.
c) Notiere den Namen des Flusses im Planquadrat B2, der die Grenze zwischen dem Saarland und dem Staat Luxemburg bildet.

M3 *Adriane sucht den Weg zum Staatstheater.*

	A	B	C	D	E	F	G
1							
2						F2	
3							
4							
5							
6							
7							

M2 *Planquadrate*

Merke
Ein Stadtplan zeigt Straßen, Sehenswürdigkeiten und vieles andere einer Stadt. Er hilft bei der Orientierung in einer Stadt. Das Gitternetz und die Planquadrate helfen dabei, einen bestimmten Ort auf dem Plan finden zu können.

Grundbegriffe
- der Stadtplan
- das Gitternetz
- das Planquadrat

Gewusst wie

Mit dem Maßstab umgehen

Der Maßstab – ein Maß für die Verkleinerung

Au Backe: Je größer die Zahl hinter dem Doppelpunkt …

Ein Rechenbeispiel:
Die Karte (M6) hat den Maßstab 1 : 500 000 (man spricht: „eins zu fünfhunderttausend"). Alles ist 500 000-mal kleiner als in der Wirklichkeit. 1 cm auf der Karte sind 500 000 cm in der Wirklichkeit.
500 000 cm = 5000 m = 5 Kilometer.
1 cm auf der Karte sind also 5 Kilometer in der Wirklichkeit.
Beispiel: Die Entfernung zwischen zwei Punkten auf dieser Karte beträgt 5 cm. 5 · 5 km = 25 km
Die Entfernung beträgt in der Wirklichkeit 25 km.

Fabian hat seinen Fahrradschlüssel verloren. Dann entdeckt er ihn neben dem Eingang zur Schule hinter einem Baum. In M1 ist der Schlüssel so groß wie in Wirklichkeit. Das Bild hat den **Maßstab** 1 : 1 (man spricht: „eins zu eins").

In M2 ist der Schlüssel 10-mal kleiner. Das Bild hat den Maßstab 1 : 10 (man spricht: „eins zu zehn").

Die Maßstäbe der übrigen Bilder sind noch kleiner. Der Schlüssel ist nicht mehr zu erkennen. In M2 und M3 ist die Lage des Schlüssels rot markiert. Im Unterschied zu M1 bis M3 ist in M4 die ganze Schule mit der Umgebung abgebildet.

Der Maßstab ist also ein Maß für die Verkleinerung. Je größer die Zahl hinter dem Doppelpunkt, um so kleiner ist der Maßstab.

Beide Karten (M5 und M6) enthalten die Städte Saarbrücken und Merzig. M5 hat einen kleineren Maßstab als M6. Alles ist kleiner dargestellt. Vieles wurde weggelassen, so der Ort Schiffweiler. Dafür ist auf der Karte in M5 ein größeres Gebiet abgebildet.

Auf vielen Karten gibt es eine **Maßstabsleiste**. Sie erspart das Umrechnen. Man kann mit einem Lineal abmessen, wie lang eine Strecke auf der Karte in Wirklichkeit ist.

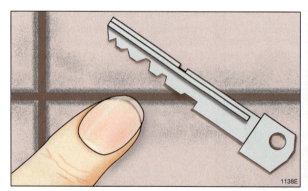

M1 *Maßstab 1 : 1*

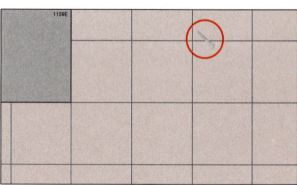

M2 *Maßstab 1 : 10*

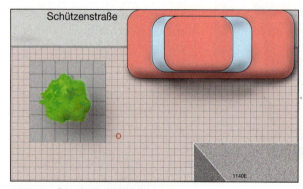

M3 *Maßstab 1 : 100*

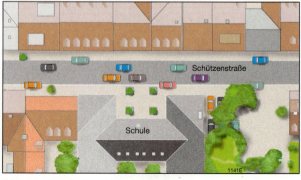

M4 *Maßstab 1 : 1000*

Kartenkunde: sich orientieren

Gewusst wie

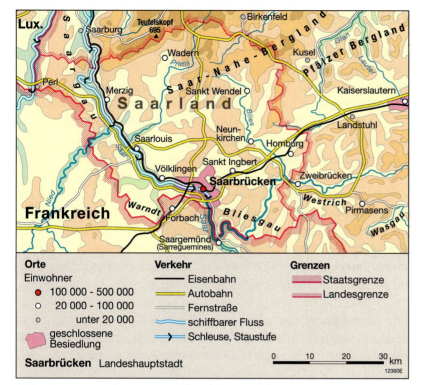

M5 *Kartenausschnitt im Maßstab 1 : 1 000 000*

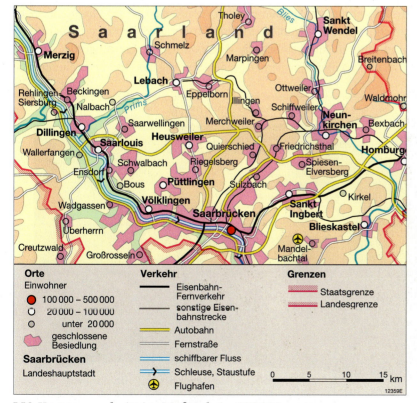

M6 *Kartenausschnitt im Maßstab 1 : 500 000*

Aufgaben

1 Ordne die Maßstäbe. Schreibe den größten Maßstab zuerst und den kleinsten zuletzt.
Maßstab 1 : 1 000 000
Maßstab 1 : 140 000 000
Maßstab 1 : 50 000
Maßstab 1 : 10 000
Maßstab 1 : 500 000

2 Fabians Fahrradschlüssel sieht immer kleiner aus. Schließlich ist er nicht mehr zu erkennen (M1–M4). Erkläre.

3 Übertrage die Schule in M4 in dein Heft. Markiere nun die Lage von Fabians Fahrradschlüssel mit einem roten Punkt.

4 Miss auf beiden Karten (M5 und M6) mit einem Lineal die Entfernung zwischen den Städten Saarbrücken und Merzig in mm. Benutze die Maßstabsleisten und ermittle ungefähr die tatsächliche Entfernung. Was fällt dir auf?

Merke
Der Maßstab ist ein Maß dafür, wie stark die Inhalte einer Karte gegenüber der Wirklichkeit verkleinert sind. Mit Hilfe der Maßstabsleiste kann man Entfernungen auf einer Karte direkt ablesen.

Grundbegriffe
- der Maßstab
- die Maßstabsleiste

Das Gradnetz der Erde

M1 *Die Erde ist ins Netz gegangen.*

Hilfspunkte und Hilfslinien

Die Erde ist fast rund und es gibt im Weltall kein Oben, kein Unten, keinen Anfang, kein Ende. Wie soll man sich da zurechtfinden? Ganz einfach: Die Menschen haben festgelegt, dass oben auf der Erde der **Nordpol** und unten der **Südpol** ist. Zusätzlich haben sie ein Netz von Hilfslinien zur Orientierung über die Erde gelegt: das **Gradnetz**. Es besteht aus **Breitengraden** und **Längengraden**. Die Längengrade nennt man auch Meridiane.

Die Breitengrade sind Vollkreise. Sie sind wie Gürtel um die Erde gelegt. Der längste Breitengrad ist der **Äquator**. Er teilt die Erde in die **Nordhalbkugel** und die **Südhalbkugel**. Nach Norden und Süden gibt es jeweils 90 solcher Breitengrade. Sie werden vom Äquator aus immer kürzer. An den Polen sind sie nur noch ein Punkt. Alle Breitengrade haben den gleichen Abstand voneinander.

Die Längengrade sind Halbkreise. Sie beginnen am Nordpol und enden am Südpol. Alle Längengrade sind gleich lang. Der **Nullmeridian** läuft durch Greenwich, einen Stadtteil von London. Von dort aus verlaufen je 180 Längengrade nach Westen und 180 nach Osten.

Längengrade und Breitengrade bilden zusammen das Gradnetz der Erde. Mithilfe des Gradnetzes kann man die Lage eines Ortes auf der Erde bestimmen. Auf den meisten Atlaskarten ist das Gradnetz eingezeichnet. Die Gradzahlen sind am Kartenrand eingetragen. Am oberen und unteren Rand stehen die Angaben für die Längengrade. Am linken und rechten Kartenrand stehen die Angaben für die Breitengrade.

Aufgaben

1 a) Erläutere das Gradnetz der Erde (Text, M3–M5).
b) Beurteile den Sinn des Gradnetzes.

2 Bestimme in M5 die Lage der Punkte A–D.

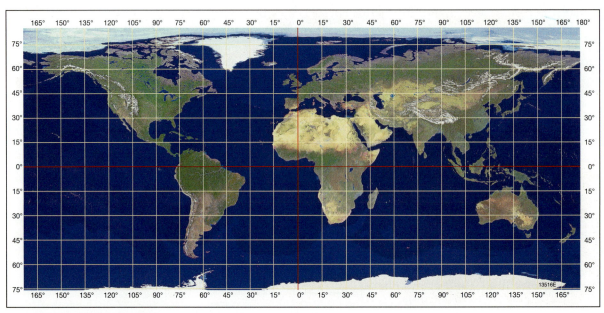

M2 *Satellitenbild der Erde mit eingezeichnetem Gradnetz*

Orte im Gradnetz finden

Gewusst wie

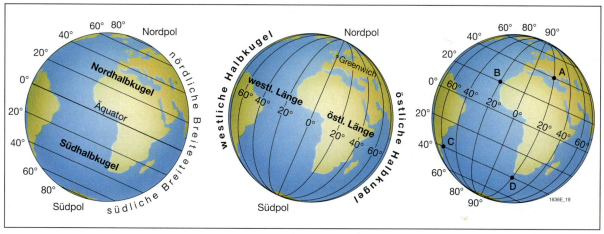

M3 Breitengrade **M4** Längengrade **M5** Gradnetz

So gehst du vor, um die Lage eines Ortes zu bestimmen

1. Suche die Stadt Saarbrücken auf einer Atlaskarte (Deutschland Physische Übersicht).
2. Bestimme die geographische Breite. Saarbrücken liegt zwischen zwei Breitengraden. Suche diese auf der Karte, verfolge sie bis zum linken Kartenrand und lies dort die Zahl ab: Saarbrücken liegt zwischen 49° Nord und 50° Nord.
3. Bestimme die geographische Länge. Verfolge den durch Saarbrücken verlaufenden Längengrad bis an den oberen Rand der Karte und lies dort die Zahl ab: Saarbrücken liegt auf 7° Ost.
4. Schreibe die Gradangaben in deine Mappe oder dein Heft.

Aufgaben

3 Bestimme drei Länder, durch die der Äquator verläuft (Atlas).

4 Ermittle, in welcher Millionenstadt am Indischen Ozean M6 fotografiert wurde (Atlas).

5 Arbeite mit dem Atlas (Karte: Saarland, Physische Karte): Bestimme, auf welchem Längengrad der Peterberg (584 m) liegt (Planquadrat C/D2).

Merke
Längengrade und Breitengrade bilden das Gradnetz der Erde. Es ermöglicht die Bestimmung von Punkten auf der Erde.

Grundbegriffe
- der Nordpol
- der Südpol
- das Gradnetz
- der Breitengrad
- der Längengrad
- der Äquator
- die Nordhalbkugel
- die Südhalbkugel
- der Nullmeridian

M6 Ein Haus mit der Angabe des Breitengrades, auf dem es steht

Gewusst wie

Eine physische Karte lesen

Von Höhenlinien und Höhenschichten

In einer Karte werden die Landhöhen und die Formen der Berge auf verschiedene Weise dargestellt. **Höhenlinien** verbinden Punkte, die in gleicher Höhe über dem Meeresspiegel liegen. Du erkennst, wie hoch das Gelände ist. An besonders wichtigen Stellen wird die Höhe durch einen Punkt oder ein kleines Dreieck gekennzeichnet. Oft ist die Höhenzahl daneben geschrieben. **Höhenschichten** sind Flächen zwischen zwei Höhenlinien. Sie werden farbig ausgemalt. Es entstehen Farbstufen. Tiefland wird in Grün dargestellt. Mit zunehmender Höhe wechselt die Farbe über Gelb nach Braun.

M1 *Höhenmessung vom Meeresspiegel aus*

Info

Die physische Karte

Die Karte (M2) ist eine **physische Karte**. Sie zeigt dir besonders eindrucksvoll die Landhöhen, außerdem den Verlauf der Gewässer, die Lage von Orten und vieles mehr. Alle Höhenangaben beziehen sich auf den Meeresspiegel (0 Meter). So bedeutet zum Beispiel die Zahl 744: Dieser Punkt liegt 744 Meter über dem Meeresspiegel, abgekürzt 744 ü.M. Die Farbe Grün kommt in dieser Karte nicht vor. Die Landschaft im Kartenausschnitt liegt höher als 100 m. Du erkennst die gelb und hellbraun gezeichneten Gebiete bis 500 m Höhe um den Ort Kirchheim und die dunkelbraunen Gebiete auf der Schwäbischen Alb, die über 750 m hoch sind.

Aufgabe

1 Schreibe die vollständigen Sätze in deine Mappe oder dein Heft:
Die Höhenangaben auf Karten beziehen sich auf den … .
Höhenlinien verbinden Punkte, die … über dem Meeresspiegel liegen.

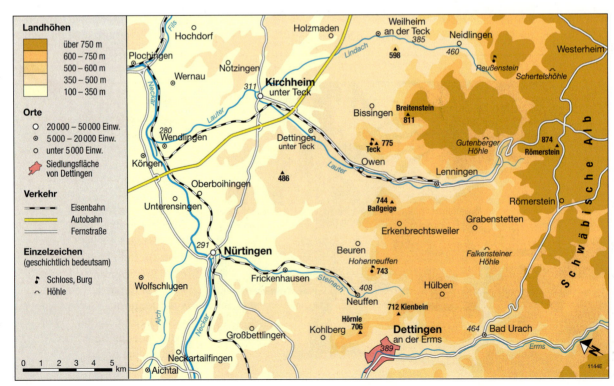

M2 *Kartenausschnitt der Schwäbischen Alb*

Kartenkunde: sich orientieren

Gewusst wie

Vom Kartoffelberg zu Höhenschichten

Gehe folgendermaßen vor:

1. Nimm eine große Kartoffel, reinige sie und trockne sie anschließend gut ab.
2. Schneide die Kartoffel der Länge nach durch.
3. Lege die eine Hälfte beiseite.
4. Schneide dann die andere Hälfte in drei gleich dicke Scheiben.
5. Lege die größte Kartoffelscheibe auf Pergamentpapier und umfahre sie mit einem Filzstift. Diese geschlossene Linie ist eine Höhenlinie.
6. Lege nun die nächst kleinere Kartoffelscheibe in die Mitte der Höhenlinie und umfahre sie ebenfalls. Du erhältst eine weitere Höhenlinie.
7. Verfahre ebenso mit der kleinsten Kartoffelscheibe. Nun hast du aus einem Kartoffelberg eine Höhenlinienkarte gezeichnet.
8. Lasse deine Höhenlinienkarte trocknen.
9. Male dann die Flächen zwischen den Linien gelb und braun aus. Nun hast du eine Höhenschichtenkarte.

M3 Lea bei der Arbeit

Lea macht Schichtarbeit.

Aufgaben

2 a) Ermittle, wie hoch Dettingen an der Erms über dem Meeresspiegel liegt (M2).
b) Ermittle, wie hoch das Hörnle über dem Meeresspiegel liegt (M2).
c) Berechne, wie hoch das Hörnle über Dettingen liegt (M2).

3 Übertrage die folgende Tabelle und ergänze mithilfe des Atlas die Höhenangaben:

Region	höchster Berg	Höhe
Deutschland	Zugspitze	?
Europa	Montblanc	?
Asien	Mt. Everest	?

4 Erläutere, was dieses Schild bedeutet:

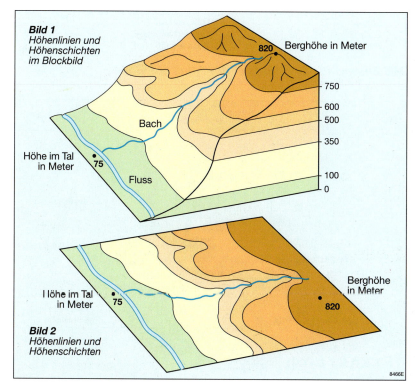

Bild 1 Höhenlinien und Höhenschichten im Blockbild

Bild 2 Höhenlinien und Höhenschichten

M4 Höhendarstellungen

Merke
Physische Karten zeigen die Landhöhen in Farbstufen von Grün, über Gelb nach Braun. Sie zeigen die Lage von Orten, Flüssen und vielem mehr.

Grundbegriffe
- die Höhenlinie
- die Höhenschicht
- die physische Karte

Gewusst wie

Mit dem Atlas arbeiten

Info

Signaturen und Flächenfarben

● ■ „Punkte":
Diese Zeichen geben zum Beispiel die Lage von Städten sowie von bestimmten Industrie- und Bergbaustandorten an.

∼ **Linien:**
Sie zeigen unter anderem den Verlauf von Flüssen, Straßen, Eisenbahnstrecken und Grenzen.

Bildhafte Zeichen:
Sie beschreiben zum Beispiel Schlösser/Burgen, Pässe und auch Industrien.

Flächen:
Diese vermitteln einen Überblick über Landhöhen, Wasserflächen, Wälder, Bodennutzung, die Flächen von Staaten und vieles andere.

Der Atlas – eine Sammlung vieler Karten

Ein wichtiges Hilfsmittel im GW-Unterricht ist der Atlas. Er besteht aus einer Sammlung von Karten aus aller Welt mit unterschiedlichen Themen.

Neben physischen Karten enthält der Atlas **thematische Karten**. Diese behandeln ein bestimmtes Thema: Es gibt Wirtschaftskarten, Fremdenverkehrskarten, Klimakarten usw. Bei einer thematischen Karte ist die Legende besonders wichtig. Hier haben bei jedem Kartenthema die Farben eine andere Bedeutung, und es sind besondere **Signaturen** (Kartenzeichen) und Flächenfarben vorhanden.

Eine Landwirtschaftskarte zeigt zum Beispiel, wo Vieh gehalten und Zuckerrüben angebaut werden. Hellgrün ist hier die Farbe für „Wiese, Weide". In einer physischen Karte wird mit dieser Farbe eine bestimmte Höhe angezeigt.

E	G
East London 87, C 5	Gabès 71, F 5
Ebbe 10, E 2	Gaborone 86, C 4
Eberswalde-Finow 22, J 4	Gabun 78, 1 E 6
Ebro 70, C 3	Gafsa 71, F 5
Ebschloh 11, F 3	Gail 69, K 3
Ebsdorfergrund 11, G 3	Gailtaler Alpen 69, J 3
Ecatepec 132, C 4	Galathea-Tief 114, J 4
Ech-Chéliff 70, D 5	Galati 67, H 4
Echzell 11, G 4	Galdhöpiggen 56, 2 A 3
Eckernförde 22, E 2	Galicien 70, A 3
Ecrins 68, C 5	Galizien 67, G 3
	Gällivare 56, 2 E 2

M1 *Auszug aus dem Register des Atlas mit Gafsa*

M2 *Thematische Karte: Landwirtschaft im Saarland und Umgebung*

Kartenkunde: sich orientieren

Gewusst wie

Wie ist der Atlas aufgebaut?

Damit du mit dem Atlas gut und schnell arbeiten kannst, ist er in drei Teile untergliedert.
1. Das Inhaltsverzeichnis: Es enthält die Überschriften aller Karten im Atlas mit den Seitenzahlen, auf denen sie zu finden sind.
2. Die Kartensammlung: Sie enthält alle Karten. Zuerst kommen die Karten zu Deutschland, dann die Karten zu Europa und den Kontinenten und dann die Weltkarten. Neben den physischen Karten gibt es zu allen Gebieten thematische Karten mit den Themen Staaten, Klima, Wirtschaft, Geschichte usw.
3. Das **Register**: Es ist ein alphabetisches Verzeichnis aller Namen, die auf den Karten im Atlas vorkommen. Hinter den Namen sind die Seitenzahlen der entsprechenden Karten angegeben. Als zusätzliche Hilfe werden die Planquadrate genannt, in denen die Namen stehen.

So findest du einen Ort im Atlas

Du suchst den Namen im Register, schreibst dir die Seitenzahl und das Planquadrat auf, schlägst die entsprechende Seite auf und suchst den Ort mit Hilfe der Angaben zum Planquadrat.

Das Beispiel Gafsa

Der Eintrag im Register „Gafsa 71, F 5" bedeutet, dass der Name sich auf einer Karte auf der Seite 71 im Atlas befindet. F 5 bezeichnet das Planquadrat. Wenn du nachschlägst, stellst du fest, dass Gafsa eine Stadt in Tunesien (Afrika) ist. Ihre Einwohnerzahl liegt zwischen 20 000 und 100 000.

Aufgaben

1 a) Auf welchen Seiten im Atlas findest du folgende Länder: Guyana, Guinea, Aserbaidschan?
b) Suche die Länder auf den Seiten im Atlas. Schreibe die Namen ihrer Hauptstädte auf. Die Namen sind unterstrichen.

2 Schreibe den ersten und letzten Namen im Register in deinem Atlas auf.

Merke
Ein Atlas ist eine Sammlung von physischen und thematischen Karten aus der ganzen Welt. Das Register enthält die Namen aller Orte im Atlas. Es hilft bei der Atlasarbeit.

Grundbegriffe
- die thematische Karte
- die Signatur
- das Register

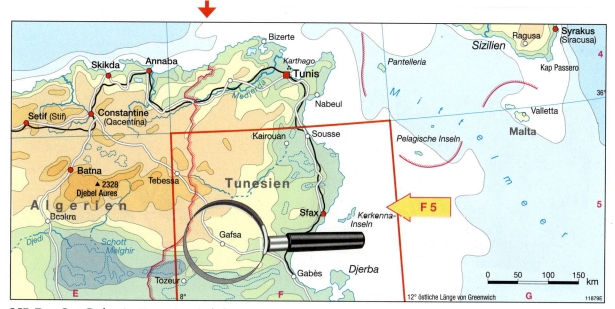

M3 *Der Ort Gafsa in Tunesien (Afrika)*

Schaffst du den Atlasführerschein?

Diese Doppelseite enthält zwölf Aufgaben. Wenn du acht davon mithilfe des Atlas beantworten kannst, hast du den Atlasführerschein bestanden. Viel Glück!

M1 *Emmerich – eine Stadt am Rhein*

M3 *In der Altstadt von Peking*

Aufgaben

1 Schlage im Atlas die Karte „Deutschland – Physische Übersicht" auf. Suche den Rhein an der Grenze zwischen Deutschland und den Niederlanden. Hier liegt eine Stadt mit acht Buchstaben. Wie heißt sie?

2 Fahre mit der Eisenbahn etwa 30 km nach Südosten. Der Name der dortigen Stadt endet auf „Esel". Nenne ihren Namen.

3 Etwa 90 km südsüdöstlich befindet sich ein Flughafen. Nordwestlich von ihm liegt eine Stadt. Sie hat über 1 000 000 Einwohner. Nenne den Namen der Stadt.

4 Von diesem Flughafen fliegst du über Frankfurt in die Hauptstadt Chinas, nach Peking. Schlage im Atlas die Karte „Südasien und Ostasien – physisch" auf. Suche Peking und ermittle, in welchem Planquadrat die Stadt liegt.

5 Ermittle, wie hoch Peking über dem Meeresspiegel liegt.

6 Ganz im Westen von China liegt eine Stadt mit 100 000 – 500 000 Einwohnern. Nenne ihren Namen.

M2 *In der Stadt Kashi wird jeden Sonntag der größte Viehmarkt in China abgehalten.*

M4 *In der Wüste Taklamakan*

Kartenkunde: sich orientieren

M5 Unterwegs im Gebirge Kunlun Shan

M7 Ein Bergsturz blockiert die Straße im Gebirge Tian Shan.

7 Diese Stadt liegt am Westrand einer großen Wüste.
Wie heißt die Wüste?

8 Diese Wüste wird im Norden und Süden von zwei langen Gebirgen begrenzt. Beide Namen enden auf „Shan". Ermittle, wie die Gebirge heißen.

9 Im Nordosten des nördlichen Gebirges liegt eine Stadt mit 1–5 Millionen Einwohnern. Benenne sie.

10 Etwa 200 Kilometer südöstlich befindet sich eine Stadt, die 154 Meter unter dem Meeresspiegel liegt. Finde den Namen dieser Stadt.

11 Ermittle die größte Nord-Süd-Ausdehnung dieser Wüste in Westchina.

12 Durch die Wüste fließt ein 2190 km langer Fluss. Nenne seinen Namen.

M6 Turpan ist die heißeste Stadt in China. Hier werden Weintrauben angebaut und zu Rosinen getrocknet.

M8 Urumchi ist die am weitesten vom Meer entfernt liegende Stadt der Erde.

Alles klar?

Kartenkunde: sich orientieren

Orientierungskompetenz

1. Grundbegriffe

Hier sind die wichtigsten Begriffe dieses Kapitels noch einmal zusammengestellt. Wähle fünf Begriffe aus, erkläre sie und ergänze sie mit einfachen Zeichnungen.

- Himmelsrichtung
- Kompass
- Windrose
- Luftbild
- Schrägluftbild
- Senkrechtluftbild
- Karte

- Legende
- Stadtplan
- Gitternetz
- Planquadrat
- Maßstab
- Maßstabsleiste
- Nordpol

- Südpol
- Gradnetz
- Breitengrad
- Längengrad
- Äquator
- Nordhalbkugel
- Südhalbkugel

- Nullmeridian
- Höhenlinie
- Höhenschicht
- physische Karte
- thematische Karte
- Signatur
- Register

Fachkompetenz

2. Städte, Himmelsrichtungen und Entfernungen

Welche Städte verbergen sich hinter den Zahlen 1 bis 5 (Atlas, Karte: Mitteleuropa)?

3. Ordne zu!

Bilde aus den Wortteilen sechs Wörter und ordne sie den Abbildungen A–F zu.

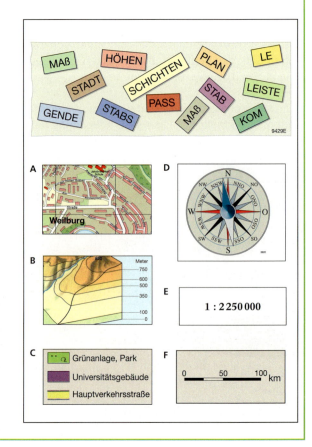

34

Alles klar?

Methodenkompetenz

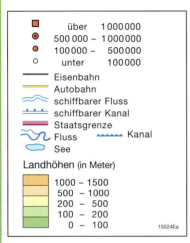

Legende A

Legende B

4. Kartenlegende
a) Entscheide bei den Legenden A und B, welche zu einer physischen Karte und welche zu einer thematischen Karte gehört.

b) Finde heraus, welche Unterschift die thematische Karte haben könnte.

5. Gradnetz
a) Beschreibe das Foto rechts. Wo wurde es aufgenommen? Notiere den Ort.

b) Bestimme die ungefähre geographische Breite folgender Städte:
– Bremen,
– Mainz,
– Karlsruhe.

c) Bestimme die ungefähre geographische Länge folgender Städte:
– Saarbrücken,
– Essen,
– Erfurt.

Beurteilungs- und Handlungskompetenz

Senkrechtluftbild

Karte

Schrägluftbild

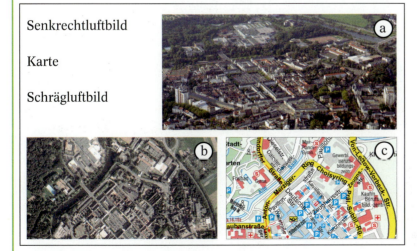

6. Luftbild und Karte
a) Familie Schulze sucht das Postamt. Sie hat ein Schrägluftbild, ein Senkrechtluftbild und eine Karte.
Notiere jeweils die Vor- und Nachteile der drei Materialien für die Suche nach der Post.

b) Beurteile, welches Material für Familie Schulze am besten geeignet ist. Schreibe deine Begründung auf.

Orientierung in Deutschland

Großlandschaften in Deutschland	38
Deutschland	40
Eine Kartenskizze zeichnen	41
Die Länder Deutschlands	42
Das Bundesland Saarland	44
Berlin – Bundeshauptstadt mit Herz	46
Alles klar?	48

Am Ende dieses Kapitels kannst du:
- Großlandschaften in Deutschland unterscheiden und ihnen Bilder zuordnen,
- Städte, Flüsse und Landschaften in Deutschland benennen,
- eine Kartenskizze zeichnen,
- die politische Gliederung Deutschlands erklären,
- die Verwaltungsgliederung des Saarlands darlegen,
- das saarländische Wappen erläutern,
- die Bedeutung von Berlin als Hauptstadt von Deutschland und als Weltstadt darstellen.

M1 *Berlin: Potsdamer Platz*

Großlandschaften in Deutschland

M1 *Die Großlandschaften Deutschlands*

M3 *Norddeutsches Tiefland*

Die **Großlandschaft** im Norden Deutschlands ist das **Norddeutsche Tiefland**. Es ist ein tief gelegenes Gebiet mit geringen Höhenunterschieden. Die Landhöhen liegen etwa zwischen 2 m unter dem Meeresspiegel und 200 m Höhe. Diese Landschaft erstreckt sich von der Küste im Norden bis etwa 200 km nach Süden.

Aufgaben

1 Ordne den Großlandschaften Deutschlands folgende Städte zu: Rostock, Reutlingen, Münster, München (Atlas, Register und Karte: Deutschland – physisch).

2 Ermittle a) die Nord-Süd-Ausdehnung und b) die West-Ost-Ausdehnung von Deutschland mithilfe von M2 und dem Atlas.

Radfahrerland

Nadja

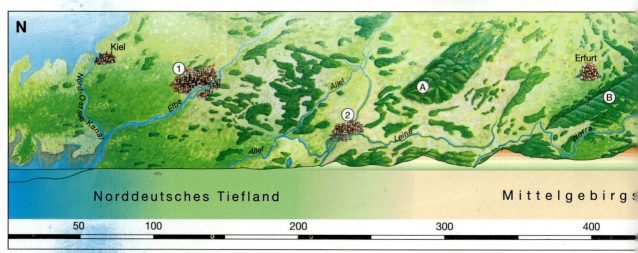

M2 *Von der Küste bis zu den Alpen – ein Landschaftsquerschnitt: Findest du die Namen der Städte (1–3)*

Orientierung in Deutschland

M4 *Mittelgebirge*

M5 *Alpenvorland und Alpen*

In der Mitte Deutschlands liegen sich die **Mittelgebirge**. Es sind Bergländer mit abgerundeten, bewaldeten Höhenzügen und langgestreckten Tälern. Die Berge sind bis zu 1500 m hoch. Steile Gipfel und hohe Felswände gibt es nicht.

Das **Alpenvorland** zeigt nur geringe Höhenunterschiede. Es steigt von 300 m südlich der Donau auf 800 m am Alpenrand an.
Die **Alpen** sind ein **Hochgebirge**. Sie erreichen in Deutschland Höhen von 1500 bis fast 3000 m und sind oft von engen Tälern zerschnitten.

Wanderland — Burak

Kletterland — Nina

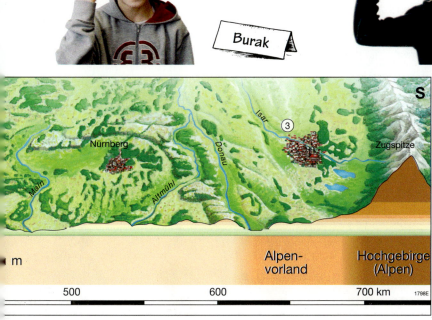

Merke
Deutschland gliedert sich in die Großlandschaften Tiefland, Mittelgebirge, Alpenvorland und Alpen.

Grundbegriffe
- die Großlandschaft
- das Norddeutsche Tiefland
- das Mittelgebirge
- das Alpenvorland
- die Alpen
- das Hochgebirge

und der Gebirge (A, B) mithilfe des Atlas?

Gewusst wo

Deutschland

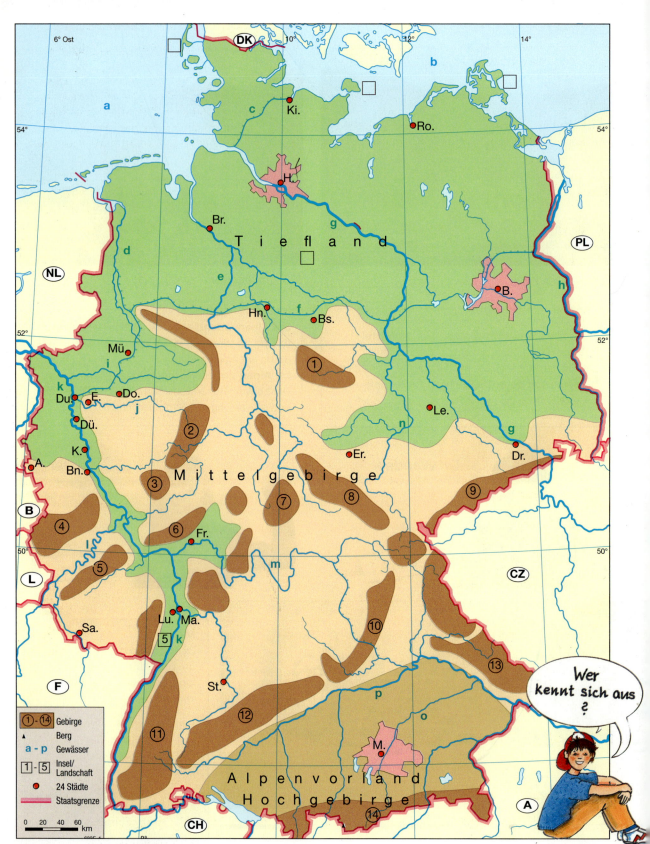

M1 *Übungskarte Deutschland*

Eine Kartenskizze zeichnen

Gewusst wie

1. Zeichne zuerst den groben Umriss des Raumes, zum Beispiel die Grenzen Deutschlands. Gerade Hilfslinien erleichtern die Arbeit.
2. Lege nun eine Auswahl von Gebirgen, Städten und Flüssen fest. Zeichne sie ein.
3. Beschrifte anschließend alle eingezeichneten Gebirge, Flüsse und Städte mit Zahlen oder mit Buchstaben.
4. Erstelle dann zu den Buchstaben und Zahlen eine Namensliste.
5. Durch Farben lassen sich die Eintragungen hervorheben: zum Beispiel Gebirge braun, Tiefland grün, Alpenvorland hellbraun und übriges Land gelb ausmalen; Städte als rote Punkte markieren usw.
6. Lege eine Legende an und gib der Skizze eine Unterschrift.

M2 *So zeichnest du die Kartenskizze Deutschland.*

Karten zeichnen macht richtig Spaß!

Das brauchst du zum Zeichnen:
- 6 Buntstifte (in Grün, Gelb, Hellbraun, Dunkelbraun, Rot und Blau)
- 1 Bleistift (Härte 2)
- 1 Radiergummi
- 1 Lineal oder Geodreieck

M3 *Handwerkszeug für eine schöne Kartenskizze*

Aufgaben

1 Finde die Namen in der Übungskarte M1 (Atlas).

2 Nimm ein DIN-A4-Blatt und zeichne wie in M4 eine Kartenskizze von Deutschland, nur größer. Zeichne in deine Skizze Folgendes ein:

- Flüsse: Rhein, Main, Donau, Elbe, Weser

- Gebirge: Harz, Rothaargebirge, Erzgebirge, Thüringer Wald, Hunsrück, Taunus, Schwarzwald, Alpen

- Städte: Hamburg, Berlin, Leipzig, Frankfurt/Main, Köln, Bremen, Hannover, München, Stuttgart, Nürnberg

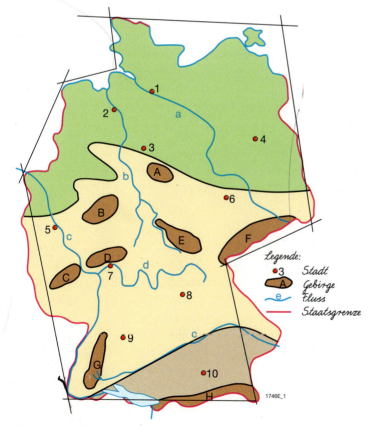

M4 *Kartenskizze Deutschland*

Merke
Eine Kartenskizze ist die einfache Darstellung eines Raumes (Ort, Region, Land, Kontinent).

Die Länder Deutschlands

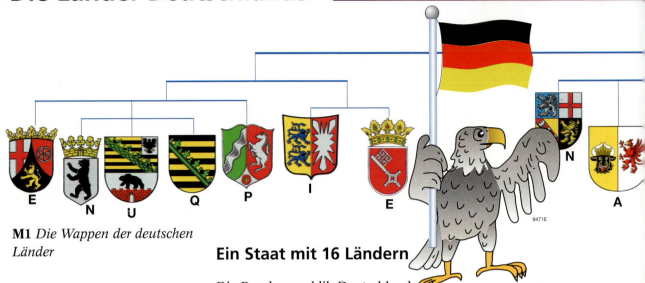

M1 *Die Wappen der deutschen Länder*

Ein Staat mit 16 Ländern

Die Bundesrepublik Deutschland ist ein **Staat** mit einer Staatsfläche von rund 357 000 km². Auf dieser Fläche liegen 16 unterschiedlich große **Länder** (auch **Bundesländer** genannt). Die **Hauptstadt** von Deutschland ist Berlin.

Info

Flächenstaaten und Stadtstaaten

Die 16 Länder Deutschlands sind unterschiedlich groß. 13 Länder bezeichnet man als *Flächenstaaten* mit einer größeren Landesfläche, einer eigenen Landeshauptstadt und vielen anderen Städten.
Weiterhin gibt es die drei *Stadtstaaten* Berlin, Hamburg und Bremen mit Bremerhaven. Sie sind jeweils Stadt und Bundesland zugleich.

Aufgaben

1 Ordne den alphabetisch aufgelisteten Ländern der Bundesrepublik Deutschland (M2) das richtige Wappen aus M1 zu (Atlas, Karte: Deutschland – politische Übersicht).
Die Buchstaben, die unter dem jeweiligen Wappen stehen, ergeben von oben nach unten gelesen ein Lösungswort.

2 Ermittle die Länder Deutschlands, die ein Wappentier haben.

3 Schreibe mithilfe der Tabelle (M2) die 16 Länder Deutschlands nach der Größe der Landesfläche auf.

4 Ordne die Länderbausteine in M4 den einzelnen Ländern Deutschlands (M3) zu (z. B. 1–Schle…).

Land (Bundesland)	Fläche in km²	Einwohner
Baden-Württemberg	35 800	10 700 000
Bayern	70 600	12 500 000
Berlin	890	3 400 000
Brandenburg	29 100	2 600 000
Bremen	400	700 000
Hamburg	760	1 700 000
Hessen	21 100	6 100 000
Mecklenburg-Vorpommern	23 600	1 700 000
Niedersachsen	47 400	8 000 000
Nordrhein-Westfalen	34 100	18 100 000
Rheinland-Pfalz	19 800	4 100 000
Saarland	2 600	1 100 000
Sachsen	18 300	4 300 000
Sachsen-Anhalt	20 400	2 500 000
Schleswig-Holstein	15 700	2 900 000
Thüringen	16 300	2 400 000

M2 *Größe und Einwohner der Länder Deutschlands*

Orientierung in Deutschland

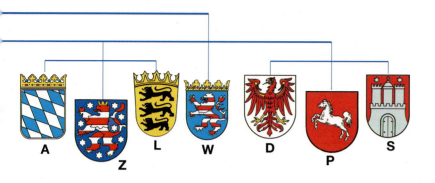

Aufgabe

5 Erläutere die politische Gliederung Deutschlands an einem Beispiel:
a) Meine Schule liegt im Landkreis … (Atlas, Karte: Saarland, Verwaltung und Bevölkerung).
b) Dieser liegt im Bundesland … .
c) Es ist eines von … . Bundesländern.

Die Länder liegen wie große und kleine Puzzlestücke über der Fläche Deutschlands verteilt. Jedes Land hat eine eigene Landeshauptstadt und eine eigene Landesregierung.

Auch unser Bundesland Saarland ist ein Land der Bundesrepublik Deutschland. Unsere Landeshauptstadt heißt Saarbrücken.

M3 *Die Länder (Bundesländer) Deutschlands (politische Karte)*

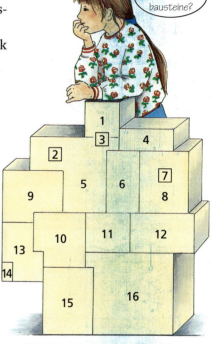

M4 *Bausteine der Länder (Bundesländer)*

Merke
Deutschland ist ein Staat mit 16 Ländern. Diese werden auch Bundesländer genannt.

Grundbegriffe
- der Staat
- das Land (das Bundesland)
- die Hauptstadt

Das Bundesland Saarland

Aufgaben

1 Notiere die Namen der Landkreise bzw. des Regionalverbandes und die entsprechenden Kreisstädte (M3, Atlas).

2 Linda schickt ihrer Freundin Anke in Hamburg einige Bilder (M2). Leider haben sich die Beschriftungsschildchen auf den Bildern während des Transportes gelöst.

① Joshua, mein großer Bruder, tritt in die Jugendfeuerwehr ein.

② In der Landeshauptstadt Saarbrücken tagt der Landtag.

③ In meiner neuen Schule brauche ich jetzt andere Schulbücher.

④ Unsere Straße ist eine Spielstraße.

⑤ Im Rathaus befinden sich das Einwohnermeldeamt und das Fundbüro.

⑥ Die Polizei sorgt für Sicherheit in unserem Ort.

3 a) Ordne die Bilder in M2 den Aufgaben von Land, Kreis/Regionalverband, Gemeinde zu (M4). Lege dazu eine Tabelle an.
b) In Lindas E-Mail sind noch weitere Aufgabenbereiche genannt. Ergänze deine Tabelle.

4 Informiere dich im Internet über deine Heimatgemeinde/Heimatstadt und deinen Landkreis. Erstelle jeweils einen Steckbrief.

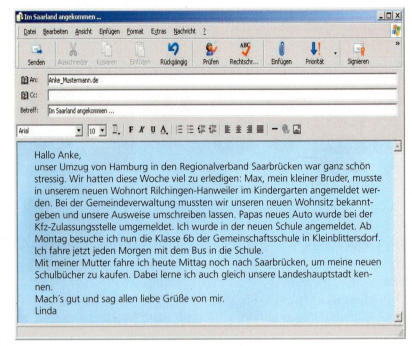

Hallo Anke,
unser Umzug von Hamburg in den Regionalverband Saarbrücken war ganz schön stressig. Wir hatten diese Woche viel zu erledigen: Max, mein kleiner Bruder, musste in unserem neuen Wohnort Rilchingen-Hanweiler im Kindergarten angemeldet werden. Bei der Gemeindeverwaltung mussten wir unseren neuen Wohnsitz bekanntgeben und unsere Ausweise umschreiben lassen. Papas neues Auto wurde bei der Kfz-Zulassungsstelle umgemeldet. Ich wurde in der neuen Schule angemeldet. Ab Montag besuche ich nun die Klasse 6b der Gemeinschaftsschule in Kleinblittersdorf. Ich fahre jetzt jeden Morgen mit dem Bus in die Schule.
Mit meiner Mutter fahre ich heute Mittag noch nach Saarbrücken, um meine neuen Schulbücher zu kaufen. Dabei lerne ich auch gleich unsere Landeshauptstadt kennen.
Mach´s gut und sag allen liebe Grüße von mir.
Linda

M1

M2

Die Verwaltungsgliederung des Saarlandes

Das Land (Bundesland) Saarland besteht aus fünf **Landkreisen** und einem **Regionalverband** (früher Stadtverband).
Diese sind in 52 **Kommunen (Gemeinden)** gegliedert.
Die einzelnen Verwaltungsebenen haben unterschiedliche Aufgaben, Zuständigkeitsbereiche und Behörden.

Orientierung in Deutschland

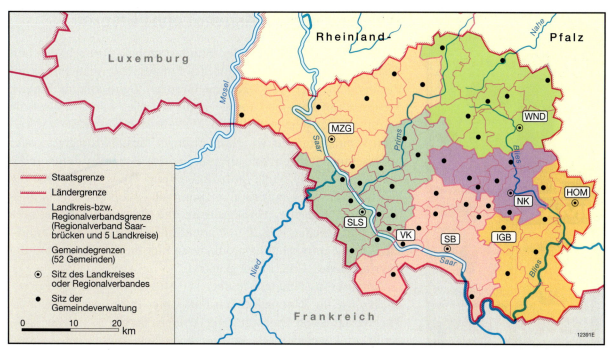

M3 *Karte der Verwaltungsgliederung des Saarlandes*

Das saarländische Wappen

Das Wappen aus dem Jahr 1956 stellt einen Teil der Landesgeschichte des Saarlandes dar. Es ist in vier Abschnitte unterteilt. Diese zeigen die Zeichen der vier bedeutendsten Landesherren, die das Gebiet des heutigen Saarlandes im 18. Jh. regierten.

Der silberne Löwe mit goldener Krone ist das Zeichen der Grafschaft Nassau-Saarbrücken. Das Kurfürstentum Trier wird durch das rote Kreuz auf silbernem Grund vertreten. Der goldene Löwe mit roter Krone repräsentiert die Herzöge von Pfalz-Zweibrücken. Für das Herzogtum Lothringen steht der rote Schrägbalken mit den drei Adlern.

Regionalverband/Landkreis	Einwohner (in 1000)	Fläche (in km²)
Saarbrücken	341	411
Merzig-Wadern	106	555
Neunkirchen	143	249
Saarlouis	210	459
Saarpfalz-Kreis	153	419
St. Wendel	94	476

M5 *Das Saarland in Zahlen*

Aufgaben des Landes, z. B.:
Polizei, Schulpolitik, Umweltgesetze, Abfallbeseitigung, Gewässerschutz, Gewerbeaufsicht.

Aufgaben des Landkreises/Regionalverbandes, z. B.:
Führerschein, Kfz-Zulassung, Bau und Unterhaltung von Kreiskrankenhaus, Kreisstraßen.

Aufgaben der Gemeinde, z. B.:
Ausstellung von Ausweisen, Festlegung von Spielstraßen, Einrichtung des Busverkehrs, Unterhaltung von Standesamt, Einwohnermeldeamt, Fundbüro.

M4 *Aufgaben von Land, Landkreis/Regionalverband und Gemeinde*

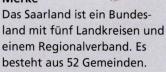

Merke
Das Saarland ist ein Bundesland mit fünf Landkreisen und einem Regionalverband. Es besteht aus 52 Gemeinden. Die Landeshauptstadt ist Saarbrücken.

Grundbegriffe
- der Landkreis
- der Regionalverband
- die Kommune (die Gemeinde)

Berlin – Bundeshauptstadt mit Herz

Weltstadt Berlin – Angebot ohne Grenzen

Berlin ist die Hauptstadt der Bundesrepublik Deutschland und deshalb das politische Zentrum des Landes. Die Anziehungskraft Berlins geht aber weit über die Grenzen Deutschlands hinaus. Mehr als fünf Millionen Touristen aus fast allen Ländern der Erde kommen jedes Jahr nach Berlin. Viele besuchen eine der zahlreichen Veranstaltungen, wie Bühnenshows, Messen, Kongresse oder Sportveranstaltungen von internationalem Rang. Zu ihnen gehören die „Internationale Funkausstellung (IFA)", die „Grüne Woche" oder die Filmfestspiele „Berlinale". Berlin ist „in" und international. Künstler, Musikgruppen und Orchester von Weltrang leben und arbeiten in Berlin. Plattenfirmen und Aufnahmestudios, Film- und Fernsehstudios produzieren hier für den deutschen und internationalen Unterhaltungsmarkt.

Zahllose Ausstellungen in über 150 Museen locken die Besucher ebenso wie die Kinopaläste am Potsdamer Platz oder die über 50 Theater der Stadt. Das kulturelle Angebot Berlins ist nahezu grenzenlos und weltstädtisch. Berlin ist wie New York, Paris, London oder Rom eine **Weltstadt**.

M1 Weltstadtangebot

1 Waldbühne
2 Olympiastadion
3 Messegelände
4 Deutschlandhalle
5 Funkturm
6 ICC (Internationales Congress Centrum)
7 Charlottenburger Schloss
8 Kaiser-Wilhelm-Gedächtniskirche

Aufgaben

1 Begründe, warum Berlin als Weltstadt bezeichnet wird.

2 Weltstadtangebot in Berlin: Lies die Plakate auf der Litfaßsäule (M1). Ordne sie danach, für welche Veranstaltungen geworben wird: Kino, Musik, Theater, Ausstellung.

3 Erstelle eine Liste der Gebäude in M2 von Westen nach Osten mithilfe der Karte in M3.

Erstaunlich!

Berlin ist in vielerlei Hinsicht eine Stadt der Rekorde. Die Stadt besitzt mit fast 200 km Länge das längste und auch das älteste U-Bahnnetz in Deutschland. Der Fernsehturm ist mit 368 m das höchste Bauwerk in Deutschland. Mit fast tausend Brücken hat Berlin mehr Brücken als Venedig. In Berlin liegt nach Duisburg der zweitgrößte Binnenhafen Deutschlands. Die Stadt hat die meisten innerstädtischen Wasserstraßen und besitzt mit dem Tiergarten den größten innerstädtischen Park.

Orientierung in Deutschland

M2 *Sehenswürdigkeiten in Berlin*

a) Reichstag
b) Siegessäule
c) Brandenburger Tor
d) Fernsehturm am Alexanderplatz
e) Kaiser-Wilhelm-Gedächtniskirche
f) Charlottenburger Schloss
g) Funkturm
h) ICC

M3 *Was gibt es wo in Berlin?*

9 Siegessäule im Tiergarten
10 Bundeskanzleramt
11 Reichstagsgebäude
12 Brandenburger Tor
13 Fernsehturm am Alexanderplatz
14 Staatsoper
15 Musikhochschule
16 Humboldt-Universität

Aufgaben

4 Suche folgende Veranstaltungsorte in der Karte (M3) und nenne ihre Kennziffern:
a) Rockkonzerte in der Waldbühne
b) Fußballländerspiel im Olympiastadion
c) Kongress im ICC
d) Violinkonzert im Charlottenburger Schloss
e) Holiday On Ice in der Deutschlandhalle

5 Die Landesvertretung des Saarlandes in Berlin liegt südlich des Brandenburger Tors. In dieser Straße liegen sechs weitere Ländervertretungen. Schreibe ihre Namen auf (Atlas, Karte: Deutschland, Hauptstadt Berlin).

Merke
Berlin ist die Hauptstadt von Deutschland und eine Weltstadt.

Grundbegriff
• die Weltstadt

Alles klar?

Orientierung in Deutschland

Orientierungskompetenz

1. Grundbegriffe

Hier sind die wichtigsten Begriffe dieses Kapitels noch einmal zusammengestellt. Wähle fünf Begriffe aus, erkläre sie und ergänze sie mit einfachen Zeichnungen.

- Großlandschaft
- Norddeutsches Tiefland
- Mittelgebirge
- Alpenvorland
- Alpen
- Hochgebirge
- Staat
- Land (Bundesland)
- Hauptstadt
- Landkreis
- Regionalverband
- Kommune (Gemeinde)
- Weltstadt

Fachkompetenz

2. Großlandschaften

Notiere die Namen der Großlandschaften Deutschlands Ⓐ – Ⓓ und der Städte ① – ③ in deiner Mappe oder deinem Heft.

3. Berlin

Unsere Bundeshauptstadt Berlin ist eine Reise wert. Benenne die Gebäude ⓐ – ⓒ und den Platz, der auf dem Foto unten abgebildet ist.

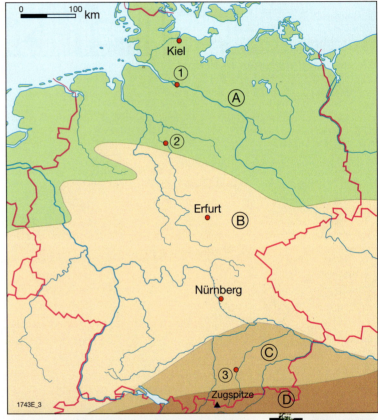

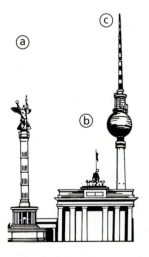

Alles klar?

4. Alles in Deutschland — Methodenkompetenz

Finde die Städte, Flüsse, Berge und den See, die sich in den Rätseln verstecken. Du kannst den Atlas zu Hilfe nehmen.

A Hafenstadt an der Nordsee

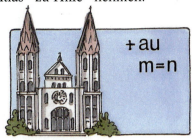

F Fluss, der ins Schwarze Meer mündet

K Berg im Harz

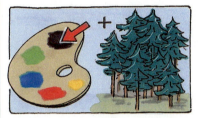

B Gebirge im Südwesten Deutschlands

G Höchster Berg Deutschlands

L Stadt an der deutsch-französischen Grenze

C Längster Fluss Deutschlands

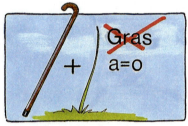

H Stadt in Nordeuropa

J Nebenfluss des Rheins

D Berg (557 m) westlich von Freiburg

I Stadt in Österreich

E Größter See Deutschlands

Beurteilungs- und Handlungskompetenz

5. Entscheide dich!

a) Umziehen von Hamburg nach Saarbrücken: Erörtere die Vor- und Nachteile, die ein solcher Umzug mit sich bringt.

b) Schreibe einen Bericht über deine Heimatgemeinde, in dem du deren Vor- und Nachteile benennst.

c) Berlin ist eine Weltstadt. Möchtest du dort wohnen? Begründe deine Entscheidung.

Leben in der neuen Schulgemeinschaft

Wir wählen unsere Klassensprecher 52
Wir regeln unser Zusammensein 54
Wir schlichten einen Streit 56
Schule früher 58
Welcher Freizeittyp bist du? 60
Jeder Mensch spielt viele Rollen 62
Internet – Chancen und Gefahren 64
Alles klar? 66

Am Ende dieses Kapitels kannst du:
- den Aufbau und die Rechte der SV beschreiben,
- beurteilen, wer als Klassensprecher geeignet ist,
- erklären, wie eine Klassensprecherwahl abläuft,
- Regeln für die Mitbestimmung in der Schule entwickeln,
- einen Konflikt im Rollenspiel darstellen,
- erläutern, dass sich die Schule stets verändert,
- Unterschiede zwischen der Schule früher und heute herausarbeiten,
- Zeitzeugen zu ihrer Schulzeit befragen,
- feststellen, zu welchem Freizeittyp du gehörst,
- erklären, welche Rollen du in deinem Leben ausfüllst.

M1 *Foto einer Schulgemeinschaft (Ausschnitt)* ▶

Gewusst wie

Wir wählen unsere Klassensprecher

Aufgaben

1 Lies die Aussagen in M3. Schreibe die Angelegenheiten und Situationen auf,
a) in denen die Klassensprecherin bzw. der Klassensprecher zuständig sind;
b) in denen sie nicht zuständig sind.

2 Notiere drei Eigenschaften, die eine Klassensprecherin bzw. ein Klassensprecher unbedingt haben sollte (M4).

3 Bei einer demokratischen Klassensprecherwahl entscheidet nicht die Lehrerin oder der Lehrer, wer das Amt bekommt, sondern die Klasse wählt ihren Wunschkandidaten. Beurteile mithilfe von M5, ob der Tafelanschrieb in M1 diesen Grundsätzen entspricht.

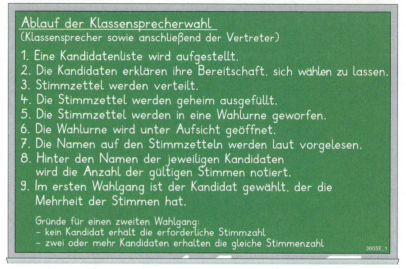

M1 *Tafelanschrieb*

Ablauf der Klassensprecherwahl
(Klassensprecher sowie anschließend der Vertreter)
1. Eine Kandidatenliste wird aufgestellt.
2. Die Kandidaten erklären ihre Bereitschaft, sich wählen zu lassen.
3. Stimmzettel werden verteilt.
4. Die Stimmzettel werden geheim ausgefüllt.
5. Die Stimmzettel werden in eine Wahlurne geworfen.
6. Die Wahlurne wird unter Aufsicht geöffnet.
7. Die Namen auf den Stimmzetteln werden laut vorgelesen.
8. Hinter den Namen der jeweiligen Kandidaten wird die Anzahl der gültigen Stimmen notiert.
9. Im ersten Wahlgang ist der Kandidat gewählt, der die Mehrheit der Stimmen hat.
Gründe für einen zweiten Wahlgang:
– kein Kandidat erhält die erforderliche Stimmzahl
– zwei oder mehr Kandidaten erhalten die gleiche Stimmenzahl

Spannung vor der Wahl

Bereits drei Wochen sind vergangen. Jetzt ist es Zeit für die Klassensprecherwahl. In der 5a müssen die Klassensprecherin oder der Klassensprecher sowie deren Vertretung gewählt werden.

Im Sitzkreis erklärt die Lehrerin das **Wahlrecht** und informiert über die bevorstehende Wahl: „Zunächst geht es um die Aufgaben der Klassensprecher und welche Eigenschaften sie haben müssen, um dieses Amt auszuüben. Dann besprechen wir den Ablauf der Wahl. Die Klassensprecherin oder der Klassensprecher sind Mitglieder der Schülervertretung. Im Übrigen leitet sie oder er bzw. die Vertreterin oder der Vertreter die **Klassenversammlung**."

Info

SV bedeutet **Schülervertretung**. Sie ermöglicht den Schülerinnen und Schülern, dass sie ihre Interessen an der Schule vertreten können und das Schulleben mitgestalten.

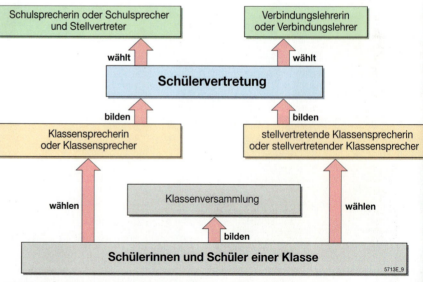

M2 *Schaubild der Schülervertretung (SV) einer Schule*

Leben in der neuen Schulgemeinschaft

Gewusst wie

M3 *Ist die Klassensprecherin bzw. der Klassensprecher zuständig oder nicht?*

Wird Maria Klassensprecherin in der 5a?

Susanne hält ihre Freundin Maria für die einzig mögliche Klassensprecherin. Also schlägt sie Maria vor. Doch Peter ist ganz anderer Meinung. Er schlägt Sigi vor. Beide sind bereit zu kandidieren. Die Wahl wird also spannend.

Die Wahl ist frei.
Es kann euch keiner zwingen, einen speziellen Kandidaten zu wählen – das entscheidet ihr ganz allein. Eure Wahlentscheidung wird nicht kontrolliert.
Die Wahl ist gleich.
Jede Stimme hat das gleiche Gewicht.
Die Wahl ist geheim.
Ihr müsst eure Entscheidung keinem erzählen.

M5 *Grundsätze einer demokratischen Wahl*

Aufgaben: Die Klassensprecherin oder der Klassensprecher vertritt die Klasse nach außen, z.B. in der Klassensprecherversammlung.

In der Klasse hat sie oder er folgende Aufgaben:
- informiert über Regelungen an der Schule, die die Klasse betreffen, z.B. Benutzung der Sporthalle.
- gibt Wünsche und Anregungen der Schülerinnen und Schüler weiter, z.B. Verschönerung des Pausenhofes.
- kann, wenn es jemand wünscht, zwischen Lehrern und Schülern vermitteln, z.B. Uneinigkeit bei der Wahl des Ausflugszieles.
- hilft der Klasse oder einzelnen Kindern beim Vorbringen einer Beschwerde, z.B. ein Schüler fühlt sich zu Unrecht bestraft.

Eigenschaften: redegewandt, fair, auf Ausgleich bedacht, mutig, aber nicht vorlaut, einfühlsam, Verantwortung übernehmend, aber sich nicht in den Vordergrund drängend.

Merke
Die Klassensprecherwahl wird geheim durchgeführt. Die Klassensprecher vertreten die Interessen der Schülerinnen und Schüler ihrer Klasse.

Grundbegriffe
- die Schülervertretung (SV)
- das Wahlrecht
- die Klassenversammlung

M4 *Aufgaben und Eigenschaften der Klassensprecher*

Wir regeln unser Zusammensein

M1 *Beispiel einer Klassenordnung*

M3 *Diskussion in der Klasse*

Wir geben uns eine Klassenordnung

In den ersten Wochen nach Schuljahresbeginn ist in der Klasse 5a Einiges los. Roland schießt in den Pausen regelmäßig mit einer Schleuder Papierkügelchen in die Klasse. Und nun haben auch Denis und Andrea eine Schleuder mitgebracht.

Frau Ehrhardt, die Klassenlehrerin, hat dies erfahren. Sie bespricht die Situation im Sitzkreis. Die Schülerinnen und Schüler stimmen ihr zu, dass es so nicht weitergehen kann. Die Klasse beschließt eine **Klassenordnung**. Sie besteht aus Regeln, die jeder zu beachten hat. Und es werden Strafen festgelegt, falls jemand dagegen verstößt. Die Klasse entwirft auch ein Dienstplakat. Es enthält die Klassendienste und zeigt an, wer für die einzelnen Dienste zuständig ist. Beide Plakate werden in der Klasse aufgehängt.

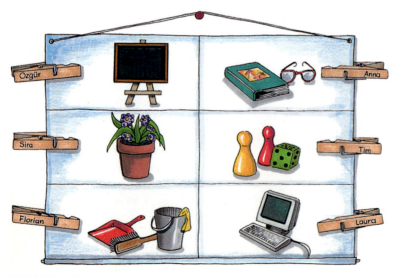

M2 *Plakat für Klassendienste*

- Wählt für jeden Dienst in eurer Klasse ein Zeichen aus. Es soll die Aufgaben des Dienstes verdeutlichen.
- Malt ein Plakat mit den Zeichen.
- Jeder schreibt seinen Namen auf eine Wäscheklammer aus Holz.
- Die Wäscheklammern werden für den jeweiligen Dienst an das Plakat geklammert.
- Jeder kann jetzt gut erkennen, wer für den Dienst zuständig ist.

Leben in der neuen Schulgemeinschaft

Kannst du dich an Regeln halten?

1. Ich nehme Rücksicht auf andere.
2. Ich nehme anderen im Unterricht nichts weg.
3. Ich lache andere nicht aus, wenn sie einen Fehler machen.
4. Ich übernehme ohne Murren den Ordnungsdienst.
5. Ich falle anderen nicht ins Wort.
6. Ich lenke andere nicht vom Unterricht ab.
7. Ich benehme mich gut.
8. Ich bin nicht frech und unhöflich zu anderen.
9. Ich helfe anderen bei Schwierigkeiten.
10. Ich verpetze niemanden.
11. Ich achte fremdes Aussehen und Verhalten.
12. Ich erledige meine Aufgaben ordentlich.
13. Ich gebe nicht an mit Spielsachen oder tollen Klamotten.
14. Ich bin bereit, anderen zuzuhören.
15. Ich will mich nicht streiten oder einen Streit anstacheln.
16. Ich werde Schwächere nicht hänseln.
17. Ich gehe mit allen Sachen im Klassenraum sorgsam um.

☺ Fällt mir leicht 😐 Fällt mir schwer ☹ Muss ich noch lernen

M4 *Teste dich selbst!*

Aufgaben

1 Erläutere, was Regeln sind und wozu man sie braucht.

2 Entwerft eine Klassenordnung für eure Klasse.

3 a) Welche Klassendienste sind in eurer Klasse notwendig? Erstellt eine Liste.
b) Gestaltet ein Plakat für die Klassendienste (M2).

4 a) Teste dich selbst (M4).
b) Erstelle eine Liste mit den Punkten, bei denen du dich verbessern musst.

Info

Regeln
Menschen brauchen Regeln, damit das Leben in der Familie, im Freundeskreis, im Alltag und in der Schule klappt. Aber auch Spielregeln, zum Beispiel beim Sport, sind notwendig.
Eine Regel ist eine Vorschrift, an die sich jeder halten muss. Wer dagegen verstößt, wird bestraft und notfalls ausgeschlossen. Er erhält die „rote Karte".
In der Schule regelt die Hausordnung das Zusammenleben. In der Klasse gibt es eine Klassenordnung.

Merke
Die Klassenordnung regelt das Zusammenleben in der Klasse. Jeder ist verpflichtet, die Klassenordnung einzuhalten.

Grundbegriff
• die Klassenordnung

Wir schlichten einen Streit

Der Tintenklecks
oder
Wie Artjom und Fritz aus einer Mücke einen Elefanten machen

Heute in der GL-Stunde öffnet Artjom seine neue Mappe. Sorgfältig zeichnet er eine Kartenskizze auf ein Blatt. Hierbei gibt er sich Mühe. Sein Nachbar Fritz schraubt gelangweilt seinen Füller auf. Er nimmt die Patrone raus und schaut nach, ob noch genügend Tinte vorhanden ist. Dabei rutscht ihm die Patrone aus der Hand und sie landet auf Artjoms schön gestaltetem Blatt. Ein hässlicher Klecks verunstaltet seinen Eintrag. Artjom ist wütend und schreit Fritz an: „Du blöder Kerl!" und rammt ihm seinen Ellenbogen in die Rippen. Dies lässt sich Fritz nicht gefallen. Er schlägt Artjom ins Gesicht. Artjoms Lippe blutet. Jetzt greift der GW-Lehrer, Herr Wolf, ein.

M1 *Ein ganz normaler Streit*

Aufgaben

1 Schreibe die Geschichte zum „Tintenklecks-Streit" zu Ende (M1, M2).

2 a) Spielt die Geschichte „Der Tintenklecks" als Rollenspiel mit drei Personen nach (Artjom, Fritz, Streitschlichter):
Erste Situation: Der Streit beginnt (M1).
Zweite Situation: Der Streit verschlimmert sich (auf dem Pausenhof).
Dritte Situation: Der Streit wird mit einer Streitschlichterin gelöst (M3, M4).
b) Spielt die Geschichte mit unterschiedlichen Lösungen und besprecht diese gemeinsam in der Klasse.

3 Schreibe die Geschichte „Ohne Worte" (M5) auf. Verwende auch die Aussagen von M4.

M2 *Ergebnis des Streits*

Streit schlichten – eine Lösung mit Gewinnern

So wie Fritz und Artjom streiten sich Schulkinder immer wieder. Oft reicht ein kleiner Anlass und eine Prügelei entsteht. Freundschaften zerbrechen. Es muss jedoch bei einem **Konflikt** nicht zwangsläufig Verlierer und Gewinner geben. Es gibt eine Möglichkeit, den Streit beizulegen: die **Streitschlichtung**. Die Streitschlichtung ist eine „Gewinnerlösung". Der Streit wird so geschlichtet, dass beide Konfliktparteien mit der Lösung zufrieden sein können und wieder normal miteinander umgehen.

Leben in der neuen Schulgemeinschaft

Die Lösung eines Streits

1. Streitschlichterin oder Streitschlichter aussuchen
Die Schülerinnen und Schüler, die an dem Streit beteiligt sind, suchen eine Streitschlichterin oder einen Streitschlichter aus.

2. Standpunkte vortragen
Jeder hat das Recht, seine Sicht über den Streit vorzutragen. Die Streitschlichterin oder der Streitschlichter sorgt dafür, dass jeder über die Gründe, Gefühle und seinen Anteil am Streit sprechen kann.

3. Lösungen suchen
Die Beteiligten machen Vorschläge zur Lösung des Streits. Die Ideen werden gesammelt und besprochen. Es wird ein geeigneter Vorschlag ausgewählt.

4. Lösungsvorschlag umsetzen und einhalten
Der Lösungsvorschlag wird in die Tat umgesetzt. Beide Parteien verpflichten sich, die Vereinbarungen einzuhalten.

M3 *Streitschlichtung*

1 Das Problem sofort ansprechen
Nicht zu lange warten, wenn sich ungute Gefühle aufstauen.

2 In der Ich-Form sprechen
Je mehr ich von meinen Gefühlen und Empfindungen spreche, umso besser lernt mich mein Gegenüber kennen und verstehen.

3 Nicht unterbrechen
Ich lasse mein Gegenüber ausreden und höre zu. Ich versuche die Interessen, Bedürfnisse, Gefühle meines Gegenübers herauszuhören.

4 Die betreffende Person ansprechen
Wenn ich etwas mitteilen will, schaue ich die betreffende Person direkt an und spreche sie an.

5 Eine gemeinsame Sicht finden
Mit dem Gegenüber gemeinsam festlegen, worum es bei dem Streit geht und wo die Ursachen liegen.

6 Beim Thema bleiben
Ich selbst bleibe beim Thema. Ich lasse auch nicht zu, dass mein Gegenüber von einem Thema zum anderen springt.

7 Beschuldigungen vermeiden
Gegenseitige Vorwürfe helfen nicht weiter. Sie verhärten die Fronten.

M4 *Sieben Regeln für erfolgreiches Streiten*

M5 *Ohne Worte*

Merke
Die Streitschlichtung ist der beste Weg, einen Streit friedlich zu beenden. So gibt es am Ende keinen Verlierer.

Grundbegriffe
- der Konflikt
- die Streitschlichtung

Schule früher

M1 *In einer Schule um 1900*

Aufgabe

1 Befragt eure Großeltern als Zeitzeugen zu ihrer Schulzeit.

Gehorsam, Fleiß und Sauberkeit

Gehorsam, Fleiß, Ordnung und Sauberkeit waren vor hundert Jahren wichtige Tugenden. Deshalb legte die Gesellschaft darauf Wert, dass diese Eigenschaften den Kindern in der Schule auf jeden Fall beigebracht werden sollten. Mit zum Teil harten Strafen wie Stockschlägen auf die Hand versuchten die Lehrer, ihre Vorstellungen von Disziplin durchzusetzen.

Aber auch vor 50 Jahren war Schule teilweise noch anders als heute. Eure Großeltern erinnern sich sicherlich an ihre Schulzeit. Sie sind **Zeitzeugen** der damaligen Verhältnisse.

*Also lautet ein Beschluss,
dass der Mensch was lernen muss.
Nicht allein das A-B-C
bringt den Menschen in die Höh';
nicht allein in Schreiben, Lesen
übt sich ein vernünftig Wesen;
nicht allein in Rechnungssachen
soll der Mensch sich Mühe machen,
sondern auch der Weisheit Lehren
muss man mit Vergnügen hören.
Dass dies mit Verstand geschah,
war Herr Lehrer Lämpel da.*

M2 *Aus „Max und Moritz" von Wilhelm Busch, 1925*

Tafel, Griffel, Rutenstock

Fünf Minuten vor Beginn des Schulunterrichts müssen die Lehrer, welche die erste Stunde zu halten haben, im Schulzimmer sein, um die Kinder zu überwachen. Besonders haben sie darauf zu achten:
a) dass die Kinder sich sofort und still an ihren Platz begeben, die Bücher auf das Brett unter der Schulbank legen und sich ruhig verhalten;
b) dass die Kinder Gesicht, Ohren, Hals und Hände rein gewaschen und die Haare glatt gekämmt haben;
c) dass alle Schüler anständig, gerade, mit dem Rücken angelehnt und in Reihen hintereinander sitzen;
d) dass jedes Kind seine Hände gefaltet auf die Schulbank legt, damit alle Neckereien und Spielereien auf der Bank, alle ungehörigen und unsittlichen Beschäftigungen unter derselben unmöglich gemacht werden;
e) dass die Füße parallel nebeneinander auf den Boden gestellt werden, das Übereinanderschlagen der Beine ist verboten;
f) dass sämtliche Schüler dem Lehrer fest ins Auge schauen, weil demzufolge alles Sprechen, Plaudern, Lachen, Flüstern, Hinundherrücken, Essen usw. nicht vorkommen können. Bevor nicht aller Blicke auf den Lehrer gerichtet sind, beginnt der Lehrer seinen Unterricht nicht.

M3 *Aus einer Schulordnung um 1900*

Leben in der neuen Schulgemeinschaft

M4 *Wir spielen „Schule früher"*

M6 *Schreibgeräte*

Die Entwicklung der Schrift und der Schreibgeräte

Das erste Schreibinstrument war wahrscheinlich der Zeigefinger. Mit Pflanzensaft und Tierblut haben die Menschen Zeichnungen angefertigt. Unsere heutige Schrift geht auf die lateinische Schrift der Römer zurück. Sie wurde vor etwa 2000 Jahren entwickelt. Im Mittelalter (500–1500) wurde viel auf Pergament (tierische Haut) geschrieben. Als Schreibwerkzeug dienten ein Stift aus Gänsefedern (Gänsekiel) und Tinte. Um 1900 schrieben die Schulkinder zuerst mit einem Griffel auf der Schiefertafel, später mit einer Stahlfeder auf Papier. 1883 wurde der erste Füllfederhalter entwickelt.

Aufgaben

2 Lies das Gedicht (M2).
a) Schreibe auf, was Kinder in der Schule lernen sollen.
b) Lernt das Gedicht auswendig. Wer trägt es am besten vor?

3 Vergleicht eure Schulordnung mit der von 1900 (M3).

4 Spielt „Schule früher". Denkt an Sitzordnung, Regeln, Kleidung und Schulmaterialien (M6).

5 Schreibe deinen Namen und deine Adresse in „Deutscher Schrift" (M5).
Du kannst auch wie früher mit einer Stahlfeder und Tinte schreiben.

M5 *Die Buchstaben der Deutschen Schrift (auch „Sütterlin" genannt), etwa 1900–1950*

Merke
Schiefertafel und Griffel waren die Schreibgeräte in der Schule um 1900. Die Schulordnung war sehr streng.

Grundbegriffe
- die Zeitzeugin/ der Zeitzeuge

Welcher Freizeittyp bist du?

Der große Freizeittest

Nicht immer kann man seine Freizeit zusammen mit anderen verbringen. Viele Mädchen und Jungen langweilen sich dann. Damit es dir nicht so geht, sollst du genau überlegen, was dir in deiner Freizeit wichtig ist. Der Test hilft dir dabei. Gehe folgendermaßen vor:

1. Male auf ein Blatt untereinander eine Sonne, einen Stern und einen Mond.

2. Lies die unten stehenden Fragen nacheinander genau durch und entscheide dich jeweils für eine Antwort. Mache dann einen Strich hinter dem Zeichen (Sonne, Stern oder Mond), das deiner Antwort entspricht.

3. Zähle nach, hinter welchem Zeichen du die meisten Striche gemacht hast. Auf Seite 61 kannst du lesen, welchem Freizeittyp du ähnlich bist.

1. Wo hältst du dich am liebsten auf?
○ Zu Hause
☆ Draußen
☽ In Freizeiteinrichtungen wie Kino, Freizeitheim

2. Was stört dich am meisten?
○ Schmutz
☆ Lärm
☽ Langeweile

3. Wie wichtig ist für dich Bewegung?
○ Unwichtig
☆ Wichtig
☽ Das Wichtigste überhaupt

4. Was würdest du auf eine einsame Insel mitnehmen?
☽ Computer und Fernseher
☆ Werkzeugkasten und Bastelmaterial
○ Bücher und MP3-Player

5. Welche Beschäftigung wählst du?
☆ Baumhaus bauen
○ Knobelaufgaben lösen
☽ Musik hören

6. Siehst du dir Sendungen über Tiere, Länder, Planeten … an?
○ Immer
☽ Zufällig
☆ Nie

7. Wie wichtig ist dir dein Aussehen?
☆ Ich mache mir häufig neue Frisuren.
☽ Ich probiere oft Neues vor dem Spiegel aus.
○ Mein Aussehen ist mir ziemlich egal.

8. Geben dir deine Eltern Freizeittipps?
☽ Häufig
☆ Manchmal
○ Nie

9. Verbringst du deine Freizeit gerne mit Erwachsenen?
○ Sehr gern
☽ Ab und zu
☆ Möglichst nicht

10. Hältst du eine Woche ohne Fernsehen/Video/Computer aus?
☆ Kein Problem
○ Weiß ich nicht
☽ Unmöglich

Leben in der neuen Schulgemeinschaft

Sonne: Du bist vermutlich der „Häusliche" unter den Freizeittypen und kannst dich gut alleine beschäftigen. An Ideen fehlt es dir selten. Wenn du in eine Sache vertieft bist, lässt du dich nicht gern stören. Manchmal träumst du einfach vor dich hin und fühlst dich wohl dabei. Wahrscheinlich stehen in deinem Zimmer viele Bücher, ein Computer oder Bastelarbeiten, vielleicht auch ein Fernseher. Poster von Stars oder Sportlern hängen an den Wänden. Deine Freunde oder Freundinnen haben ungefähr dieselben Interessen wie du.
Vorschlag: Verbringe die Zeit zwischen Mittag- und Abendessen nicht zu Hause. Du kannst dich zu Fuß, mit dem Fahrrad, Skateboard oder … fortbewegen.

Mond: Du bist ein echter „Freizeitkumpel". Wahrscheinlich bist du am liebsten in Gesellschaft und ständig unterwegs. Meistens weißt du, wo etwas los ist und wo man sich trifft. Allein zu sein, fällt dir nicht leicht. Hat niemand Zeit, etwas mit dir zu unternehmen, schaltest du häufig den Fernseher ein oder hörst Musik. Dir gefällt es am besten, wenn du eine möglichst große Auswahl an Freizeitangeboten hast, z. B. Computerspiele, Zeitschriften.
Vorschlag: Versuche einen Tag lang ohne Freunde, Fernseher, Video, Zeitschriften, Computer und Musik auszukommen.

Stern: Du bist dem „Frischluftfanatiker" unter den Freizeittypen am ähnlichsten. Jede freie Minute verbringst du außer Haus. Beim Fahrradfahren, Angeln, Klettern usw. geht es dir gut. Wichtig ist nur, dass du draußen bist. Vielleicht gehörst du zu denen, die immer Bewegung brauchen und sich auch körperliche Anstrengung zumuten. Du triffst dich gern mit Freunden oder Freundinnen, es macht dir aber auch nichts aus, dich allein zu beschäftigen. Zu Hause am Schreibtisch zu sitzen, ist für dich eine Qual.
Vorschlag: Verbringe einen Nachmittag in deinem Zimmer. Überlege, wie du es so umgestalten kannst, dass es dich nicht immer nach draußen zieht.

Aufgabe

1 a) Ermittelt, wer in eurer Klasse jeweils zum gleichen Freizeittyp gehört. Ihr bildet zusammen eine Gruppe.
b) Jede Gruppe erstellt eine Liste mit Freizeitbeschäftigungen, die jeder allein ausführen kann, und präsentiert ihre Ergebnisse.

Jeder Mensch spielt viele Rollen

„Ich wünsche mir von Mädchen, dass sie nicht tuscheln und kichern."

„Ich wünsche mir von Mädchen, dass sie in der Schule nicht so schleimen und bei jeder Kleinigkeit gleich anfangen zu heulen."

„Ich wünsche mir von Jungen, dass sie beim Streiten nicht ausrasten."

„Ich wünsche mir von Jungen, dass sie uns besser behandeln und sich nicht ständig beim Sport über uns aufregen."

M1 *Ich wünsche mir …*

Was von uns erwartet wird

In unserem Leben werden uns viele **Rollen** zugewiesen. Wir sind zum Beispiel gleichzeitig Tochter oder Sohn, Freundin oder Freund, Mitglied eines **Vereins** oder einer **Clique** usw. Alle Rollen sind mit bestimmten Erwartungen an unser Verhalten verknüpft. Das sind die **Rollenerwartungen**. Wir müssen sie erfüllen, wenn wir uns nicht der Missbilligung der Mitmenschen aussetzen wollen. Eine Rolle, die wir unser ganzes Leben lang übernehmen, ist die Geschlechterrolle. Die Erwartungen, die an das Verhalten der beiden Geschlechter gestellt werden, haben sich durch Erziehung und Umwelteinflüsse tief im Leben eines jeden Menschen festgesetzt. Sie werden in den **Familien** von Generation zu Generation weitervermittelt. Noch vor 50 Jahren wurden in der Regel Jungen und Mädchen unterschiedlich auf das spätere Leben vorbereitet: Jungen für den Beruf und die finanzielle Absicherung der Familie, Mädchen für die Haushaltsführung und Kindererziehung. Die Erziehung zum Rollenverhalten beginnt mit der Geburt und zieht sich durch das ganze Leben.

◁ **M2** *Schon bei kleinen Kindern zeigen sich Unterschiede in den Geschmacksvorlieben bei Mädchen und Jungen.*

Mädchen und Jungen – sehr unterschiedlich

Bei einer Befragung von Kindern (8–14 Jahre) wählten die Jungen am häufigsten Blau als Lieblingsfarbe, die Mädchen hingegen Rosa/Pink. Bei den Berufen zeigte sich: Jungen stehen auf Action, Wettbewerb und Technik. 27 Prozent der Jungen wollten Profisportler werden, elf Prozent Polizist und neun Prozent Mechaniker. 15 Prozent der Mädchen wären dagegen am liebsten Tierärztin, je zehn Prozent Lehrerin und Frisörin. Unterschiede gab es auch bei den Geschmacksvorlieben bei Eis. Die roten Früchte, also Himbeere und Erdbeere sagen stärker den Mädchen zu. 45 Prozent der Mädchen mögen Himbeer-Eis, das bei den Jungen kaum in die engere Wahl kommt. Cola-Eis dagegen ist mit 46 Prozent Zustimmung eindeutig die Sorte der Jungen.

Aufgaben

1 Untersucht, ob sich Mädchen und Jungen in eurer Klasse typisch „mädchenhaft" bzw. „jungenhaft" verhalten. Beschreibt, worin sich so ein Verhalten zeigt.

2 a) Liste verschiedene Rollen auf, die du im Laufe deines Lebens einnimmst.
b) Stelle dar, was wohl geschieht, wenn du die Rollenerwartungen nicht erfüllst.

Leben in der neuen Schulgemeinschaft

M3 *Mädchen unter sich*

M4 *Jungen unter sich*

„Die anderen sind voll daneben!" – oder nicht?

In einem Projekt wurden 50 Schülerinnen und Schüler einer Klassenstufe zum Thema Freizeit befragt. Die Jungen sollten sagen, wie ihrer Meinung nach die Mädchen die Freizeit verbringen. Die Mädchen sollten sagen, wie ihrer Meinung nach die Jungen die Freizeit verbringen. Das Ergebnis war verblüffend.
Es wurde eine lebhafte Diskussion in den Klassen geführt.

Aufgaben

3 Betrachte das Umfrageergebnis (M5). Findest du es verblüffend? Begründe deine Meinung.

4 Ermittelt in einer Umfrage das Freizeitverhalten von Mädchen und Jungen in eurer Klasse. Vergleicht mit M5.

Typisch Junge?		Typisch Mädchen?	
Fußball	50	Popzeitschriften	34
Rauferei	28	Stadtbummel	43
Computer	23	Musik	50
Skateboard	17	Liebesromane	26
Radfahren	40	Starposter	30
Fernsehen	44	Musikvideos	37
Video	31	Mode	29
Streetball	9	Schminken	16

M5 *Umfrageergebnis*

Merke
Wir spielen in unserem Leben verschiedene Rollen. Die Geschlechterrolle prägt uns für das ganze Leben.

Grundbegriffe
- die Rolle
- der Verein
- die Clique
- die Rollenerwartung
- die Familie

Internet – Chancen und Gefahren

- Gib niemals persönliche Daten (Name, Adresse oder Telefonnummer) an Unbekannte weiter.
- Triff dich niemals ohne Erwachsene mit Menschen, die du nur aus dem Netz kennst.
- Besprich Anmeldungen jeglicher Art im Netz (zum Beispiel in Chatrooms) vorher mit deinen Eltern.
- Öffne keine E-Mails mit unbekanntem Absender.
- Beantworte keine Rund- oder Kettenbriefe.
- Gib keine Rückmeldung (z. B. durch Klicken auf „OK") in Seiten ein, die du nicht kennst. Es könnte ein unerwünschter Kauf oder ein Virus sein.
- Beschimpfe oder beleidige niemanden im Netz.
- Berichte alles, was dir seltsam vorkommt oder dir Angst macht, deinen Eltern oder den Lehrkräften.

M1 *Tipps für sicheres Surfen*

Internet – das „Tor zur Welt"?

Für viele Menschen gehört das **Internet** zum Alltag. Man nutzt es, um sich Informationsmaterial zu besorgen, E-Mails zu senden und zu empfangen, Musik zu hören und downzuloaden oder einfach nur, um zu surfen oder in **sozialen Netzwerken** zu chatten. Jeder fünfte Mensch auf der Erde hat mittlerweile Zugang zum globalen Netz, dem World Wide Web.

Der Computer hat die Lebens- und Arbeitswelt verändert. Ob am Arbeitsplatz oder zu Hause: Es geht fast nichts mehr ohne Computer und Internet. In kürzester Zeit kann man nahezu jede gewünschte Information erhalten.

Internet – Gefahren im Netz

Neben den vielen Möglichkeiten und Chancen lauern im Internet auch Gefahren. Das World Wide Web gehört niemandem und ist fast unkontrollierbar. Jeder kann falsche, unsinnige, überflüssige oder auch gefährliche und kriminelle Informationen im Internet verbreiten. In den bei Kindern so beliebten Chatrooms können sich kriminelle Erwachsene befinden und das Vertrauen von Kindern erschleichen. Oft ist nicht klar, wer für eine Internetseite verantwortlich ist und wofür die Daten anschließend verwendet werden. Außerdem reicht manchmal schon ein kurzer Klick, und es können hohe Kosten, wie zum Beispiel für ein Abo, fällig werden. Die Preise werden oft nur versteckt im „Kleingedruckten" oder gar nicht angezeigt.

M2 *Lernen mit dem Internet*

Aufgaben

1 Nenne Gründe, warum du den Computer und das Internet nutzt. Erstelle eine Rangliste nach der Wichtigkeit der Gründe.

2 Erkläre, warum durch das Internet die Welt zusammengerückt ist.

3 a) Beschreibe die Gefahren des Internets.
b) Nenne Möglichkeiten, ihnen aus dem Weg zu gehen.

Leben in der neuen Schulgemeinschaft

M3 *Filmszene aus „The Social Network" über den Facebook-Gründer Mark Zuckerberg*

M4 *Nutzer des sozialen Netzwerkes „Facebook"*

In sozialen Netzwerken wie „SchülerVZ" verabreden sich Jugendliche, tauschen Nachrichten oder Fotos aus. Eltern kennen sich hier oft nicht aus. „Im Internet brauchen wir Nachhilfe", sagt ein Vater. „Die Kinder sind uns meilenweit voraus." Eine Mutter meint: „Ich bin geschockt. Ich wusste nicht, wie öffentlich sich mein Kind dort macht."

Andrej hat im Netz gerade seine neue Freundin kennengelernt. Die beiden gehen auf dieselbe Schule. Auf dem Schulhof hätte er sich nicht getraut, sie anzusprechen. Andrej meint: „Im Netz ist das irgendwie leichter."

Außerhalb des Klassenraums ist Maximilian meist „online": Statt zu telefonieren tauscht er mit Freunden im Netz Nachrichten aus, stellt Fotos von der letzten Party ein und empfängt Nachrichten, die ihm Freunde schicken. Alle angemeldeten Nutzer können dies lesen. Jugendschützer beschäftigt das alltägliche „Online-Mobbing" der Schüler untereinander. „Eine Gefahr ist, dass die Mobbing-Opfer oftmals zunächst gar nicht wissen, dass sie Opfer sind." So surfen und chatten 12-Jährige munter im Internet, bis sie zufällig auf die Nachricht treffen: „Wir hassen dich."

Dana, eine Schülerin, berichtet: „Einmal hatte ich beim Chatten ein komisches Gefühl. Das war, als mich ein fremder Typ ansprach und sich unbedingt mit mir treffen wollte. Da rief ich einen Schulfreund zu Hilfe, der das abstellte. Unangenehm war das schon. Das war aber längst kein Grund, mich aus der Online-Gemeinschaft zu verabschieden. Denn dann wäre ich eine Außenseiterin."

M5 *Erfahrungsberichte im Zusammenhang mit dem Internet*

Aufgaben

4 a) Notiere Überschriften für die Berichte in M5.
b) Beurteile, ob die in den Berichten genannten Probleme berechtigt sind.

5 Beurteile und ergänze die Tipps in M1.

6 Erstelle ein Referat zum Thema: „Mobbing im Internet".

Merke
Das Internet bietet eine Vielzahl von Möglichkeiten zum Surfen, Spielen und Arbeiten. Es kann aber auch missbräuchlich eingesetzt werden. Gib daher niemals deinen Namen, deine Telefonnummer oder Mailadresse bekannt, wenn du nicht genau weißt, mit wem du Kontakt hast.

Grundbegriffe
- das Internet
- das soziale Netzwerk

Alles klar?
Leben in der neuen Schulgemeinschaft

Orientierungskompetenz

1. Grundbegriffe

Hier sind die wichtigsten Begriffe dieses Kapitels noch einmal zusammengestellt. Wähle fünf Begriffe aus, erkläre sie und ergänze sie mit einfachen Zeichnungen.

- Schülervertretung (SV)
- Wahlrecht
- Klassenversammlung
- Klassenordnung
- Konflikt
- Streitschlichtung
- Zeitzeugin/Zeitzeuge
- Rolle
- Verein
- Clique
- Rollenerwartung
- Familie
- Internet
- soziales Netzwerk

2. Nutzung des Internets — Methodenkompetenz

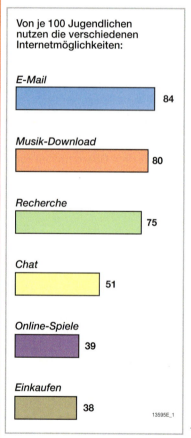

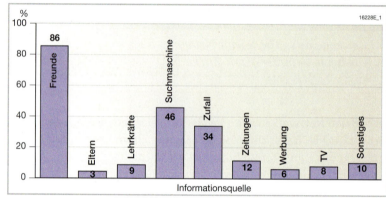

So orientieren sich Jugendliche im Internet.

a) Übertrage die Aussagen in dem Diagramm „So nutzen Jugendliche das Internet" in einen Text.

b) Erstelle ein neues Diagramm „So orientieren sich Jugendliche im Internet". Verändere die Abfolge der Säulen nach der Häufigkeit der Nutzung.

c) Erstelle dann einen Text zu deinem Diagramm.

◁ *So nutzen Jugendliche das Internet.*

Fachkompetenz

3. Beantworte die Fragen für deine Schule:

- Wo bewahrt der Hausmeister die Fundsachen auf?
- Wo gibt es eine Liste der Arbeitsgemeinschaften?
- Wo hängt der Vertretungsplan?
- Wo ist das Sekretariat?
- Wo ist der Fachraum für Musik?
- Wo sind die Fahrradstellplätze?
- Wo ist das Lehrerzimmer?

Alles klar?

Fachkompetenz

4. Aus diesem Kapitel

Bilde aus den Wortteilen sechs Wörter und ordne sie den Abbildungen A–F zu.

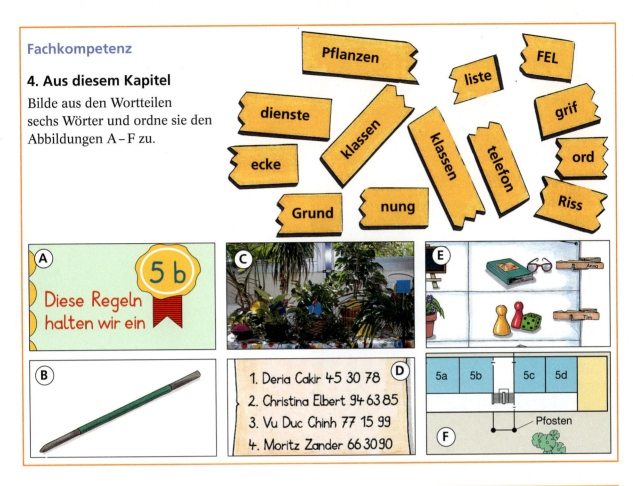

5. Eine gute Klassengemeinschaft?

Beurteilungs- und Handlungskompetenz

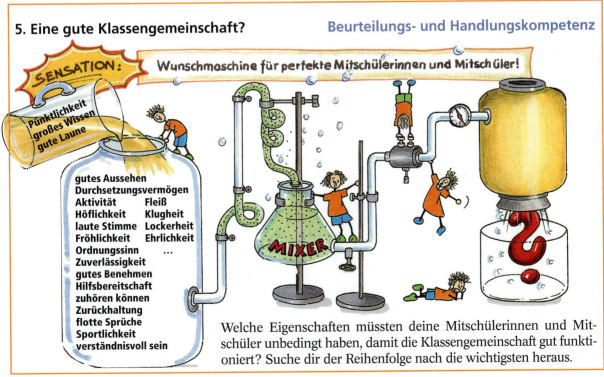

Welche Eigenschaften müssten deine Mitschülerinnen und Mitschüler unbedingt haben, damit die Klassengemeinschaft gut funktioniert? Suche dir der Reihenfolge nach die wichtigsten heraus.

Lernen im Team:
Kinder der Welt

Sina in Deutschland	70
Bryan in den USA	72
Pandisvari in Indien	74
Mariam in Westafrika	76
Vier Kinder – Leben auf der Straße	78
Huy in Ägypten um 1500 v. Chr.	80
Carilla in Rom um 100 n. Chr.	82
Amadou – auf der Flucht	84
Beitrag der Schule zur Integration	86

Am Ende dieses Kapitels kannst du:
- verschiedene Familienformen benennen,
- das Leben von Kindern auf verschiedenen Kontinenten vergleichen,
- über Kinderarbeit berichten,
- erläutern, welche Rechte Kinder haben,
- das Leben von Kindern früher und heute vergleichen,
- darstellen, warum Kinder aus ihrer Heimat fliehen,
- Möglichkeiten benennen, die Kindern aus anderen Ländern hier das Leben erleichtern.

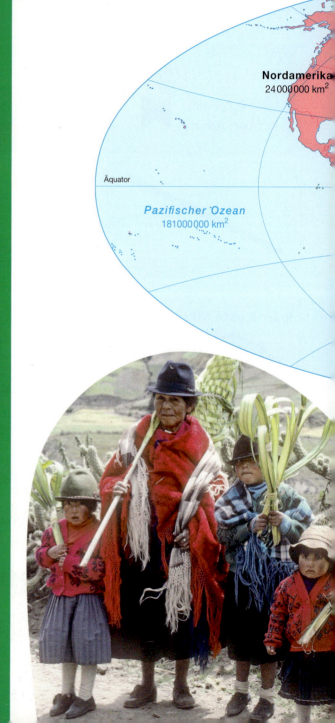

M1 *In den USA bringen gelbe Schulbusse die Kinder zur Schule und wieder nach Hause. Die meisten Amerikaner gehen bis zum Abschluss der High School mit 18 Jahren zur Schule.*

Die Schülerinnen und Schüler wohnen auf verschiedenen Kontinenten. Berichte anhand der Bilder, wie sie möglicherweise leben.

M4 *Diese Kinder in Marokko kommen am ersten Schultag nach den Sommerferien stolz mit den neuen Schulbüchern und Heften nach Hause.*

M5 *In Vietnam können viele Kinder lesen und schreiben. Die Kinder müssen viel lernen – in der Schule, aber auch bei den Hausaufgaben.*

M2 *Weltkarte mit Kontinenten und Ozeanen*

◁ **M3** *In Peru in den kühlen Anden hat sich der Poncho als Kleidungsstück bewährt. Er besteht aus einem großen Stoffstück mit einem Loch für den Kopf.*

M6 *Die beiden Kinder in Australien haben am Strand eine Riesenkrabbe gefunden. Die Tiere dieser Art gehören zu den größten Krabben der Welt.*

Lernen im Team

Sina in Deutschland

M1 *Die Lage von Saarbrücken in Deutschland*

M2 *Schüleraussagen zum Thema: „Was bedeutet mir die Familie?"*

Tipp: Gruppenarbeit
Auf den Seiten 70 – 85 lernt ihr die Lebensweise von verschiedenen Kindern kennen. Ihr könnt die Doppelseiten in acht Teams bearbeiten und anschließend die Ergebnisse in der Klasse vorstellen.

Leben in Saarbrücken

Sina ist elf Jahre alt. Sie hat noch einen Bruder. Er ist 14 Jahre alt. Beide leben mit ihren Eltern in Saarbrücken-Güdingen. Sina ist jetzt in der 5. Klasse. Sie fährt in der Woche von Montag bis Freitag jeden Morgen mit dem Schulbus in die drei Kilometer entfernte Gemeinschaftsschule. An einem Tag in der Woche hat sie Nachmittagsunterricht. Dann kommt sie erst gegen 16 Uhr nach Hause.

In ihrer Freizeit spielt sie Handball. Zweimal in der Woche hat sie Training. Samstags geht sie in eine Tanzgruppe. So hat sie häufig etwas vor. Außerdem besitzt sie drei Meerschweinchen. Für diese ist sie allein verantwortlich. Sie muss ihnen regelmäßig Futter geben und den Käfig saubermachen. Wenn schönes Wetter ist, setzt sie die drei Tiere in ein Freigehege im Garten. Seit kurzer Zeit hat sie ihre Vorliebe fürs Backen entdeckt. Zum Geburtstag schenkte Sinas Vater ihr ein Backbuch mit 100 Rezepten. Die will sie jetzt nach und nach ausprobieren.

Aufgaben

1 Vergleicht euer Leben mit dem von Sina.

2 a) Lest die Aussagen in M2. Benennt, welchen ihr zustimmt und welchen nicht.
b) Schreibt selbst einen Zettel für das Pinnbrett.
c) Eine Familie kann auch die Bedürfnisse nach Anerkennung, Geborgenheit und Liebe erfüllen. Überprüft die Aussagen unter diesen Gesichtspunkten.

3 In einer Familie wird auch gestritten. Nennt die eurer Meinung nach häufigsten Anlässe für einen Streit.

M3 *Sina mit ihrem Meerschweinchen Krümel*

Kinder der Welt

Lernen im Team

Familie – Freude, Hilfe, Streit und Stress

Die meisten Menschen wachsen in einer Familie auf. Hier machen sie die ersten Erfahrungen im Zusammenleben mit anderen. Wir alle brauchen Menschen, die für uns da sind, die uns schützen und uns in schwierigen Situationen helfen.

Nicht alle Kinder leben mit beiden Elternteilen und Geschwistern zusammen. Viele Kindere wachsen als Einzelkinder in **Ein-Kind-Familien** auf. Sogenannte **Patchwork-Familien** (entstanden aus zwei Familien) und **Regenbogenfamilien** (mit zwei gleichgeschlechtlichen Partnern) kommen immer häufiger vor. In den letzten Jahren hat auch die Zahl der „Alleinerziehenden" mit einem oder mehreren Kindern stark zugenommen. Ehescheidungen gibt es häufiger. 2011 wurden in Deutschland etwa 200 000 Ehen geschieden.

Eine Folge von Arbeitslosigkeit ist die Armut. Von den neun Millionen Familien in Deutschland gelten etwa eine Million als arme Familien. Hiervon sind insbesondere die „Alleinerziehenden" betroffen.

Info

Kleinfamilie und Großfamilie
Eine **Kleinfamilie** ist die Gemeinschaft der Eltern oder eines Elternteils mit ihren Kindern. Es handelt sich also ebenfalls um eine Familie, wenn nur der Vater oder die Mutter mit den Kindern zusammenlebt.
Zur **Großfamilie** gehören auch die Großeltern und andere Verwandte.

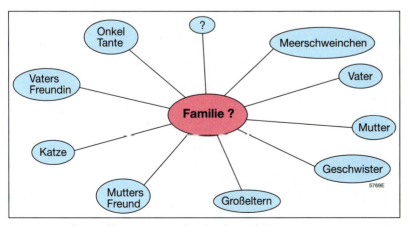

M4 *Wer gehört alles zur Familie (siehe Info)?*

Merke
Die Kleinfamilie besteht aus Eltern oder nur einem Elternteil und Kindern. Zur Großfamilie gehören auch Großeltern und Verwandte.

Grundbegriffe
- die Ein-Kind-Familie
- die Patchwork-Familie
- die Regenbogenfamilie
- die Kleinfamilie
- die Großfamilie

Lernen im Team

Bryan in den USA

M1 *Die Lage von Milton in den USA*

M3 *Bryan auf dem Weg zur Schule*

Leben in Milton

Bryan ist 12 Jahre alt. Er wohnt in der Kleinstadt Milton. Sein Wohnhaus liegt in der Nähe der Schule, sodass er den Schulweg zu Fuß zurücklegen kann. Viele seiner Klassenkameraden benutzen den Schulbus. Sie sind bis zu 30 Minuten unterwegs. Die Schule beginnt für alle um 8 Uhr und endet um 16 Uhr. Um 12:15 Uhr gibt es Mittagessen. Bryan hat jeden Tag die gleichen Fächer. Wichtig sind Politik und Geschichte. Als Fremdsprache hat er Spanisch belegt. Nach der Schule muss er noch Hausaufgaben machen. In seiner Freizeit spielt er am liebsten Football. Er hat ein eigenes Zimmer mit Fernseher, Stereoanlage und PC. Seine Mutter ist Grundschullehrerin, sein Vater leitet eine Bankfiliale. Beide haben ein Auto. Bryan mag am liebsten gegrilltes Fleisch mit Gemüse und Maisbrot. Morgens gibt es Toast mit Marmelade oder Cornflakes und abends oft Fertiggerichte. Weihnachten liegen viele Geschenke unter einem Tannenbaum aus Plastik.

> Ihre Freizeit verbringen die Kinder in den USA oft vor dem Fernseher; sie hören Musik oder machen Computerspiele. Zahlreiche Jugendliche arbeiten nach der Schule oder an Wochenenden. Jobmöglichkeiten gibt es in Schnell-Restaurants, in Geschäften, als Babysitter oder als Auslieferungsfahrer.

M2 *Freizeit in den USA*

M4 *Wohnhäuser in Milton*

Aufgaben

1 Vergleicht das Leben als Schülerin oder Schüler in Deutschland mit dem in den USA.

2 Nennt Unterschiede zwischen einer Kleinstadt in Deutschland, zum Beispiel Ottweiler, und der Kleinstadt Milton.

3 a) Erläutert die Bedeutung der Shopping Mall bei Janesville für Milton.
b) Die Europa-Gallerie in Saarbrücken kann auch als Shopping Mall bezeichnet werden. Begründet diese Aussage (Internet).

Kinder der Welt

M5 *Milton und der Schuldistrikt (Gebiet, in dem die Kinder und Jugendlichen zu einer Schule in Milton fahren)*

Milton – eine Kleinstadt im US-Staat Wisconsin

Milton ist eine Stadt mit etwa 5000 Einwohnern. Der Grundriss sieht aus wie ein Schachbrettmuster. Die Menschen leben vorwiegend in Einfamilienhäusern oder zweigeschossigen Bungalows. Fast jedes Haus hat eine Garage für zwei Autos und einen großen Rasen. Der Schuldistrikt ist etwa 260 km² groß. In sieben Schulen werden etwa 3000 Kinder betreut. Für jedes Kind, das außerhalb der Stadt Milton im Schuldistrikt wohnt, stellt die Schulbehörde einen Platz im Schulbus zur Verfügung. Über die Hälfte der arbeitenden Bevölkerung pendelt täglich in das zwölf Kilometer entfernte Janesville. Das ist die nächstgrößere Stadt mit etwa 100 000 Einwohnern. Alle fahren mit dem eigenen Auto. Öffentliche Verkehrsmittel gibt es kaum. Zum größeren Einkauf fährt man in die **Shopping Mall**. Sie liegt an einer Schnellstraße außerhalb der Stadt Janesville. In 75 Läden auf 75 000 m² Fläche werden viele verschiedene Waren angeboten.

M6 *Shopping Mall*

Lernen im Team

Info 1

USA
Fläche: 10 Mio. km²
(Deutschland: 357 000 km²)

Einwohner: 308 Mio.
(Deutschland: 82 Mio.)

Hauptstadt: Washington D.C.
mit 589 000 Einwohnern

Größte Stadt:
New York mit 8 Mio. Einwohnern

Lesen und Schreiben können:
99 von 100 Menschen

www
Informationen zur USA:
www.usembassy.de

Info 2

Shopping Mall
Eine Shopping Mall in den USA ist ein großes Gebäude mit Kaufhäusern, vielen Einzelgeschäften, Restaurants, Cafés und Freizeiteinrichtungen. Sie liegt meist verkehrsgünstig an einer großen Straße, hat viele Parkplätze und ist zumeist voll klimatisiert.

Merke
Bryan lebt in der Kleinstadt Milton in den USA. Die Menschen wohnen vorwiegend in Einfamilienhäusern oder zweigeschossigen Bungalows. Zum Einkaufen fährt die Familie in die Shopping Mall.

Grundbegriff
• die Shopping Mall

Lernen im Team

Pandisvari in Indien

M1 *Die Lage des indischen Bundesstaates Tamil Nadu*

M2 *Pandisvari bei der Arbeit*

Aufgaben

1 Ermittelt, wie lange Pandisvari arbeiten müsste, um das Geld für ihre Hochzeit selbst zu verdienen (Text).

2 Beurteilt Herrn Murgans Rechtfertigung für Kinderarbeit (Text).

3 Überprüft, welche Kinderrechte bei Pandisvari verletzt werden (M3, M4).

4 Erklärt den Kreislauf in M5.

5 Stellt die Stühle in zwei Reihen auf. Die Lehnen sollen sich berühren. Jeder von euch braucht ein Rechenblatt und zwei verschiedene Buntstifte. Legt die Rechenblätter auf die Stühle und hockt euch davor. Zeichnet genau auf die Linienkreuze einen Punkt, immer abwechselnd in der Farbe. Zeichnet saubere Reihen! Redeverbot! Arbeitet so 15 Minuten. Schildert danach eure Eindrücke.

„Streichholzkinder" im indischen Bundesstaat Tamil Nadu

Pandisvari hat die Hände eines Roboters. Blitzschnell tauchen sie in den großen Haufen kleiner Holzstäbchen. Sie greifen eine Handvoll Stäbchen heraus, ziemlich genau 52 Stück. Dann verteilen sie die Hölzer in fünf Sekunden auf die 52 Rillen einer Holzlatte. Sie schrauben die Latte auf einen Rahmen. Dann füllen sie die nächste Latte – so lange bis 50 Latten mit Hölzchen übereinander geschichtet und festgeschraubt sind. Dann kommt der nächste Rahmen. Jeder Handgriff sitzt.

Die Elfjährige arbeitet schnell, still und fast wie eine Maschine. Sie arbeitet von sechs Uhr morgens bis sechs Uhr abends – und das sechs Tage in der Woche. Etwa 20 Mädchen kauern in dem halbdunklen Raum vor ihren Streichholzrahmen, das jüngste ist 9, das älteste 14 Jahre alt. Durch die Reihen geht Herr Murgan, der Besitzer dieser Fabrik. In der Hand hält er einen Stock, den er regelmäßig benutzt. Reden ist nicht erlaubt. Die Schläge sind aber nicht das Schlimmste für Pandisvari. Das ist der stinkende Bottich in einer Ecke des Raumes. Hier wird Schwefel erhitzt, aus dem die Hölzer ihre rote Kuppe bekommen. Ein etwa 14-jähriger Junge taucht die fertigen Rahmen mit den Spitzen der Hölzchen in die Flüssigkeit. Dann löscht er sie kurz in einem Wasserbad ab. Jedes Mal zischt es wie bei einem Feuerwerk und ätzende Dämpfe ziehen durch den Raum. Sie brennen in den Augen und reizen die Lungen.

(Nach: Frank Herrmann: Bei den Streichholzkindern in Indien. In: Bal-Samsara 1/95 DWH Bonn 1995)

M3 *Die Geschichte von Pandisvari – auch heute noch aktuell*

Kinder der Welt

1. Das Recht auf Gleichheit, unabhängig von Rasse, Religion, Herkunft oder Geschlecht.
2. Das Recht auf eine gesunde körperliche und geistige Entwicklung.
3. Das Recht auf einen Namen und eine Staatsangehörigkeit.
4. Das Recht auf ausreichende Ernährung, menschenwürdige Wohnverhältnisse und medizinische Versorgung.
5. Das Recht auf besondere Betreuung im Falle geistiger oder körperlicher Behinderung.
6. Das Recht auf Liebe, Verständnis und Geborgenheit.
7. Das Recht auf unentgeltlichen Unterricht, auf Spiel und Erholung.
8. Das Recht auf Beteiligung an der Gestaltung der eigenen Umwelt.
9. Das Recht auf Schutz vor Grausamkeit, Vernachlässigung und Ausbeutung.
10. Das Recht auf Schutz vor allen Formen der Demütigung und Erniedrigung und auf eine Erziehung des Friedens und der Rücksichtnahme.

(Nach: UN-Kinderrechtskonvention vom 20.11.1989)

M4 *Die Rechte der Kinder*

Lernen im Team

Info

Indien

Fläche: 3 Mio. km² (Deutschland: 357 000 km²)

Einwohner: mehr als 1 Mrd. (Deutschland: 82 Mio.)

Hauptstadt: Neu-Delhi mit 323 000 Einwohnern

Größte Stadt: Mumbai (Bombay) mit 13 Mio. Einwohnern

Lesen und Schreiben können: 60 von 100 Menschen

www

Informationen zu Indien:
www.indienembassy.de

Ursachen und Folgen der Kinderarbeit

Indische Eltern sind oftmals froh über jede Rupie, die ihre Kinder nach Hause bringen. Viele Ehepaare haben Schulden, weil sie wenig verdienen. So mussten Pandisvaris Eltern zur Hochzeit der älteren Tochter 50 000 Rupien (umgerechnet 780 Euro) aufbringen. Das Geld besorgten sie sich von einem Geldverleiher. Dieser verlangt sehr hohe Zinsen.

Pandisvari verdient umgerechnet 40 Cent am Tag. Ohne ihre Mithilfe und die ihrer Geschwister könnten die Eltern die Schulden nie abbezahlen. Dafür nehmen sie es in Kauf, dass ihre Tochter wahrscheinlich mit 40 oder 45 Jahren stirbt; das ist die Lebenserwartung der „Streichholzkinder". Sie erkranken im Schwefelqualm und Staub der Fabrik. Vorher werden ihre Körper krumm, weil sie den ganzen Tag im Schneidersitz auf dem nackten Steinfußboden hocken. Diese Kinder können nie zur Schule gehen und nicht lesen und schreiben lernen.

Die Streichholzschachteln haben bunte, hübsche Beschriftungen. „Flower" heißen zum Beispiel die Schachteln von Herrn Murgan. Und sie haben den Zusatz „De-luxe-Zündhölzer".

In Indien haben sich ganze Industrien auf **Kinderarbeit** eingestellt wie auch Herr Murgan, der Streichholzfabrik-Besitzer. Er sagt: „Ich beschäftige die Mädchen nur, weil ich ein weiches Herz habe. Eigentlich ist Kinderarbeit verboten, aber was soll ich machen? Die Eltern flehen mich an, dass ihre Töchter bei mir arbeiten dürfen. Sie heiraten ja sowieso. Sie brauchen keine Schule!"

Im Bundesstaat Tamil Nadu werden 80 Prozent aller indischen Zündhölzer hergestellt. Die Streichholzfabriken haben der ganzen Gegend ihren Namen gegeben: Match Belt, das heißt Streichholzgürtel. Hier arbeiten schätzungsweise 80 000 Kinder, die meisten von ihnen sind Mädchen.

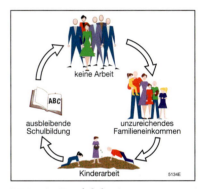

M5 *Ein Teufelskreis*

Merke

Die elfjährige Pandisvari gehört zu den Streichholzkindern im indischen Bundesstaat Tamil Nadu. Ihre Eltern haben sich bei einem Geldverleiher umgerechnet 780 Euro für die Hochzeit der älteren Tochter geliehen. Pandisvari arbeitet nun für umgerechnet 40 Cent am Tag, um die Schulden der Eltern abzuarbeiten.

Grundbegriff
- die Kinderarbeit

Lernen im Team

Mariam in Westafrika

M1 *Die Lage von Mali und der Côte d'Ivoire (Elfenbeinküste)*

M2 *Schwerstarbeit auf einer Kakaoplantage in der Côte d'Ivoire*

Aufgaben

1 a) Spielt die Geschichte von Mariam an der Bushaltestelle als Rollenspiel.
b) Ermittelt im Atlas, wie viel Kilometer es von Segou bis zur Grenze der Côte d'Ivoire sind (Atlas, Karte: Afrika (nördlicher Teil) – physisch).

2 a) Beschreibt die Situation des Jungen in M2.
b) Beurteilt seine Situation vor dem Hintergrund der Kinderrechte (Seite 75 M4).

3 Notiert Projekte von einer Hilfsorganisation zum Kinderschutz (z.B. www.kindernothilfe.de).

4 a) Beurteilt, ob die Ziele der Fairtrade-Organisation mithilfe des Fairtrade-Siegels erreicht werden können (M5).
b) Erörtert in der Klasse, ob ihr für eine Tafel Schokolade mehr bezahlen würdet, wenn sie das Fairtrade-Siegel trägt.

5 Schaut euch auf „You Tube" den Film „Schmutzige Schokolade" von Miki Mistrati an und erörtert, was ihr tun könnt, um die Situation der Kinder zu verbessern.

Einer Menschenhändlerin entkommen

Die Bushaltestelle im afrikanischen Land Mali nahe der Grenze zur Côte d'Ivoire ist ein trauriger Ort: Die Kinder, die hier warten, stehen barfuß auf staubigem Boden, Taschen haben sie nicht dabei. Ein Mädchen steht dicht neben einer Frau. Aber die beiden scheinen sich nicht zu kennen, sie blicken sich nicht einmal an. Plötzlich ist die Frau verschwunden und ein Mann steht an ihrer Stelle. Er ist ein Sozialarbeiter. Er fragt das Mädchen, wie es heißt und woher es kommt. „Ich heiße Mariam Marico, bin 12 Jahre alt und komme aus Ségou." Das ist der Name eines Ortes, der viele Kilometer von der Bushaltestelle entfernt ist. Mariam ist von zu Hause weggelockt worden. Die fremde Frau hatte ihr Arbeit und Geld auf einer Kakaoplantage im Land Côte d'Ivoire versprochen.
In Mali herrscht große Armut. Deswegen ist Mariam der fremden Frau gefolgt. Die Eltern wissen nicht, wo ihre Tochter jetzt ist. Mariam hat großes Glück gehabt: Der Sozialarbeiter bringt sie zurück in ihr Dorf. Die Menschenhändlerin hatte ihn wohl an der Bushaltestelle entdeckt und ist geflohen, damit sie keinen Ärger mit der Polizei bekommt. Sonst hätte sie Mariam über die Grenze gebracht und verkauft. In der Côte d'Ivoire hätte das Mädchen auf einer Kakaoplantage arbeiten sollen, ohne Bezahlung und ohne Schutz – so wie Tausende anderer Kinder.
(Nach: Dein Spiegel, 12/2010, S. 28)

M3 *Gerettet kurz vor der Grenze*

Jeder Deutsche isst im Durchschnitt elf Kilo Schokolade pro Jahr. Ein großer Teil des Kakaos stammt aus der Côte d'Ivoire. Die Kakaobäume werden dort in großen **Plantagen** angebaut. Die Plantagenbesitzer bekommen für den Kakao nur einen sehr niedrigen Preis. Sie können daher keine hohen Löhne zahlen. Sie beschäftigen zunächst ihre eigenen Kinder und dann ihre Verwandten und deren Kinder. Wenn das nicht reicht, beschäftigen sie fremde Kinder. Sie zahlen ihnen wenig oder sie kaufen sie einfach. Der Kinderhandel ist weit verbreitet.

M4 *Schwarz und bitter*

Kinder der Welt

Die Bedeutung des Kakao-Anbaus für die Côte d'Ivoire

In der Côte d'Ivoire bauen mindestens 600 000 Bauern Kakao an und rund sechs Millionen Menschen leben davon. Die meisten Farmen sind nur zwischen 1 und 3 Hektar groß. 1,8 Millionen Hektar sind mit Kakaobäumen bepflanzt. Kakao hat eine große Bedeutung für die Wirtschaft des Landes und den Wohlstand der Menschen.

Auf dem Weltmarkt für Kakao ist das Land von überragender Bedeutung. Mehr als ein Drittel der weltweiten Kakaoernte stammt aus der Côte d'Ivoire. Fachleute gehen davon aus, dass weitere 60 000 bis 100 000 Tonnen Rohkakao aus der Côte d'Ivoire in die Nachbarstaaten geschmuggelt werden und von dort auf den Weltmarkt gelangen.

Info

Côte d'Ivoire (Elfenbeinküste)
Fläche: 322 462 km² (Deutschland: 357 000 km²)

Einwohner: 22 Mio. (Deutschland: 82 Mio.)

Hauptstadt: Yamoussoukro mit 200 000 Einwohnern

Größte Stadt: Abidjan mit 3,7 Mio. Einwohnern

Lesen und Schreiben können: 49 von 100 Menschen

www
www.die-geobine.de/Côte.htm
(Deutschland: www.die-geobine.de/deutschland.htm)

Man könnte etwas ändern, wenn die Arbeiter auf den Plantagen besser bezahlt würden. Dafür setzen sich Fairtrade-Organisationen ein. „Fair trade" bedeutet „Fairer Handel". Die Fairtrade-Organisationen vergeben das Fairtrade-Siegel. Nach ihm kann man im Supermarkt Ausschau halten. Für das Siegel gelten strenge Regeln: Kinder dürfen nicht ausgebeutet werden. Die Bauern müssen angemessen bezahlt werden, damit sie ihre Familien ernähren und ihre Kinder zur Schule schicken können. Fairtrade-Schokolade ist meist etwas teurer als andere Schokolade. Aber wer sie kauft, hilft beim Kampf gegen Kinderarbeit.

M5 *Man könnte etwas ändern!*

Hilfsorganisationen verdächtigen die Schokoladenindustrie, von der Kinderarbeit zu profitieren. Der Filmemacher Miki Mistrati ist nach Afrika geflogen, um Beweise zu finden. Seine Reportage „Schmutzige Schokolade" zeigt, wie das Geschäft der Menschenhändler funktioniert. „Es war erschreckend einfach, Kinderarbeiter zu finden. Ich war auf 17 verschiedenen Plantagen und überall arbeiteten Kinder. In dem nördlichen Nachbarland der Côte d'Ivoire verschwinden täglich Kinder; sie werden entführt und mit Bussen oder Motorrädern über die Grenze gebracht."

(Nach: Christian Teevs: Bittere Ernte. In: Spiegel online vom 6.10.2010)

M6 *Schmutzige Schokolade*

Ein Kind kostet 230 Euro. Der Kakaobauer aus der Côte d'Ivoire sagt das, als ob Kinderhandel das Normalste auf der Welt wäre. „Wenn ihr meinem Bruder sagt, wie viele ihr braucht, dann besorgt er sie euch." Der Mann spricht über Kinder zwischen 10 und 14 Jahren, die aus Mali und anderen Nachbarstaaten entführt werden, um auf den Plantagen der Côte d'Ivoire zu arbeiten.

(Nach: Christian Teevs: Bittere Ernte. in: Spiegel online vom 6.10.2010)

M7 *So viel kostet ein Kind.*

Merke
Mariam aus Mali wurde davor gerettet, auf eine Kakaoplantage in der Côte d'Ivoire verkauft zu werden. Der Kakao-Anbau ist für das Land sehr wichtig. Die Bauern erhalten jedoch sehr wenig Geld für ihre Ernte.
Produkte mit dem Fairtrade-Siegel sind etwas teurer. Wer sie kauft, hilft im Kampf gegen Kinderarbeit.

Grundbegriff
• die Plantage

Vier Kinder – Leben auf der Straße

Medonca aus Mosambik

„Ich bin zehn Jahre alt. Als ich sechs war, starb mein Vater. Meine Mutter ist mit mir in die Hauptstadt Maputo gezogen. Hier bauten wir uns eine Hütte in einer Siedlung am Stadtrand. Wir hatten nichts zu essen, deshalb habe ich gebettelt und manchmal auch gestohlen. Meine Mutter wollte das nicht und hat mich geschlagen. Da bin ich weggelaufen und lebe nun auf der Straße, zusammen mit vielen anderen Kindern."

M1

Jaime aus Brasilien

„Ich war das älteste von neun Kindern. Mein Vater hatte früher Gelegenheitsjobs, aber dann fand er keine Arbeit mehr. Er begann zu trinken und wenn er abends nach Hause kam, schlug er uns. Mit elf Jahren bin ich weggelaufen. Aber es war ein schlimmes Leben auf der Straße. Ich wurde von Polizisten geschlagen und von anderen Jungen betrogen. Einmal wurde ich beinahe von einem Auto überfahren, als ich an einer Straßenkreuzung Zeitungen verkaufte."

M2

Info
Straßenkinder

Kinder und Jugendliche, die kein Zuhause haben und ihr Leben auf den Straßen der Großstädte verbringen, werden Straßenkinder genannt. Sie wohnen, essen und schlafen auf der Straße.
Man schätzt, dass es etwa 100 Millionen Straßenkinder in den Großstädten Südamerikas, Afrikas, Süd- und Südostasiens gibt. Weltweit „verwahrlosen" etwa 300 Millionen Kinder und Jugendliche.

M3 *Obdachloser Jugendlicher in Rio de Janeiro*

Adil aus Indonesien

„Als ich eines Nachmittags nach dem Fußballspielen nach Hause kam, gab es mein Zuhause nicht mehr! Bagger und Bulldozer waren angerückt und hatten unsere Siedlung* dem Erdboden gleichgemacht. Meine Familie war weg. Sie war an einen anderen Ort gebracht worden. Ich war allein. Ich begann um Essen zu betteln. Auf dem Bahnhof traf ich andere Kinder, die sich ebenfalls allein durchs Leben schlugen."

*Es handelte sich um eine Hüttensiedlung.

M4

Mario aus Bolivien

„Ich bin 14 Jahre alt und lebe seit sieben Jahren in einem Heim für Straßenkinder, das von den Vereinten Nationen eingerichtet wurde. Jetzt gehe ich in die achte, die letzte Schulklasse. Da ich Elektriker werden will, besuche ich nachmittags einen Kurs in der Berufsausbildungsstätte. Ich habe mir immer gewünscht, einen eigenen Beruf zu erlernen und meinen Unterhalt selbst zu verdienen. Irgendwann möchte ich heiraten und Kinder haben. Ich würde sie niemals schlagen, damit sie nicht auf die Straße gehen."

M5

Kinder der Welt

Wie werden Kinder zu Straßenkindern?

Untersuchungen haben ergeben, dass fast alle **Straßenkinder** mindestens einen lebenden Elternteil haben. Die Geschichte eines Straßenkindes in Südamerika, Afrika oder Asien beginnt oft in einer **Hüttensiedlung (Slum)** am Stadtrand. Schon im Alter von sechs Jahren werden die Kinder losgeschickt, um einen Teil des Familieneinkommens zu verdienen. Meist gehen sie betteln. Weil sie noch klein sind und mitleiderregend aussehen, funktioniert das ganz gut. Die Kinder fahren mit dem Bus in die Innenstadt. Dort erreichen sie mehr zahlungsbereite Menschen als am Stadtrand. Und eines Tages kehren sie nicht mehr zu ihren Eltern zurück. Da es warm ist, brauchen die Kinder zum Schlafen kein Dach über dem Kopf. Aber zur eigenen Sicherheit sind vier Wände dringend notwendig.

> Wenn du mehr über die Arbeit der Hilfsorganisationen wissen willst, dann informiere dich auf folgenden Internet-Seiten:
>
> **terre des hommes**
> www.tdh.de
>
> **UNICEF**
> www.unicef.de
>
> **Ärzte für die Dritte Welt**
> www.aerzte3welt.de
>
> **Deutsches Rotes Kreuz**
> www.drk.de

M8 *Internet-Adressen von Hilfsorganisationen*

Aufgaben

1 Erstellt eine Liste von Gründen, warum viele Kinder zu „Straßenkindern" werden (M1, M2, M4, M5).

2 Überlegt, wie das Leben von Medonca und Adil verlaufen wird, wenn sie über 20 Jahre alt sind (M1, M4).

3 Listet Maßnahmen auf, mit denen Straßenkindern nachhaltig geholfen werden kann (M5, M7).

M6 *In einer Hüttensiedlung am Rand von La Paz*

Hilfe für die Straßenkinder von Rio de Janeiro

Sie verkaufen Erdnüsse in Kneipen, betteln an Ampeln, schnüffeln Klebstoff oder betätigen sich als Taschendiebe – die Straßenkinder in Rio de Janeiro scheinen einfach überall zu sein. Wie viele es sind, weiß niemand genau. Die Schatzungen reichen von 300 000 bis zu drei Millionen Kindern und Jugendlichen.
Jetzt haben Studentinnen und Studenten und andere freiwillige Helfer monatelang die Straßen von Rio durchkämmt, mit den Straßenkindern gesprochen und Fotos gemacht. Dabei erhielten 932 Kinder und Jugendliche einen Ausweis. Durch ihn erhoffen sich die Kinder Schutz vor den Polizisten. Von ihnen werden sie oft geschlagen, da sie als „Verschandelung" der Stadt gelten.

M7 *Meldung der Nachrichtenagentur AP*

> **Merke**
> Viele Kinder in Afrika, Südamerika und Asien haben kein Zuhause. Es sind Straßenkinder. Sie wohnen, essen und schlafen auf den Straßen der Großstädte. Vereinzelt gibt es Hilfsprojekte.
>
> **Grundbegriffe**
> • das Straßenkind
> • die Hüttensiedlung (der Slum)

Huy in Ägypten um 1500 v. Chr.

M1 Die Lage Ägyptens um 1500 v. Chr.

M3 Fischer am Nil (Wandmalerei um 1500 v. Chr.)

- Wie viele Ziegel werden zum Bau einer Rampe benötigt?
- Wie viele Arbeiter werden zum Bau einer Säule benötigt?
- Wie viele Kilometer sind bis Gaza zu marschieren?
- An welcher Stelle lässt sich der Jordan überqueren?

(Nach: Andreas Kunz-Lübcke: Das Kind in den antiken Kulturen des Mittelmeers. Neukirchen-Vluyn 2007, S. 200)

M2 Aufgaben des Lehrers Hori an seine Schüler um 1500 v. Chr.

Der Sohn eines Fischers

Solange er denken kann, folgt Huy seinem Vater schon zum Fischen. Mit zehn Jahren weiß er, wie man Netze flickt. Diese Arbeit erledigt er zu Hause in der Nähe des Sumpfes, wo Seerosen und Schilf wachsen, aber vor allem **Papyrus**, den man nur an den Ufern des Nils findet. Sobald der Morgen graut, springt er in sein Boot, das er mit einer Stange lenkt.
Sein Vater wirft die Reuse ins flache Wasser, das ist eine Art spitzer Korb. Darin befindet sich der Köder für die Fische. Die beiden entfernen sich und warten. Huy fürchtet sich vor Krokodilen. Einige unvorsichtige Menschen wurden schon verschlungen. Auch Nilpferde machen ihm Angst. Sie können das Boot zum Kentern bringen.
Sobald Huy zu Hause ist, säubert er die Fische, kocht und trocknet sie. Manchmal schneidet Huy auch die fünf Meter hohen Papyrusstängel. Er bündelt sie und trägt sie nach Hause. Die Familie verarbeitet den Papyrus zu Seilen, Matten, Käfigen oder Körben und tauscht diese Waren im Dorf gegen Korn, Bier und Krüge. Huy weiß jetzt schon, dass sein ganzes Leben so verlaufen wird wie das seines Vaters; es ist das gute Leben eines Fischers.

(Nach: Viviane Koenig: Das Leben der Kinder im alten Ägypten. Knesebeck, München 2006)

M4 Huy hilft seinem Vater.

Aufgaben

1 a) Beschreibt das Leben von Huy (M4).
b) Erläutert, wie es sich von dem Leben eines Jungen aus der Oberschicht unterscheidet (M7).

2 Charakterisiert die Unterschiede in der Schulausbildung zwischen Jungen und Mädchen (M7).

3 Erläutert, zu welchem Zweck die Aufgabenstellungen dienten (M2).

4 a) Vergleicht das Schulleben im alten Ägypten mit eurem, indem ihr Dinge aufzeigt, die heute so nicht mehr möglich sind.
b) Findet eine Erklärung dafür, warum sie damals durchgeführt wurden.

◁ **M5** Nilpferd (Tonfigur um 1500 v. Chr.)

Kinder der Welt

Lernen im Team

M6 *Jungen beim Vogelfang (Relief, 3. Jahrtausend v. Chr.)*

Kinder im alten Ägypten

Viele Ägypter waren Bauern, und somit lebten die Kinder auf dem Land. Dort spielten sie mit Wasser, Sand, Tonschlamm, Stroh und Tieren. Einzelne hatten sogar Affen als Spielgefährten, die man zum Pflücken der Kokosnüsse benötigte. Daneben besaßen die ägyptischen Kinder Puppen aus Ton oder Stroh, geschnitzte Holztiere, Spielzeugboote, Holzbälle oder Kreisel. Kleine Kinder blieben in den ersten vier Jahren nah bei der Mutter. Sie liefen nackt herum und waren kahl geschoren. Die Mädchen trugen oft eine Art Haarsträhne, die auch Jugendlocke oder Seitenlocke genannt wird. Später trugen die Jungen einen Lendenschurz und die Mädchen ein Kleid. Schon früh mussten Kinder ihren Eltern helfen, zum Beispiel bei der Arbeit auf den Feldern, beim Fischen, in der Werkstatt des Vaters, im Haushalt oder bei der Betreuung der jüngeren Geschwister.

> Kinder wie Huy, dessen Vater Fischer war, besuchten keine Schule. Es war üblich, dass die Jungen den Beruf des Vaters übernahmen. Der Schulbesuch war allerdings eine Voraussetzung, um später zum Beispiel als Handwerker zu arbeiten. Auch konnte man mit einer guten Schulbildung Schreiber, Priester oder Beamter werden. Die Ausbildung zu diesen Berufen war aber nur Jungen der Oberschicht möglich. Der Lehrplan umfasste Lesen, Schreiben, Mathematik, ägyptische Geschichte, Erdkunde, Astronomie, Bildhauerei, Malerei und Sport. Geschrieben wurde in der Schule zuerst auf kleinen Tonscherben. Wenn die Schüler schon recht gut schreiben konnten, durften sie mit Tinte aus Ruß oder Tonerde auf dem wertvollen Papyrus schreiben. Nur wenige Mädchen erhielten Schulunterricht, so zum Beispiel die Töchter des Pharaos. Im Alter von sechs Jahren lernten sie in der Palastschule Lesen, Schreiben und Rechnen. Auch wurden sie über die Geschichte der Götter unterrichtet. Die weitaus meisten Mädchen arbeiteten im Haushalt. Sie schöpften Wasser aus dem Fluss, halfen beim Kochen und brachten den Bauern auf dem Feld das Essen.

M7 *Schule – nur für wenige Kinder*

Info

Das alte Ägypten um 1500 v. Chr.

Fläche geschätzt:
1 Mio. km² (Deutschland: 357 000 km²)

Einwohner geschätzt:
3 Mio. (Deutschland: 82 Mio.)

Hauptstadt: Theben (heute Luxor)

Lesen und Schreiben können:
nur ganz wenige Menschen

www

Informationen zum alten Äygypten:
www.selket.de

M8 *Mädchen mit Seitenlocke (Ausschnitt aus einer Grabdarstellung um 1350 v. Chr.)*

Merke
Huy, der Sohn eines Fischers besuchte keine Schule. Er übernahm den Beruf seines Vaters. Nur die Jungen aus reichen Familien besuchten eine Schule. Die Mädchen halfen meist im Haushalt.

Grundbegriff
• der Papyrus

Lernen im Team

Carilla in Rom um 100 n. Chr.

M1 *Die Lage des Römischen Reiches um 100 n. Chr.*

M2 *Ein Vater und seine kleine Tochter. Die Frisur des Mädchens besteht wie bei Carilla aus einem schönen Haarknoten. (Relief, 2. Jh.)*

Carilla ist gerade aufgestanden. Jetzt kommt ihre Dienerin Servilla, um ihr die Haare zu kämmen. Das dauert und dauert. Endlich ist der Haarknoten fertig. Aber Carillas Mutter ist unnachgiebig: Ihre Tochter soll untadelig frisiert sein. Man muss auf seine Stellung achten, wenn man das Glück hat, einen Weinhändler zum Vater zu haben. Er hat sich zu einem reichen und einflussreichen Mann in der Stadt emporgearbeitet. Wenn seine Tochter mit aufgelöstem Haarknoten herumliefe, würde das Folgen haben. Man würde darüber reden in den Thermen, den gut geheizten römischen Badehäusern.
Carilla lernt Flöte spielen und das Haus zu führen. Sie braucht keine lange Schulausbildung. Sie muss eine untadelige Ehefrau werden, ihre Kinder ordentlich erziehen, die Dienerschaft leiten und Wolle spinnen. In ein bis zwei Jahren wird Carillas Vater einen Ehemann für sie auswählen, der sich über die gute Erziehung seiner Frau freuen wird.

(Nach: Gérard Coulon: Das Leben der Kinder im alten Rom. München, 2006)

M3 *Carilla – Tochter eines Weinhändlers*

Aufgaben

1 Beschreibt, wie Carilla lebte (M3).

2 Legt eine Tabelle zur Schullaufbahn eines Jungen im alten Rom an. Nimm die Überschriften: Alter, Schulform, Unterrichtsstoff.

3 Notiert Vermutungen, warum die Schullaufbahn der Jungen nicht für Mädchen galt.

4 a) Zeigt auf, mit welchen Hilfsmitteln und Methoden die Schüler lernten (M4–M6).
b) Vergleicht mit den heutigen Hilfsmitteln und Methoden.

5 Stellt Gemeinsamkeiten und Unterschiede zwischen dem Schultag des römischen Schülers in M6 und eurem eigenen dar.

◁ **M4** *Zum Schreiben dienten oft eiserne Stifte und Wachstafeln. (Mosaik, 3. Jh.)*

Kinder der Welt

Lernen im Team

M5 *Der Lehrer lässt einen Schüler lesen. Ein anderer Schüler hebt die Hand, um sich für seine Verspätung zu entschuldigen. Er trägt seine Schreibgeräte in der Hand. (Relief, 3. Jh.)*

Info
Das Römische Reich um 100 n. Chr.
Fläche geschätzt:
8 300 000 km² (Deutschland: 357 000 km²)

Einwohner geschätzt:
62 Mio. (Deutschland: 82 Mio.)

Hauptstadt: Rom

Lesen und Schreiben können: nur ganz wenige Menschen

www
Informationen zum Römischen Reich:
www.romanum.de/main.php

Kinder im Römischen Reich

Im alten Rom gab es als Spielzeug für Kleinkinder Puppen, Tiere und Wagen aus Holz, Kreisel, Jojos, Reifen und Brettspiele. Kinder von Sklaven oder armen Familien durften nicht zur Schule gehen, weil sie bei der Arbeit helfen mussten. Kinder aus reichen Familien erhielten manchmal Unterricht von Hauslehrern, die oft gebildete griechische Sklaven waren. Die meisten besuchten jedoch mit sieben Jahren Privatschulen. Die Lehrer behandelten die Schüler streng. Bei Fehlern oder falschem Verhalten bekamen sie mit der Zuchtrute Schläge. Der Unterricht in der Grundschule fand in einem halboffenen Raum statt. Sitzend, ohne Tische, lernten die Schüler mit einem Griffel auf einer Wachstafel zu schreiben. Das Auswendiglernen spielte eine große Rolle. Mit ungefähr 13 Jahren konnten die Jungen in die Grammatikschule gehen. Dort lasen sie die Werke römischer Dichter und schrieben Aufsätze. Mädchen lernten musizieren, spinnen und weben.

M7 *Sklave geleitet einen Schüler zur Schule.*

Bei Tagesanbruch bitte ich um Socken und Schuhe. Man bringt mir Wasser in einem Topf zum Waschen. Ich ziehe mich an und verlasse das Zimmer mit meinem Sklaven und meiner Amme, um Papa und Mama zu begrüßen. Ich suche mein Schreibzeug und gebe es dem Sklaven. Dann mache ich mich, von meinem Sklaven gefolgt, auf den Weg in die Schule. Ich trete in das Zimmer ein und sage: „Ich grüße euch, mein Lehrer." Er umarmt mich und grüßt mich wieder. Der Sklave reicht mir Täfelchen, Schreibzeug und Lineal. Ich setze mich hin und arbeite. Ich bin mit dem Lernen fertig und bitte den Lehrer, mich nach Hause gehen zu lassen, um zu essen. Er lässt mich gehen.

M6 *Bericht eines römischen Schülers (um 100 n. Chr.)*

Merke
Carilla war ein Mädchen aus einer reichen Familie im alten Rom. Sie lernte musizieren, spinnen und weben. Söhne aus reichen Familien lernten lesen, schreiben, rechnen und lasen die Werke römischer Dichter. Kinder von Sklaven und armen Familien durften nicht zur Schule gehen.

Lernen im Team

Amadou – auf der Flucht

Zehntausende fliehen vor Hurrikan. Notstand an der Ostküste der USA

Grenzkrieg zwischen Äthiopien und Eritrea. 500 000 Menschen auf der Flucht

Ausbruch eines Vulkans im Kongo. Bis zu 400 000 Menschen fliehen nach Ruanda.

Immer mehr Indonesier flüchten vor der Armut über das Meer.

M1 *Schlagzeilen aus Zeitungen*

Wieder ein schreckliches Drama im Mittelmeer!
Bereits am Mittwoch kenterte vor Tunesien erneut ein Flüchtlingsboot. An Bord waren mehr als 800 Menschen, nur 600 wurden gerettet! Mittlerweile wurden 123 Tote geborgen. Unter den Toten sind auch Frauen und Kinder. Das völlig überladene Schiff war vor der tunesischen Insel Kerken gekentert. Die Opfer stammten offenbar aus Teilen Afrikas südlich der Sahara. Die Flüchtlinge wollten von Libyen aus auf die italienische Insel Lampedusa gelangen. Ihr Schiff hatte einen Motorschaden. Es kenterte, als die Flüchtlinge verzweifelt versuchten, in die Rettungsboote zu gelangen. Dabei entstand ein Gedränge; das Schiff kippte um. Seit Februar 2011 sind mehr als 20 000 Menschen von Tunesien und 13 000 von Libyen aus über das Meer zu ihrer gefährlichen Fahrt in Richtung der italienischen Insel Lampedusa aufgebrochen.
(Nach: dpa vom 03.06.2011)

M3 *Flüchtlingsdrama vor Tunesien*

Aufgabe

1 Ordnet den Schlagzeilen (M1) Fluchtgründe zu (M2).

Im Aufbruch

Solange es Menschen gibt, gehört **Migration** zur menschlichen Lebensweise: So hat sich beispielsweise der Mensch von Afrika aus über die Erde verbreitet und seit dem 17. Jahrhundert wanderten Millionen aus allen Teilen der Welt in Nordamerika ein.

Schon immer sind es ähnliche Gründe, die Menschen dazu bringen, ihre Heimat zu verlassen. Armut und fehlende Zukunftsaussichten im Heimatland sind die wichtigsten. Von jeher war das die Hoffnung auf bessere Lebensumstände am neuen Wohnort. Wunschziele vieler Migranten sind die Länder Europas und die USA. Dort sind aber die Möglichkeiten zur Einwanderung eng begrenzt. An den Staatsgrenzen verhindern Zäune und Seepatrouillen sowie genaue Einreise- und Aufenthaltsbestimmungen ungewollte Einwanderungen.

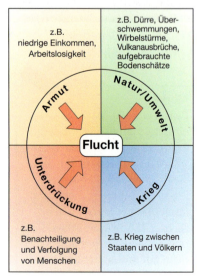

M2 *Fluchtgründe*

84

Kinder der Welt

Lernen im Team

Amadou D., geboren in Kaolack

Amadous Vater baut im Senegal Hirse, Mais und Maniok an. Er hat nur ein sehr kleines Stück Land, gerade genug, um die Familie zu ernähren. Mit zwölf Jahren begann Amadou in einer Mechaniker-Werkstatt zu lernen, obwohl er nie eine Schule besuchte; drei Jahre später war er in der Firma für die Reparatur von Elektrogeneratoren zuständig. Da sein Chef starb und deshalb die Werkstatt geschlossen wurde, wurde Amadou arbeitslos. Gerade 20 Jahre alt, überlegte er, was er mit seinem Leben anfangen sollte. Er hatte 200 Euro gespart, seine Entscheidung schien einleuchtend: „Ich wollte nach Europa, was sollte ich auch zu Hause! In Spanien arbeitete ein Cousin. Dort sollte man leicht Arbeit in der Landwirtschaft und auf dem Bau finden. Außerdem kann man von Spanien aus hingehen, wohin man will."

Amadou fuhr mit dem Bus und als Anhalter über Bamako bis Tamanrasset. In Algerien reiste er in der Nacht und manchmal zu Fuß durch die Wüste bis fast ans Mittelmeer. Schleuser brachten ihn über die marokkanische Grenze. Mit dem Bus reiste er bis zur Stadtgrenze von Melilla. Dieser Ort in Afrika gehört zu Spanien. Er ist durch einen starken Zaun von Marokko abgegrenzt. Wie Tausende andere wurde er verhaftet und nach Abbès in Algerien abgeschoben. Längst hatte er kein Geld mehr. In Algerien konnte Amadou als Hilfskraft bei der Olivenernte genug Geld verdienen, um erneut nach Marokko zu reisen, nach Rabat. Er wollte nun auf dem Seeweg Europa erreichen. In verzweifelter Lage, inzwischen ohne Geld und Aussicht auf Arbeit, erhielt er von einem Schlepper folgendes Angebot: Amadou sollte 20 andere „Kunden" auftreiben, die jeweils 1000 Euro für die Überfahrt bezahlen. Dies gelang ihm nach etwa einem Jahr. Die Gruppe wurde zur Südgrenze Marokkos gebracht. Dort wartete sie, bis die von den Schleusern bestochenen Polizisten Dienst hatten. Die Flüchtlinge mussten ihre Ausweispapiere vernichten. Alles, bis auf die Kleidung, wurde ihnen von den Schleusern geraubt.

Ein Fischer war für die Überfahrt angeheuert. Trotz rauer See hielt das kleine Boot durch. Vor Fuerteventura wurde es von der spanischen Küstenwache gestoppt. Auf den Kanarischen Inseln wurden die Menschen 14 Tage lang von der Polizei befragt. Amadou hatte keinen Pass. Niemand kannte sein Heimatland. Daher wurde er nicht abgeschoben. Er nahm an einem Sprachkurs teil und wurde nach Madrid geflogen. Zunächst wohnte er dort mit anderen afrikanischen Einwanderern in einem Park.

Dann gelangte er nach Almeria. Dort verdient er in der Landwirtschaft 650 Euro monatlich. Davon verwendete er die Hälfte für Unterkunft und 100 Euro für Verpflegung. Das restliche Geld schickt er nach Hause.

M4 *Amadous Geschichte*

M5 *Amadous Flucht*

Info

Migration
Unter Migration versteht man die Wanderung von Menschen mit dem Ziel, ihren Wohnsitz zu wechseln. Sie verlassen ihre Heimat unter anderem wegen Krieg, Verfolgung oder Naturkatastrophen.

Aufgaben

2 Notiert die Städte, die Insel und die Länder, durch die Amadous Reise führte (M4, M5, Atlas).

3 Verfasst einen Brief, den Amadou vor seiner Abreise an einen Freund geschrieben haben könnte. Im Brief soll deutlich werden, warum er geht und wie er sich sein Leben in Zukunft vorstellt.

Merke
Amadou ist aus dem Senegal nach Spanien geflüchtet. Armut und fehlende Zukunftsaussichten sind die wichtigsten Gründe für die Migration von Menschen.

Grundbegriff
• die Migration

Lernen im Team

Beitrag der Schule zur Integration

Integrationshilfen …

In bestimmten Gegenden, meist in Ballungsräumen mit viel Industrie, gibt es Schulen, die einen hohen Ausländeranteil haben. In manchen Klassen sitzen heute schon mehr ausländische Schülerinnen und Schüler als deutsche. Daher ist es besonders wichtig, das gegenseitige Verständnis zu fördern. Das gilt für das Verhältnis zwischen Deutschen und Ausländern, aber auch zwischen Ausländern aus verschiedenen Ländern.

Fertigt zum Beispiel Referate über verschiedene Herkunftsländer eurer Mitschülerinnen und Mitschüler an. Denn wer seine Klassenkameraden besser kennt, der kann auch mehr Verständnis für sie entwickeln.

Ebru (12)
„Ich bin Türkin und in Deutschland geboren. Meine Muttersprache spreche ich nur noch im Urlaub in der Türkei. Ich besuche den islamischen Religionsunterricht an der Schule.
Ich bin gern und oft mit meinen Geschwistern und mit meinen Freundinnen zusammen. Ich habe mehrere deutsche Freundinnen. Noch bin ich mir nicht sicher, wo ich später leben möchte, ob hier oder in der Türkei."

Alexej (11)
„Am besten gefällt mir in Deutschland mein Fußballverein. Dort trainiere ich viel.
Ich möchte mal einen guten Schulabschluss erreichen, um meinen Traumberuf Ingenieur zu studieren. Hier kann ich auch eine Prüfung in meiner Muttersprache Russisch ablegen. Vielleicht kehre ich ja irgendwann in meine Heimatstadt Kasan zurück. Dann ist es vorteilhaft, wenn ich eine Prüfung vorweisen kann."

Daniela (11)
„Obwohl wir zu Hause Kroatisch sprechen, verstehe ich schon ganz gut Deutsch. Im Unterricht kann ich mich verständigen. Leider fällt mir das Schreiben noch schwer. Dafür besuche ich den zweistündigen Kurs „Deutsch für Ausländer". Dort kann ich in einer kleineren Gruppe das Schreiben üben. Aber Kroatisch finde ich auch wichtig, weil meine Familie vielleicht bald nach Kroatien zurückkehren wird."

Farid (10)
„Ich komme aus Syrien und bin seit zweieinhalb Jahren in Deutschland. Trotzdem spreche ich die Sprache noch nicht perfekt. Deswegen besuche ich zwei Stunden in der Woche den Kurs „Deutsch als Zweitsprache". Meine Muttersprache ist Arabisch; die will ich auf keinen Fall verlernen.
Ich lebe wie deutsche Jugendliche und habe auch deutsche Freunde. Oft skype ich mit meinen Verwandten in Damaskus. Ich möchte später auf jeden Fall Arzt werden und dafür werde ich lernen, lernen, lernen."

M1 *Ausländische Schüler einer fünften Klasse*

Kinder der Welt

Lernen im Team

... und Völkerverständigung

Neben den zusätzlichen Bildungsangeboten für ausländische Schülerinnen und Schüler gibt es eine Vielzahl von Möglichkeiten, einander besser kennenzulernen und zu verstehen:

Patenschaften:
Schülerinnen und Schüler der höheren Jahrgangsstufen betreuen jüngere ausländische Kinder als Paten. Sie helfen ihnen, sich in der Schule zurechtzufinden.

Gastschüler in der eigenen Klasse:
Eine Woche lang tauschen deutsche und ausländische Schülerinnen und Schüler Wohnung und Familie. So erleben sie einen anderen Lebensstil „live".

Sprachlos in der City:
Schülerinnen und Schüler versuchen, einen Nachmittag ohne Sprache auszukommen. Sie kaufen ein, erkundigen sich nach einer Adresse oder besuchen eine Gaststätte – wie Fremde, wenn sie sich ohne Deutschkenntnisse zurechtfinden müssen.

Multikulturelle Feiertage:
Mindestens ein Jahr lang feiert die Schule zusammen mit den Schülerinnen und Schülern ausländischer Herkunft deren Feiertage.

Anders wohnen:
Zwei Klassenräume werden zu Wohnzimmern. Einen Raum richten deutsche Schülerinnen und Schüler so ein, wie sie sich zum Beispiel ein türkisches Wohnzimmer vorstellen, während ausländische Schülerinnen und Schüler den deutschen Wohnstil nachahmen.

Video-Tagebuch:
Deutsche und ausländische Schülerinnen und Schüler beschreiben ihren Alltag zu Hause und in der Freizeit. Für diese „Dokumentation" lassen sich die Rollen auch tauschen.

M3 *Patenschaft*

M2 *Vorbereitung auf einen „Tag der offenen Tür"*

Aufgaben

1 a) Ermittelt an eurer Schule
- die Zahl der ausländischen Schüler,
- die Herkunftsländer,
- die zusätzlichen Unterrichtsangebote.

b) Erstellt mit den Ergebnissen ein Schaubild.

2 Stellt die Ideen auf dieser Seite allen Schülerinnen und Schülern eurer Schule vor.
a) Ergänzt die Liste mit eigenen Vorschlägen.
b) Findet mithilfe eines Fragebogens heraus, welche Ideen am besten ankommen und schreibt eine „Hitliste" auf.
c) Verwirklicht eine der Ideen.

Die Erde – ein Himmelskörper

Die Erde auf einen Blick	90
Ein Säulendiagramm zeichnen	92
Die Jahreszeiten	94
Die Erde im Sonnensystem	96
Wir zeichnen eine Weltkarte	98
Alles klar?	100

Am Ende dieses Kapitels kannst du:
- die Kontinente und Ozeane auf der Erde unterscheiden,
- den Globus als Modell der Erde benennen,
- die Entstehung von Tag und Nacht erklären,
- die Entstehung der Jahreszeiten erklären,
- die Erde als einen Planeten der Sonne einordnen,
- die Planeten im Sonnensystem unterscheiden,
- eine Weltkarte zeichnen.

M1 *Unsere Erde – aus einer Entfernung von fast 40 000 Kilometern gesehen (Aufnahme eines Satelliten)*

Die Erde auf einen Blick

M1 *Ein Astronaut schwebt im Weltall (Fotomontage).*

Die Erde aus dem Weltraum betrachtet

Astronauten können die Erde als Ganzes sehen. Aus ihren Raumfahrzeugen können sie erkennen, dass die Erde eine Kugel ist. Bilder, die von den Besatzungen der Raumfahrzeuge gemacht werden, können auch uns diese Eindrücke vermitteln. Die Astronauten umkreisen den Himmelskörper Erde in einem großen Abstand.

Das Bild auf den Seiten 88/89 zeigt die Erde im Weltraum. Du siehst deutlich, dass es auf der Erde neben den Landflächen große Wasserflächen gibt. Die Wasserflächen sind mehr als doppelt so groß wie die Landflächen. Außerdem sind Wasser und Land sehr unterschiedlich verteilt. Auf der oberen Erdhälfte, der Nordhalbkugel, liegen mehr Landflächen. Auf der unteren Hälfte, der Südhalbkugel, findet man mehr Wasserflächen. Die großen, zusammenhängenden Landflächen sind die **Kontinente**. Die großen Wasserflächen werden als **Ozeane** bezeichnet.

Aufgaben

1 Benenne, welche Form die Erde hat.

2 Liste die Namen der sieben Kontinente und der drei Ozeane auf der Erde auf (M3).

3 Bestimme anhand von M2, welche Kontinente
a) nur auf der Nordhalbkugel liegen;
b) nur auf der Südhalbkugel liegen;
c) auf beiden Halbkugeln liegen.

4 Erläutere, warum du ein Schiff nicht sofort ganz sehen kannst, wenn es sich der Küste nähert (M4).

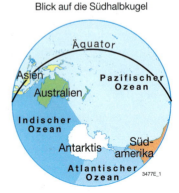

M2 *Halbkugeln der größten Land- und Wasserflächen*

Die Erde – ein Himmelskörper

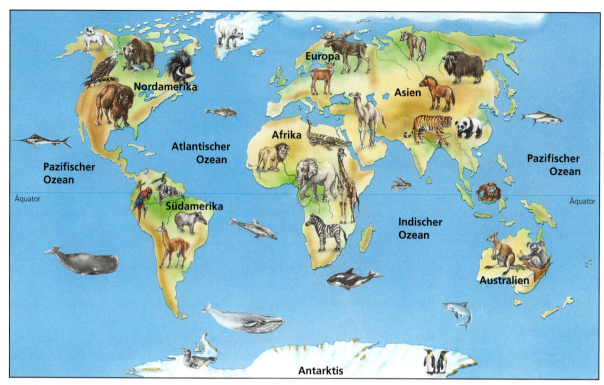

M3 *Kontinente und Ozeane*

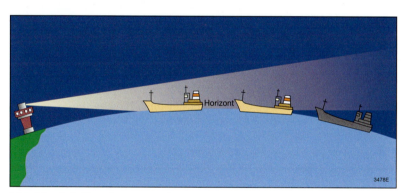

M4 *Ein Schiff nähert sich der Küste – Wie sieht man es zuerst?*

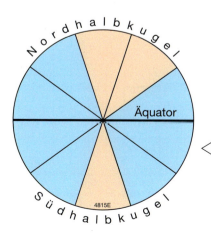

◁ **M5** *Halbkugeln der größten Land- und Wasserflächen. Die Wasserflächen der Erde sind blau dargestellt, die Landflächen ockergelb.*

Umfang	
am Äquator:	40 000 km
Wasserfläche:	361 000 000 km²
Landfläche:	149 000 000 km²

M6 *Unsere Erde*

Merke
Die Erde hat die Form einer Kugel. Es gibt Kontinente und Ozeane.

Grundbegriffe
- der Kontinent
- der Ozean

Gewusst wie

Ein Säulendiagramm zeichnen

Info

Quadratkilometer
Quadratkilometer (km^2) ist ein Flächenmaß. 1 km^2 bezeichnet die Fläche von 1 Kilometer Länge und 1 Kilometer Breite.

Der Globus – ein verkleinertes Modell der Erde

Ein verkleinertes Abbild der Erde ist der **Globus**. Er zeigt besonders gut die Lage der Kontinente und Ozeane. Auf dem Globus findest du auch den Nordpol und den Südpol. Beide Pole sind durch einen Stab verbunden. Er stellt die Erdachse dar. Weil die **Erdachse** zur Sonne schräg steht, ist die Achse (der Stab) des Globus auch schräg.

Zahlen in Tabellen und Diagrammen

Die Zahlenreihen in Tabellen sind oft schwer zu verstehen. M2 ist eine Tabelle. Wenn die Tabelle in ein Diagramm umgewandelt ist (M3), sind die Größen der Zahlen besser zu erkennen. In M3 werden die Größen der Kontinente durch Säulen angezeigt. Du siehst auf einen Blick, dass Asien der größte Kontinent ist. Er ist mehr als viermal so groß wie der kleinste Kontinent Australien.

M1 Globus

Um ein Säulendiagramm zu zeichnen, gehst du so vor:

1. Zeichne zwei Linien im rechten Winkel auf Millimeterpapier. Auf der senkrechten Linie werden die Werte eingetragen, z. B. die Zahlen für die Größen der Kontinente und Ozeane in Mio. km^2. Die Linie muss so lang sein, dass man den höchsten Wert noch eintragen kann.
2. Auf der waagerechten Linie werden nebeneinander die Säulen gezeichnet, z. B. für die Kontinente.
3. Gib dem Diagramm eine Unterschrift.

Aufgaben

1 a) Zeichne nach M2 ein Säulendiagramm „Größe der Kontinente und Ozeane". Das Diagramm M3 kannst du als Vorlage nehmen und ergänzen.
b) Vergleiche dann die Größe der Kontinente und Ozeane. Was stellst du fest?

2 Ermittle mithilfe des Atlas,
a) welche Kontinente der Globus in M1 ganz oder teilweise zeigt;
b) welche Ozeane zu sehen sind.

Australien	9 000 000
Europa	10 000 000
Antarktis	14 000 000
Südamerika	18 000 000
Nordamerika	24 000 000
Afrika	30 000 000
Asien	44 000 000
Indischer Ozean	75 000 000
Atlantischer Ozean	106 000 000
Pazifischer Ozean	180 000 000

M2 Tabelle: Größe der Kontinente und Ozeane in km^2

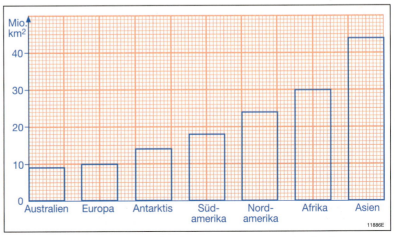

M3 Säulendiagramm: Größe der Kontinente in Mio. km^2

Die Erde auf einen Blick

M4 *Verschiedene Ansichten der Erde*

Aufgaben

3 Schreibe die Namen der Kontinente und Ozeane in den Ansichten ①–③ in M4 auf.

4 Ermittle anhand eines kleinen Versuchs, wie die Tageszeiten entstehen.
Stelle mithilfe eines Globus und einer Lampe Tag und Nacht auf der Erde dar. Überlege, in welche Richtung du den Globus drehen musst (M5).

Merke
Die Erde gliedert sich in sieben Kontinente und drei Ozeane. Der Globus ist ein Modell der Erde. Die Erde dreht sich um ihre eigene Achse. Dadurch entstehen Tag und Nacht.

Grundbegriffe
- der Globus
- die Erdachse
- die Erdrotation

Tag und Nacht auf der Erde

Die Sonne bestrahlt die Erde. Diese dreht sich einmal in 24 Stunden um ihre eigene Achse. Das ist die **Erdrotation**. So kommt es, dass die Sonne immer nur die ihr zugewandte Seite der Erdkugel beleuchtet. Dort ist es Tag. Die andere Seite liegt im Dunkeln. Dort ist es Nacht.

In 24 Stunden ist es überall auf der Erde einmal Tag und einmal Nacht, nur dass das zu unterschiedlichen Zeiten auf den verschiedenen Kontinenten der Fall ist.

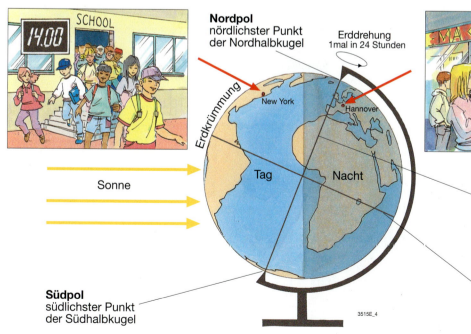

M5 *Die Erde dreht sich.*

Die Jahreszeiten

M1

M2

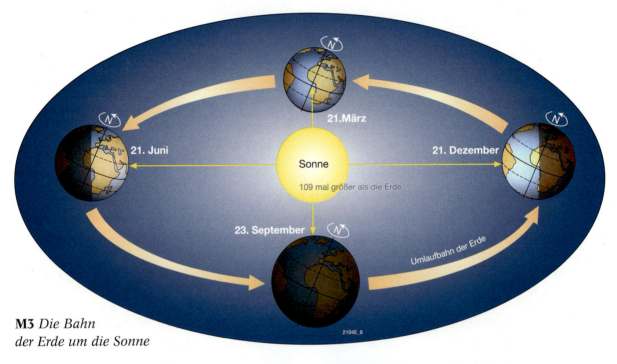

M3 *Die Bahn der Erde um die Sonne*

M4

M5

Die Erde – ein Himmelskörper

Wie entstehen die Jahreszeiten?

In unseren Breiten gibt es außer den Tageszeiten noch die **Jahreszeiten**. Auch sie hängen mit der Bestrahlung der Sonne und der Bewegung der Erde zusammen. Die Erde wandert im Verlauf eines Jahres einmal um die Sonne. Dies ist die **Erdrevolution**. Dabei ist die Achse der Erde gegenüber der Umlaufbahn um 23,5° geneigt. Auf ihrem Weg um die Sonne bleibt die Erde immer in derselben schrägen Lage. Dadurch werden Teile von ihr mal länger und mal kürzer und mal gar nicht bestrahlt. Einmal ist der Nordpol und einmal der Südpol mehr zur Sonne geneigt. Wird die Nordhalbkugel stärker von der Sonne beschienen, so ist bei uns Sommer; wird die Südhalbkugel stärker von der Sonne beschienen, ist bei uns Winter.

M6 *Die Erde „steht schief".*

Experiment zu den Jahreszeiten

Benötigtes Material:
– eine starke Lichtquelle (Diaprojektor oder Overheadprojektor)
– einen Rollwagen
– einen Globus

Durchführung:
Ein Globus (Standglobus mit geneigter Erdachse) wird auf einen kleinen Tisch gestellt.
Der Projektor wird auf einen Rollwagen gestellt und angeschaltet.
Der Raum wird verdunkelt.
Zwei Kinder umrunden mit dem Rollwagen den Globus.
Sie stellen anschließend noch einmal den 21. Juni, den 21. März, den 21. Dezember und den 23. September nach.
Beobachtet genau, welche Teile der Erde der Sonne jeweils zugewandt sind.

Woher haben die Wendekreise ihre Namen?

Am 21. Juni wird der Breitenkreis 23,5° n. B., der sogenannte nördliche **Wendekreis**, um 12 Uhr mittags senkrecht von oben beschienen; man sagt: Die Sonne steht im **Zenit**. Jetzt „wendet" die Sonne scheinbar in ihrem Lauf und steht am 21. Dezember über dem Breitenkreis 23,5° s. B., dem südlichen Wendekreis, um 12 Uhr im Zenit. Nun „wendet" die Sonne ihren Lauf scheinbar wieder nach Norden. Auf ihrem Weg zwischen den Wendekreisen steht sie am 21. März und am 23. September jeweils über dem Äquator im Zenit. Am Äquator spielt die Neigung der Erdachse kaum eine Rolle. Dort ist es ständig warm und die Tage sind das ganze Jahr über fast gleich lang. Hier gibt es keine Jahreszeiten.

Aufgaben

1 a) M3 enthält vier Datumsangaben. Erläutere, welchen Bezug sie zur Stellung von Erde und Sonne haben.
b) Ordne M1, M2, M4 und M5 den Datumsangaben in M3 zu.
c) Die vier Datumsangaben sind bei uns die Anfänge von Jahreszeiten. Nenne sie (Kalender).

2 Erkläre die Bedeutung der Wendekreise.

3 Beschreibe, wie Sommer und Winter auf der Nordhalbkugel entstehen.

4 Erkläre, warum es am Äquator keine Jahreszeiten gibt.

Merke
Die Jahreszeiten bei uns entstehen durch die Drehung der Erde um die Sonne in einem Jahr und die Schrägstellung der Erdachse.

Grundbegriffe
- die Jahreszeit
- die Erdrevolution
- der Wendekreis
- der Zenit

Die Erde im Sonnensystem

Aufgaben

1 Analysiere M4:
a) Welches ist der größte und welches der kleinste Planet?
b) Nenne die Planeten mit den meisten und den wenigsten Monden.

2 Nenne die Namen aller Planeten in der Reihenfolge der Entfernung von der Sonne und schreibe sie auf. Die „Eselsbrücke" hilft dir dabei.

3 a) Ein Stecknadelkopf mit einem Durchmesser von einem Millimeter soll die Erde sein. Wie groß muss dann die Sonne sein (Text und M4)?
b) Stellt die Entfernung von der Sonne zur Erde auf dem Schulhof nach.

Die Erde – ein Planet der Sonne

Das **Weltall** ist so groß, dass wir uns das nicht mehr vorstellen können. Hier gibt es unzählige **Sterne**, auch **Sonnen** genannt. Einer dieser Sterne ist unsere Sonne. Sie ist der Mittelpunkt unseres **Sonnensystems**. Ein Stern (bzw. eine Sonne) leuchtet selbst. Unsere Sonne hat einen Durchmesser von etwa 1 400 000 km.

Acht **Planeten** umkreisen unsere Sonne. Früher waren es neun, aber 2006 haben Wissenschaftler dem Pluto die Bezeichnung „Planet" aberkannt; er ist nur noch ein „Zwergplanet". Die Planeten leuchten nicht selbst. Man sieht sie nur, weil sie von der Sonne angestrahlt werden. Einer der Planeten ist die Erde. Die Erde braucht ein Jahr, um die Sonne einmal zu umkreisen. Die meisten Planeten werden von **Monden** umkreist. Auch sie leuchten nicht selbst. Der Mond der Erde braucht etwa einen Monat, um die Erde zu umkreisen.

M1 *Die Sonne mit ihren Planeten im Weltraum*

Die Erde – ein Himmelskörper

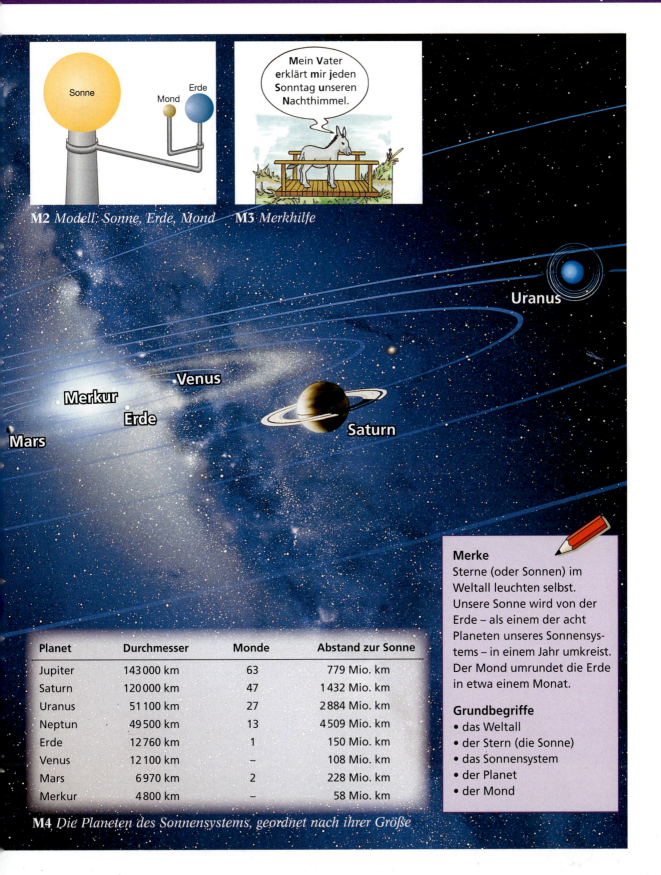

M2 *Modell: Sonne, Erde, Mond*   M3 *Merkhilfe*

»Mein Vater erklärt mir jeden Sonntag unseren Nachthimmel.«

Planet	Durchmesser	Monde	Abstand zur Sonne
Jupiter	143 000 km	63	779 Mio. km
Saturn	120 000 km	47	1 432 Mio. km
Uranus	51 100 km	27	2 884 Mio. km
Neptun	49 500 km	13	4 509 Mio. km
Erde	12 760 km	1	150 Mio. km
Venus	12 100 km	–	108 Mio. km
Mars	6 970 km	2	228 Mio. km
Merkur	4 800 km	–	58 Mio. km

M4 *Die Planeten des Sonnensystems, geordnet nach ihrer Größe*

Merke
Sterne (oder Sonnen) im Weltall leuchten selbst. Unsere Sonne wird von der Erde – als einem der acht Planeten unseres Sonnensystems – in einem Jahr umkreist. Der Mond umrundet die Erde in etwa einem Monat.

Grundbegriffe
- das Weltall
- der Stern (die Sonne)
- das Sonnensystem
- der Planet
- der Mond

Lernen im Team

Wir zeichnen eine Weltkarte

Material, das ihr braucht:
- Overheadprojektor
- Weltkarte im Atlas zum Durchpausen
- Folie
- wasserlöslicher Folienstift zum Zeichnen der Karte auf Folie
- helle Pappe oder ein Stück Tapetenrolle (z. B. 80 x 60 cm)
- Klebestreifen zum Befestigen der Pappe an der Wand oder Tafel
- schwarze Filzstifte zum Nachzeichnen der Weltkarte
- farbige Filzstifte zum Einzeichnen der „Rekorde"

M1

Die Karte der „Rekorde der Erde" – ein Klassenschmuck

Ihr sollt selbst eine Karte wie in M4 anfertigen, allerdings groß, auf einem Plakat zum Aufhängen. Wenn ihr wisst, wie es geht, könnt ihr auch andere Themen (nicht nur die „Rekorde"), die im Unterricht behandelt werden, in einer solchen Karte veranschaulichen.

So geht ihr vor:

Legt das benötigte Material bereit. Dann geht es los.
1. Übertragt eine Weltkarte im Atlas auf die Folie. Zeichnet die Umrisse der Kontinente nur grob nach.
2. Befestigt helle Pappe mit Klebestreifen an der Wand oder an der Tafel.
3. Legt die Folie auf den Tageslicht-Projektor und bildet die Karte auf der Pappe ab. Zeichnet die Umrisse der Kontinente mit einem schwarzen Filzstift nach.
4. Färbt das Meer hellblau ein.
5. Zeichnet nun die „Rekorde" ein und beschriftet sie.

Ein Tipp:

Zeichnet die „Rekorde" nicht direkt in die Karte, sondern auf Papier und schneidet sie aus. Steckt sie dann mit Pinn-Nadeln auf die Karte.
So könnt ihr die Weltkarte auch noch für andere Themen im Unterricht verwenden.

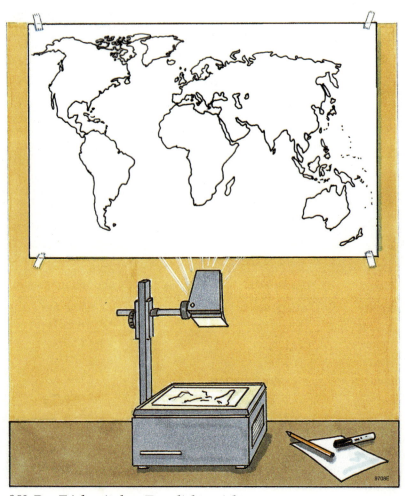

M2 *Der Trick mit dem Tageslichtprojektor*

Die Erde – ein Himmelskörper

Lernen im Team

Rekorde der Erde

Spitzenleistungen gibt es nicht nur im Sport. Auch unsere Erde kann solche „Rekorde" bieten. Immer wieder wird in einem Rätsel oder bei einem Quiz nach dem höchsten Berg oder dem längsten Fluss gefragt.

Hier sind einige „Rekorde" aufgelistet:

Die TOP 13 der Erde

Das Gebirge mit den höchsten Bergen:	Himalaya
Der höchste Berg:	Mount Everest (8872 m)
Die tiefste Meeresstelle:	Witjas Tief (-11 034 m)
Die tiefste Stelle der Landoberfläche:	am Toten Meer (- 401 m)
Der höchstgelegene schiffbare See der Erde:	Titicacasee (3812 m)
Das längste Gebirge:	Rocky Mountains/Anden (14 000 km)
Der längste Fluss:	Nil (6671 km)
Der tiefste See:	Baikalsee (1620 m)
Die größte Insel:	Grönland (2 Mio. km²)
Die größte Halbinsel:	Arabien (3 Mio. km²)
Der größte Kontinent:	Asien (44 Mio. km²)
Der größte See:	Kaspisches Meer (371 800 km²)
Der höchste Vulkan:	Cotopaxi (5897 m)

M3

Aufgabe

1 Ordne die „TOP 13 der Erde" den Kontinenten zu. Beginne so: Das Gebirge mit den höchsten Bergen liegt in A … .

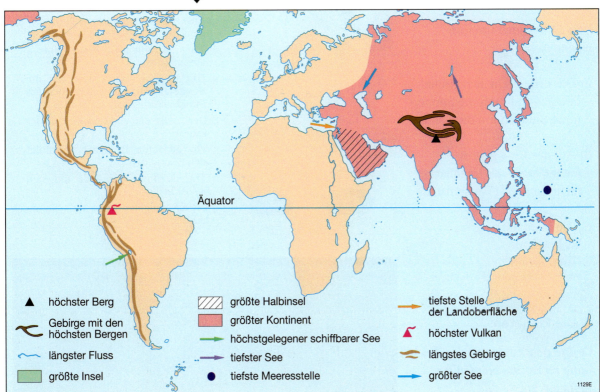

M4 *Karte der Rekorde der Erde*

Alles klar?

Die Erde – ein Himmelskörper

Orientierungskompetenz

1. Grundbegriffe

Hier sind die wichtigsten Begriffe dieses Kapitels noch einmal zusammengestellt. Wähle fünf Begriffe aus, erkläre sie und ergänze sie mit einfachen Zeichnungen.

- Kontinent
- Ozean
- Globus
- Erdachse
- Erdrotation
- Jahreszeit
- Erdrevolution
- Wendekreis
- Zenit
- Weltall
- Stern (Sonne)
- Sonnensystem
- Planet
- Mond

Fachkompetenz

2. Was ist richtig?

Begründe deine Entscheidung.

a) Die Sonne ist
– ein Planet.
– ein Stern.

b) Die Erde dreht sich einmal
– in einem Jahr um ihre eigene Achse.
– in 24 Stunden um ihre eigene Achse.

c) Die Erde dreht sich einmal
– in einem Jahr um die Sonne.
– in 24 Stunden um die Sonne.

d) Auf der Erde gibt es
– mehr Wasser- als Landfläche.
– mehr Land- als Wasserfläche.

e) Die Erde hat
– zwei Monde.
– einen Mond.

3. Die Planeten

Ordne den Zahlen in der Zeichnung rechts die Namen der Planeten zu.

4. Ergänze die Sätze.

a) Astronauten sehen, dass die Erde eine … ist.
b) In unserem Sonnensystem umkreisen acht … die Sonne.
c) Eine Sonne kann man auch … nennen.
d) Ein … strahlt nicht selbst, eine … strahlt selbst.
e) Um 12 Uhr (Winterzeit) hat die Sonne am Himmel ihren höchsten Punkt, das heißt sie steht im … .
f) Der … ist ein verkleinertes … der Erde.
g) Die gedachte Erdachse verbindet den … und den … .
h) Die Drehung der Erde um sich selbst heißt … .
i) Die Drehung der Erde um die Sonne heißt … .

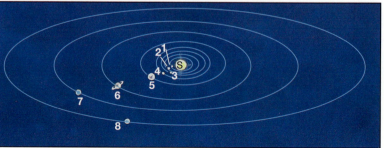

Alles klar?

Fachkompetenz

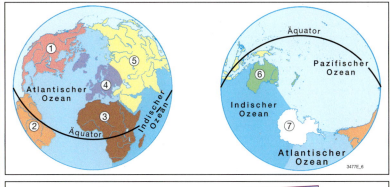

5. Kontinente und Ozeane

a) Notiere die Namen der Kontinente.

b) Ordne die Größenangaben auf den Schildern den Kontinenten und Ozeanen zu.

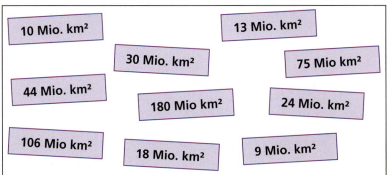

Methodenkompetenz

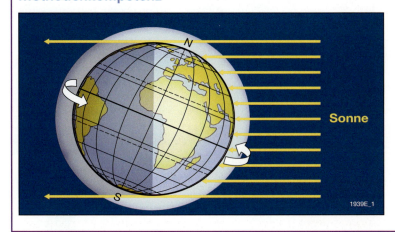

6. Erde und Sonne

a) Die Abbildung zeigt die Stellung der Erde zur Sonne an einem bestimmten Tag im Jahr. Notiere das Datum.

b) Ergänze die fehlenden Begriffe:
Die Sonne steht an diesem Tag senkrecht über dem … . Auf der Nordhalbkugel ist … (Jahreszeit); auf der Südhalbkugel ist … (Jahreszeit).

Beurteilungs- und Handlungskompetenz

7. Eine Folge der Erdrotation

Du möchtest eine Sportveranstaltung im Fernsehen anschauen, die in New York stattfindet. In New York ist es Nachmittag. Schildere das Problem, das sich für dich ergibt.

Lernen im Team: Wetter und Klima

Alle reden vom Wetter	104
Temperaturen	105
Wolken und Niederschlag	106
Luftdruck und Wind	108
Klimadiagramme lesen	110
Klimadiagramme zeichnen	112
Wetter- und Klimarekorde der Erde	114

Am Ende dieses Kapitels kannst du:
- den Unterschied zwischen Wetter und Klima erklären,
- Temperaturen über einen längeren Zeitraum messen,
- erklären, wie Wolken entstehen,
- Wolkenarten unterscheiden,
- verschiedene Niederschlagsarten bestimmen,
- erklären, was man unter Luftdruck versteht,
- Windrichtung und Windstärke bestimmen,
- Mitteltemperaturen berechnen,
- ein Klimadiagramm lesen,
- ein Klimadiagramm zeichnen.

M1 *Das Wetter bestimmt unser Leben. (Am Morgen nach einem Rockkonzert)* ▶

Lernen im Team

Alle reden vom Wetter

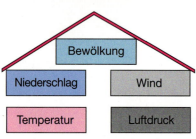

M1 *Die „Bausteine" des Wetters nennt man Wetterelemente.*

Info 1

Wetter
So bezeichnet man das Zusammenwirken der Wetterelemente zu einem bestimmten Zeitpunkt an einem Ort.

M2 *Aus einer Tageszeitung vom Samstag, 24.03.2012*

„Heiter bis wolkig, kein Regen!"

Täglich informieren sich Millionen von Menschen über das **Wetter** im Fernsehen, in der Zeitung (M2) oder im Internet. Das Wetter ist ein ganz wichtiger Gesprächsstoff, weil es unser Leben stark beeinflusst. Bei Regenwetter werden zum Beispiel Klassenausflüge oder Geburtstagspartys verschoben und Fußballspiele abgesagt, bei Eis und Schnee kann der Zugverkehr „lahm gelegt" werden.

Das Wetter kann mehrere Tage hintereinander gleich bleiben. Es kann sich aber auch innerhalb weniger Minuten ändern. Dafür sind die **Wetterelemente** verantwortlich.

Aufgaben

1 a) Ordnet folgende Aussagen je einem der Wetterelemente zu (M1):
– „Alles grau in grau heute!"
– „Meine Ohren sind zu!"
b) Schreibt je zwei Sätze auf, die zu den anderen Wetterelementen passen.

2 Vergleicht das Wetter in Kiel mit dem Wetter in Saarbrücken (M2).

3 a) Nehmt eine Wettervorhersage im Fernsehen auf (DVD). Stellt dar, über welche Wetterelemente berichtet wurde und was dazu gesagt wurde.
b) Überprüft, ob die Wettervorhersage gestimmt hat. Berichtet.

M3 *Messgeräte einer Wetterstation:* ① *Thermometerhütte,* ② *Thermometer für Erdtemperatur,* ③ *Niederschlagsmesser,* ④ *Sichtweitenmessgerät,* ⑤ *Auffangbecken,* ⑥ *Messeinrichtung zur Bestimmung der Radioaktivität*

Temperaturen

Die Lufttemperatur

„Guten Abend meine Damen und Herren. Morgen dringt warme Luft vom Mittelmeer bis nach Norddeutschland vor. Die **Temperaturen** steigen." Wenn in der Wettervorhersage im Fernsehen über die Temperatur berichtet wird, ist damit die Lufttemperatur im Schatten in einer Höhe von zwei Metern über dem Boden gemeint. Das Messinstrument für die Temperatur ist das Thermometer. Es gibt in °C an, wie warm oder wie kalt die Luft ist.

Das Röhrchen eines Thermometers ist mit einer gefärbten Flüssigkeit gefüllt. Wenn es wärmer wird, dehnt sich die Flüssigkeit aus und steigt in dem Röhrchen an. Wird es kälter, zieht sich die Flüssigkeit zusammen und fällt in dem Röhrchen ab.

Info 2

Grad Celsius (°C)
Bei uns in Deutschland wird die Temperatur in Grad Celsius (°C) gemessen. Anders Celsius (1701–1744) war ein schwedischer Wissenschaftler. Er hat das Thermometer in 100 Grad eingeteilt. Bei null Grad gefriert Wasser zu Eis; bei 100 Grad kocht es und wird zu Wasserdampf.

Lernen im Team

Aufgaben

4 Testet, ob ihr die Lufttemperatur gut einschätzen könnt. Geht mit eurer Gruppe auf den Schulhof. Jeder schreibt seinen Namen und die geschätzte Temperatur auf einen Zettel. Benutzt danach ein Thermometer.

5 Legt einen Beobachtungsbogen für eine Woche an (wie in M4). Notiert die Temperatur und die Bewölkung immer zur gleichen Zeit. Schreibt am Ende einen Text über den Verlauf.

6 a) Beschreibt in M5, wie sich die Lufttemperatur im Laufe des Tages verändert hat.
b) Zu welcher Uhrzeit war es am wärmsten, wann war es am kältesten? Gebt die Temperaturen an.

Merke
Das Wetter besteht aus mehreren Wetterelementen. Eines davon ist die Temperatur.

Grundbegriffe
- das Wetter
- das Wetterelement
- die Temperatur

	Mo	Di	Mi	Do	Fr	Sa	So
Temperatur in °C	16	17	20	21	21	19	17
Bewölkung	☁	☀	☀	☀	☀	⛅	☁

M4 Max hat die Temperatur jeden Tag um 14 Uhr aufgeschrieben. Er hat auch beobachtet, ob es wolkig war oder nicht.

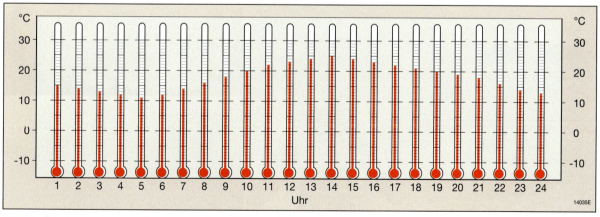

M5 Lufttemperatur an einem sonnigen Tag

Lernen im Team

Wolken und Niederschlag

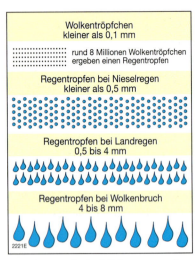

M1 *So groß sind Wassertropfen in der Luft.*

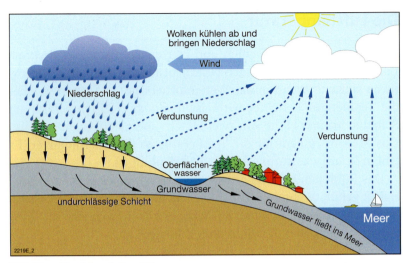

M2 *Der Kreislauf des Wassers*

Aus Wasserdampf wird Regen

Typisches „Aprilwetter": Nadine ist nass geworden, weil sie keinen Schirm dabei hatte. Auf der Straße stehen große Pfützen. Doch dann hört es auf zu regnen und die Sonne scheint wieder. Nach wenigen Stunden ist keine Pfütze mehr zu sehen. Der Boden ist trocken und das Wasser verdunstet.

Wenn Wasser verdunstet, entsteht Wasserdampf. Er steigt mit warmer Luft nach oben.

Auf dem Weg in die höheren Luftschichten kühlt die Luft ab, denn in der Höhe ist es kälter als am Boden. Aus dem Wasserdampf bilden sich nun kleine Wassertröpfchen. Diesen Vorgang nennt man **Kondensation**.

Durch Kondensation entstehen Wolken. In einer Wolke vergrößern sich die Wassertropfen. Die **Bewölkung** nimmt zu. Schließlich fallen die Regentropfen zur Erde: Es fällt **Niederschlag**.

Aufgaben

1 Erklärt den Wasserkreislauf (M2).

2 Zeichnet das folgende Schaubild ab und benennt die Niederschlagsarten A bis F mithilfe von M3:

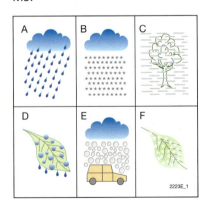

M3 *Verschiedene Niederschlagsarten*

Wetter und Klima — Lernen im Team

Wolken haben verschiedene Formen und Farben. Je nach Wassergehalt gibt es weiße, graue und fast schwarze Wolken. Sie bedecken oft nur einen Teil des Himmels, manchmal auch den ganzen Himmel.

Federwolken (lateinisch Cirrus)

Haufenwolken (lateinisch Cumulus)

Schichtwolken (lateinisch Stratus)

M4 *Wolken kündigen das Wetter an.*

Wenn die Sonne scheint sehr bleich, ist die Luft an Regen reich.

Wenn der Himmel gezupfter Wolle gleicht, das schöne Wetter bald dem Regen weicht.

Wenn Schäfchenwolken am Himmel stehen, kann man ohne Schirm spazieren gehen.

M6 *Bauernregeln; sie wurden nach langjährigen Wetterbeobachtungen aufgestellt.*

Aufgaben

3 a) Beschreibt die Form und Farbe der Wolken in M4.
b) Ordnet die Bauernregeln (M6) den passenden Wolkenformen zu.

4 Fotografiert Wolken am Himmel und beobachtet, wie sich das Wetter entwickelt. Schreibt eure Beobachtungen auf und klebt die Fotos dazu.

5 Messt die Niederschläge mindestens eine Woche lang. Legt einen Beobachtungsbogen an (ähnlich M4 Seite 105).

Material: leere Flasche, Trichter (Durchmesser: 16 cm), Sprudelkiste, Knete, Messglas
Durchführung: Flasche in die Kiste stellen, Trichter bis zum Hals in die Flasche stecken und in Höhe der Flaschenöffnung mit Knete gut verschließen. Kiste auf dem Schulhof aufstellen.
Hinweise: Niederschlage jeden Tag zur gleichen Zeit messen (z.B. in der großen Pause): Dafür Niederschläge in das Messglas füllen und Menge in Millimeter notieren.

M5 *So könnt ihr Niederschläge messen.*

Merke
Wolken entstehen durch Kondensation. Sie bestehen aus Wassertröpfchen. Niederschlag fällt, wenn die Tröpfchen zu schwer sind.
Es gibt verschiedene Wolkenformen.

Grundbegriffe
- die Kondensation
- die Bewölkung
- der Niederschlag

Lernen im Team

Luftdruck und Wind

Luft – so leicht wie eine Feder?

Unsere Erde ist von einer rund 1000 km mächtigen Lufthülle umgeben. Diese wird **Atmosphäre** genannt. Die Luft ist ein unsichtbares Gas. Sie besteht aus winzig kleinen Teilchen, den Luftmolekülen. Eine Billion (eine 1 mit zwölf Nullen) Luftmoleküle hätten in einem Stecknadelkopf Platz.

Jedes Luftmolekül hat ein Gewicht. Alle Luftmoleküle, das heißt die Luft, drückt mit ihrem Gewicht auf die Erdoberfläche. Den **Luftdruck** spüren wir Menschen normalerweise nicht.

M1 *Das Barometer (Luftdruckmesser)*

Info

Luftdruck
Der Luftdruck ist das Gewicht der Luft. Es wird der Druck der Luftsäule auf 1 cm^2 der Erdoberfläche gemessen. Als Messinstrument nutzt man das Barometer. Die Maßeinheit ist Hektopascal (hPa). „h" steht für „hundert", „Pa" ist die Abkürzung für „Pascal", den Familiennamen des französischen Wissenschaftlers Blaise Pascal (1623–1662).
Auf Höhe des Meeresspiegels beträgt der mittlere Luftdruck 1013 Gramm oder 1013 hPa.

Aufgaben

1 a) Legt einen Beobachtungsbogen zum Eintragen des Luftdrucks an.
Lest eine Woche lang jeden Tag zur gleichen Zeit den Luftdruck auf einem Barometer ab (M1). Notiert auch jedes Mal, wie das Wetter ist (z. B. schön, trüb, regnerisch).
b) Wertet den Beobachtungsbogen aus: Wie war das Wetter bei hohem Luftdruck, wie bei niedrigem Luftdruck?

2 Bestimmt die Windstärke, die den Schaden in M6 verursacht hat (M4).

3 Bei uns in Deutschland herrschen Westwinde vor. Überprüft diese Aussage (M5).

M3 *Wetter bei hohem Luftdruck (Hochdruckwetter)*

M2 *Versuch zum Thema „Luft"*

Material: dünner Stab, zwei Luftballons, Schnur, breiter Tesafilm, Nadel, Schere

Durchführung: Schnur in der Mitte des Stabes festbinden.

Luftballons aufblasen; beide sollen gleich groß sein. Je einen Ballon an einem Ende des Stabes festkleben. Auf einen Luftballon einen drei Zentimeter langen Streifen Tesafilm aufkleben. An der Schnur den Stab hochheben. Der Stab mit den Luftballons soll waagerecht hängen.

Mit der Nadel vorsichtig durch den Tesafilmstreifen stechen. Der Klebestreifen verhindert, dass der Ballon platzt.

Hinweise zur Auswertung: Beobachtet die Luftballons, während die Luft aus einem Ballon entweicht. Erklärt eure Beobachtungen.

Wetter und Klima

Lernen im Team

Manchmal mehr als bloß ein Lüftchen

Der Luftdruck auf der Erde ändert sich laufend. Es gibt hohen Luftdruck (Hoch: H) und niedrigen Luftdruck (Tief: T). Luftdruckunterschiede in der Atmosphäre machen sich als **Wind** bemerkbar.

Stürme und Orkane sind besonders starke Winde. Einzelne Orkane fegen mit einer **Windgeschwindigkeit** von über 200 km/h über das Land und richten oft große Schäden an. Am 28.02.10 forderte der Sturm Xynthia in Westeuropa mehr als 50 Tote. In Deutschland kamen fünf Menschen ums Leben.

Woher weht der Wind?

Ein Wind wird nach der Himmelsrichtung benannt, *aus* der er weht. Weht ein Wind aus dem Westen, nennt man ihn Westwind. Ein Ostwind kommt aus dem Osten.

Mit einer Windfahne und einem Kompass könnt ihr die **Windrichtung** bestimmen. Probiere die Windfahne (M5) auf einem freien Platz aus. Denn Häuser, Mauern und Bäume verändern die Windrichtung.

M6 *In Saarbrücken nach einem Orkan*

Windstärke	Bezeichnung	Windgeschwindigkeit in Kilometer pro Stunde (km/h)	Auswirkungen
0	Windstille	0 bis 0,7	Rauch steigt senkrecht auf.
1	Zug	0,8 bis 5,4	Rauch wird leicht getrieben.
2–5	Brise	5,5 bis 38,5	Größere Zweige bewegen sich, Staub und Papier wird aufgewirbelt, kleine Laubbäume schwanken.
6–8	Wind	38,6 bis 74,5	Äste oder Bäume bewegen sich, Zweige werden abgerissen, Regenschirm schwierig zu benutzen.
9–11	Sturm	74,6 bis 117,4	Schäden an Häusern, Bäume werden entwurzelt.
12–17	Orkan	117,5 und mehr	Verwüstungen

M4 *Übersicht zur Windstärke*

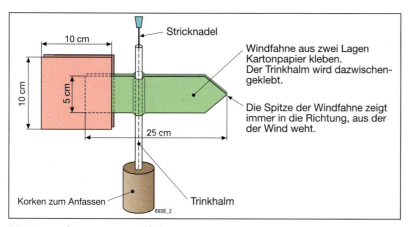

M5 *Basteln einer Windfahne*

Aufgabe

4 Blast einen Luftballon auf und haltet die Öffnung des Ballons zu. Im Ballon sind nun viele Luftmoleküle. Der Luftdruck im Luftballon ist hoch. Im Ballon herrscht ein Hoch. Um den Ballon herum ist der Luftdruck niedriger. Es herrscht ein Tief.
Lasst die Luft aus dem Ballon langsam heraus.
Ergänzt nun folgenden Merksatz: „Der Wind weht vom … zum … ."

Merke
Luftdruck und Wind sind zwei wichtige Wetterelemente. Der Wind wird nach der Himmelsrichtung benannt, aus der er weht. Den Luftdruck misst man in hPa.

Grundbegriffe
- die Atmosphäre
- der Luftdruck
- der Wind
- die Windgeschwindigkeit
- die Windrichtung

Gewusst wie

Klimadiagramme lesen

Info

Klima
Das Zusammenwirken von Temperatur, Niederschlag, Bewölkung, Wind und Luftdruck über einen längeren Zeitraum nennt man Klima. Die „Bausteine" des Wetters sind auch die „Bausteine" des Klimas.
Das Wetter kann sich täglich ändern. Das Klima eines Ortes ergibt sich aus den langjährigen Durchschnittswerten der Elemente des Wetters.

Das Klima

Meteorologen messen und beobachten die Wetterelemente über Zeiträume von mindestens 30 Jahren. Danach errechnen sie Durchschnittswerte (Mittelwerte). Die langjährigen Mittelwerte geben Auskunft über das **Klima** eines Ortes oder eines Gebietes. Beim Klima macht man somit langfristige Aussagen über das Zusammenwirken der fünf „Bausteine", während es sich beim Wetter immer nur um ein kurzfristiges Zusammenwirken handelt.

In Gesellschaftswissenschaften wollen wir das Klima anderer Orte und Länder kennen lernen. Uns interessieren besonders die Temperaturen und Niederschläge.

Die Temperaturkurve

Die Temperaturen der einzelnen Monate an einem bestimmten Ort stellt man zeichnerisch als Temperaturkurve (rot) dar. Dazu muss man zunächst die Tagesmittel aller Tage eines Monats in Grad Celsius (°C) und daraus dann das Monatsmittel errechnen. Mit Hilfe der Monatsmittel wird die Jahresmitteltemperatur errechnet.

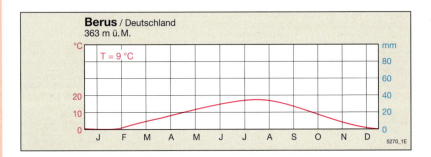

Wie errechnet man Mitteltemperaturen?

Tagesmittel: Wetter- und Klimakundler messen stündlich die Temperatur. Sie addieren die Messwerte und teilen die errechnete Zahl durch 24, denn ein Tag hat 24 Stunden. So erhalten sie das Tagesmittel der Temperatur.

Monatsmittel: Aus den Tagesmitteln errechnet man das Monatsmittel. Zuerst zählt man alle Tagesmitteltemperaturen eines Monats zusammen. Danach teilt man die Zahl durch die Anzahl der Tage des Monats (30, 31, 28, 29).

Jahresmittel: Aus den zwölf Monatsmitteln errechnet man das Jahresmittel. Zuerst zählt man alle Monatsmitteltemperaturen zusammen. Danach teilt man die Zahl durch die Anzahl der Monate (12).

Die Niederschlagssäulen

Bei den Niederschlägen zählt man an einem bestimmten Ort die Niederschlagsmengen aller Tage eines Monats zusammen. Dann erhält man den Monatsniederschlag in Millimetern. Die Monatsniederschläge zeichnet man in Niederschlagssäulen (blau). Die Niederschlagsmengen der zwölf Monate eines Jahres ergeben zusammengezählt den Jahresniederschlag.

Wetter und Klima

Gewusst wie

Wie liest du die Temperaturkurve?

a) Beginne mit dem Januar (J). Lege deinen Finger auf den Buchstaben J (Januar).

b) Fahre mit dem Finger senkrecht nach oben, bis du auf die Kurve triffst.

c) Lies die Zahl waagerecht am linken Rand ungefähr ab (→ Januarmitteltemperatur).

d) Tue dasselbe bei den übrigen Monaten.

e) Lies die Jahresmitteltemperatur ab (rote Zahl oben links im Diagramm).

Wie liest du die Niederschlagssäulen?

a) Beginne mit dem Januar (J). Lege deinen Finger auf den Buchstaben J (Januar).

b) Fahre mit dem Finger senkrecht nach oben, bis du an das obere Ende der Säule gelangst.

c) Lies die Zahl waagerecht am rechten Rand ungefähr ab (→ Monatsniederschlag Januar).

d) Tue dasselbe bei den übrigen Monaten.

e) Lies den Jahresniederschlag ab (blaue Zahl oben links im Diagramm).

M5 *Lilli prüft ein selbst gezeichnetes Klimadiagramm. (Eine Anleitung zum Zeichnen eines Klimadiagramms findest du auf S. 112.)*

Das Klimadiagramm

In einem **Klimadiagramm** sind die Temperaturkurve und die Niederschlagssäulen zusammen eingezeichnet. Mit Hilfe des Klimadiagramms kannst du zum Beispiel folgende Fragen beantworten:
– Wie warm/kalt ist es durchschnittlich in den einzelnen Monaten?
– Welches ist der wärmste, welches der kälteste Monat?
– Wie viele Niederschläge fallen durchschnittlich in den einzelnen Monaten?
– In welchem Monat regnet es am meisten, in welchem am wenigsten?
– Wie viele Niederschläge fallen im Durchschnitt in einem Jahr?

Aufgaben

1 Messt zu Hause an einem Tag die Lufttemperatur um 7, 14 und 20 Uhr. Berechnet mithilfe der drei Messwerte die Tagesmitteltemperatur.

2 a) Ermittelt, welcher Monat der wärmste in Berus ist.
b) Bestimmt die ungefähre Mitteltemperatur dieses Monats.

3 Bestimmt, wie viel Millimeter Niederschlag im Februar in Berus fallen.

Merke
Die Mittelwerte des Wetters über einen längeren Zeitraum in einem Gebiet nennt man Klima. Ein Klimadiagramm informiert über die Temperaturen und Niederschläge.

Grundbegriffe
• der Meteorologe
• das Klima
• das Klimadiagramm

Gewusst wie

Klimadiagramme zeichnen

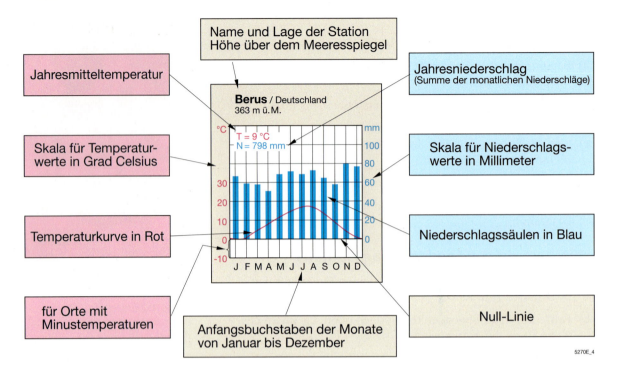

M1 *Das Klimadiagramm in seinen Einzelteilen*

	J	F	M	A	M	J	J	A	S	O	N	D	Jahr
T (°C)	0	1	5	8	12	15	17	17	14	9	4	1	9
N (mm)	67	59	58	51	69	72	69	73	65	58	80	77	798

M2 *Klimawerte von Berus (T: Temperatur, N: Niederschlag)*

Wie zeichnest du ein Klimadiagramm?

1. Nimm ein Blatt kariertes Papier. Zeichne die Grundlinie und teile sie in zwölf Monate ein (1 Monat = 1 cm oder 2 Rechenkästchen).
2. Schreibe die Anfangsbuchstaben der Monate unter die Grundlinie.
3. Zeichne am linken Rand der Grundlinie die Temperaturachse senkrecht ein.
4. Beschrifte die Temperaturachse mit den Temperaturwerten (rote Zahlen).

   Beachte: 10°C entsprechen 1 cm oder 2 Rechenkästchen.
5. Zeichne am rechten Rand der Grundlinie die Niederschlagsachse senkrecht ein.
6. Beschrifte die Niederschlagsachse mit den Niederschlagswerten (blaue Zahlen).

   Beachte: Dem Wert für die Temperatur entspricht der doppelte Wert für den Niederschlag. 10°C auf der linken Seite entsprechen 20 mm auf der rechten Seite.
7. Trage die Temperaturwerte für jeden Monat mit einem roten Punkt in das Diagramm ein.
8. Verbinde die einzelnen Punkte mit einer roten Linie zur Temperaturkurve.
9. Zeichne die Niederschlagswerte für jeden Monat als blaue Säulen ein.
10. Vervollständige das Klimadiagramm mit folgenden Angaben: Name und Lage der Station, Höhe über dem Meeresspiegel, Jahresmitteltemperatur und Jahresniederschlag.

Wetter und Klima — Gewusst wie

		J	F	M	A	M	J	J	A	S	O	N	D	Jahr
Helsinki/Finnland	T (°C)	-6	-7	-3	3	9	14	17	16	11	5	1	3	5
45 m ü. M.	N (mm)	57	42	36	44	41	51	68	72	71	73	68	66	692
Rom/Italien	T (°C)	7	8	11	14	18	22	25	25	21	16	12	9	16
46 m ü. M.	N (mm)	76	88	77	72	63	48	14	22	70	128	116	106	874
Bilma/Niger	T (°C)	17	19	24	29	32	33	33	33	31	27	23	18	27
355 m ü. M.	N (mm)	0	0	0	0	1	1	3	10	5	2	0	0	22

M3 *Klimawerte verschiedener Orte*

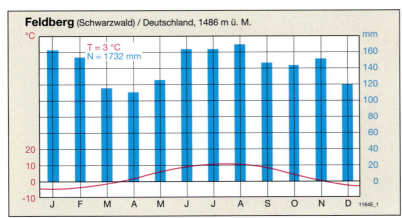

M4 *Klimadiagramm vom Feldberg (Schwarzwald)*

Info 1

Feldberg

Der Feldberg ist der höchste Berg in Baden-Württemberg. Er liegt im Südschwarzwald und ist 1493 Meter hoch. Die Klimastation liegt nicht auf dem Gipfel, sondern etwas tiefer.

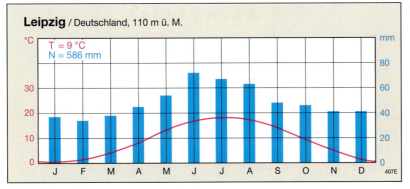

M5 *Klimadiagramm von Leipzig*

Info 2

Leipzig

Leipzig ist mit einer halben Million Einwohnern die größte Stadt im Bundesland Sachsen. Die Messe- und Universitätsstadt war und ist immer noch ein bedeutender Verkehrsknotenpunkt.

Bist du jetzt ein Wetter- und Klimaexperte?

Auf den vorausgegangenen Seiten hast du eine Menge über das Wetter und das Klima erfahren. Wenn es dir Spaß gemacht hat, kannst du noch mehr tun:
– Baue eine eigene Wetterstation mit Thermometer, Regenmesser, Windfahne und Windmesser.
– Entwirf einen Wetterbeobachtungsbogen und schreibe deine Messwerte auf.
– Besuche eine Wetterwarte.   Viel Vergnügen!

Aufgaben

1 Zeichnet nun selbst drei Klimadiagramme nach den Klimawerten in M3.

2 Ermittelt, was euch die Klimadiagramme über das Klima vom Feldberg und von Leipzig verraten (M4 und M5). Stellt Vergleiche an.

Lernen im Team

Wetter- und Klimarekorde der Erde

Aufgabe

1 Ordnet je einen Rekord den einzelnen Bausteinen des Wetters beziehungsweise Klimas zu (Seite 104 M1, Seite 110 Info).

Wetter und Klima — Lernen im Team

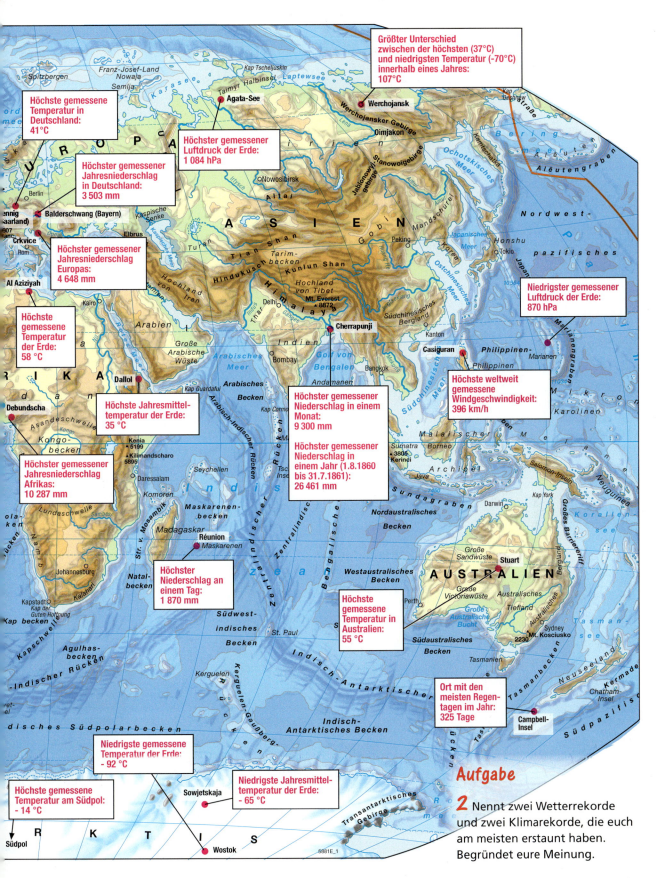

Aufgabe

2 Nennt zwei Wetterrekorde und zwei Klimarekorde, die euch am meisten erstaunt haben. Begründet eure Meinung.

Leben in extremen Klimazonen

Klimazonen der Erde	118
Klima und Vegetation ergänzen sich	120
In den Polargebieten	122
Einen Text auswerten	126
In der Wüste	128
Im tropischen Regenwald	130
Alles klar?	132

Am Ende des Kapitels kannst du:
- *verschiedene Klimazonen unterscheiden,*
- *erklären, welche Klimadiagramme zu welchen Klimazonen gehören,*
- *den verschiedenen Klimazonen typische Pflanzen zuordnen,*
- *Polartag und Polarnacht charakterisieren,*
- *die Lebensweise der Inuit als Anpassung an die Natur erklären,*
- *einen Text auswerten,*
- *die Lebensweise der Menschen in der kalten und heißen Zone vergleichen.*

M1 *Bilder aus drei Klimazonen der Erde* ▶

Klimazonen der Erde

Aufgaben

1 a) Beschreibe M2–M5. Verwende folgende Wörter: kalt, warm, trocken, gemäßigt, hohe Niederschläge.
b) Ordne M2–M5 einzelnen Klimazonen zu (M1).

2 a) M6–M9 passen zu den Fotos (M2–M5). Ordne zu.
b) Begründe die Zuordnung.

Merke
Auf der Nord- und Südhalbkugel gibt es Zonen mit ähnlichem Klima.

Grundbegriffe
- die Klimazone
- die kalte Zone (die Polarzone)
- die gemäßigte Zone
- die heiße Zone (die tropische Zone)

Kalt, warm, gemäßigt

Temperatur und Niederschlag sind die Hauptmerkmale des Klimas. Landschaften mit einem ähnlichen Klima werden zu einer **Klimazone** zusammengefasst. Auf der Erde gibt es mehrere Klimazonen.

In den **kalten Zonen (Polarzonen)** ist es das ganze Jahr über kalt. Der Niederschlag fällt meistens als Schnee. Die kalten Zonen reichen ungefähr von den Polarkreisen bis zu den Polen (Nordpol bzw. Südpol).

In den **gemäßigten Zonen** ist es nicht so kalt wie in den kalten Zonen und nicht so warm wie in der heißen Zone. Die Temperaturen sind gemäßigt. Das ganze Jahr fallen Niederschläge. Die gemäßigten Zonen liegen zwischen der heißen Zone und den kalten Zonen.

In der **heißen Zone (tropische Zone)** ist es das ganze Jahr über warm. Sie liegt am Äquator. Hier fallen hohe Niederschläge. Die Zone reicht bis zu den beiden Wendekreisen. Hier regnet es kaum.

Außer diesen drei Klimazonen gibt es Übergangszonen mit der Vorsilbe „sub": die Subpolarzone und die subtropische Zone.
Die Klimazonen ziehen sich wie Gürtel um die Erde. Sie folgen aber nicht genau den Breitenkreisen. Das liegt zum Beispiel an den kalten und warmen Meeresströmungen, die das Klima beeinflussen.

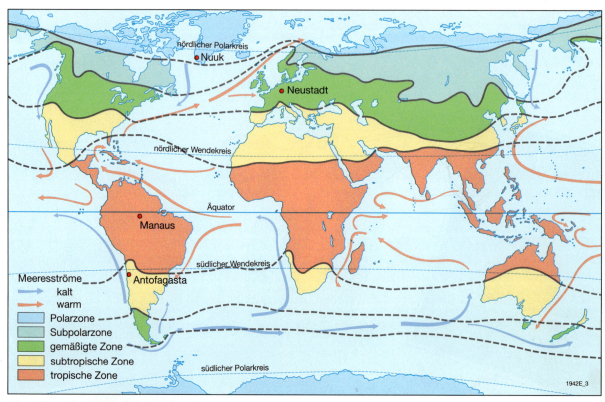

M1 *Klimazonen auf der Erde*

Leben in extremen Klimazonen

M2 *In Grönland*

M3 *An der Weinstraße*

M4 *In der Atacama*

M5 *Am Amazonas*

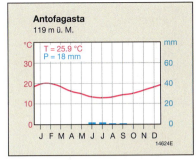

M6

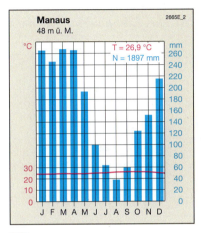

M7

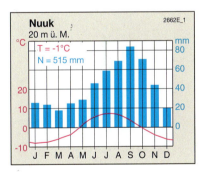

M8

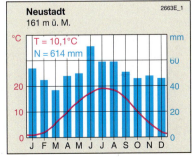

M9

Klima und Vegetation ergänzen sich

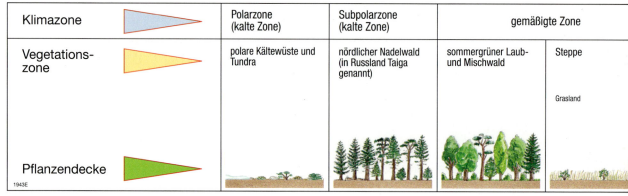

M1 *Das Klima beeinflusst die Pflanzendecke.*

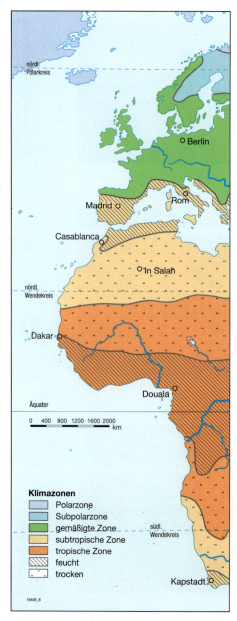

M2 *Klimazonenkarte und Vegetationszonenkarte* ▷

Leben in extremen Klimazonen

subtropische Zone (warme Zone mit Jahreszeiten)		tropische Zone (ganzjährig warme Zone)			
Laubgehölze (Mittelmeerpflanzen)	Wüste und Halbwüste (auch zum Teil in der tropischen Zone)	wechselfeucht Savannen			immerfeucht tropischer Regenwald
		Dornstrauchsavanne: kniehohes Gras, Sträucher, vereinzelt Bäume	Trockensavanne: brusthohes Gras, Bäume	Feuchtsavanne: übermannshohes Gras, Wälder	

Unterschiedliches Klima – verschiedene Pflanzen

In den Wäldern der gemäßigten Zone wachsen Laubbäume, wie zum Beispiel Buchen oder Eichen. Diese Bäume könnten in anderen Klimazonen nicht überleben. In der Polarzone wäre es für Laubbäume zu kalt und sie würden erfrieren. In der subtropischen Zone wäre es zu heiß und in den Wüsten vor allem zu trocken. Auch das warme und feuchte tropische Klima vertragen die Bäume und andere Pflanzen der gemäßigten Zone nicht.

In den Klimazonen der Erde wachsen verschiedene Pflanzen, die sich an das jeweilige Klima angepasst haben. Daher gibt es entsprechend den Klimazonen auch verschiedene **Vegetationszonen** auf der Erde.

Aufgaben

1 Ordne die Vegetationszonen (M2 rechte Karte) den Klimazonen (M2 linke Karte) zu.

2 Charakterisiere, wie sich die Pflanzendecke (Vegetation) von Nordeuropa bis nach Südafrika verändert (M1, M2 rechte Karte).

3 Lokalisiere, in welcher Klimazone und in welcher Vegetationszone die folgenden Länder liegen: Portugal, Schweden, Namibia, Deutschland, Tschad (Atlas, M2).

4 a) Ordne die Fotos in M3 der entsprechenden Vegetationszone (M1) zu.
b) Benenne die beiden Klimazonen, zu denen sie gehören.

M3 *Bilder aus zwei Vegetationszonen*

Merke

Die Vegetation (Pflanzenwelt) hat sich den jeweiligen Klimabedingungen auf der Erde angepasst. Die Vegetationszonen entsprechen den Klimazonen.

Grundbegriff
• die Vegetationszone

In den Polargebieten

Aufgaben

1 Beschreibe die Naturerscheinungen Polartag und Polarnacht.

2 ⤳ Begründe, warum es Polartag und Polarnacht gibt (M3).

3 Die Dauer von Polartag und Polarnacht ist abhängig von der Lage eines Ortes zwischen Polarkreis und Pol.
Suche die in M5 genannten Orte mithilfe von M1 im Atlas (Karte: Nordamerika, nördlicher Teil – physisch).
Stelle fest, wie weit sie vom Polarkreis entfernt sind.

Info 1

Arktis und Antarktis
Die **Arktis** ist das Gebiet um den Nordpol. Zu ihr gehören die nördlichen Teile von Nordamerika, Asien und Europa sowie das großenteils von Eis bedeckte Nordpolarmeer. Die Arktis ist kein Kontinent.
Die **Antarktis** ist ein eisbedeckter Kontinent am Südpol.

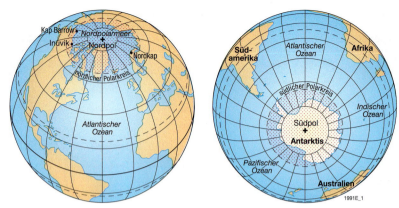

M1 *Nordpolargebiet (Arktis) und Südpolargebiet (Antarktis)*

Leben mit Kälte und Dunkelheit

Inuvik/Nordkanada, 15. Januar: Am Horizont taucht wieder die Sonne auf. 48 Tage lang brannten auch tagsüber die Straßenlaternen. Inuvik liegt im Nordpolargebiet, auch Arktis genannt.

Von Ende November bis Mitte Januar herrscht hier in der Stadt nördlich des Polarkreises die **Polarnacht**. Es ist die Zeit ohne Sonnenlicht. Die Temperaturen sinken dann auf minus 50 °C. Mit jedem Tag nach der Polarnacht wird es etwas heller und wärmer.

Ab Mitte Mai beginnt in Inuvik der **Polartag**. Dann geht die Sonne für fast zwei Monate nicht unter. In der kurzen Sommerzeit steigt die Temperatur auf über 15 °C. Die Küste ist dann eisfrei und im Hafen von Inuvik herrscht Hochbetrieb. Versorgungsschiffe mit Lebensmitteln, Brennstoffen, Bekleidung und Haushaltsgegenständen werden entladen.

Bereits Mitte Juli werden in Inuvik die Nächte länger und die Tage kürzer. Bald setzen die ersten Schneefälle ein. Ende November beherrscht wieder die Dunkelheit der Polarnacht das Leben.
Je weiter nördlich des Polarkreises noch Menschen wohnen, desto länger ist für sie die Dauer von Polartag und Polarnacht.

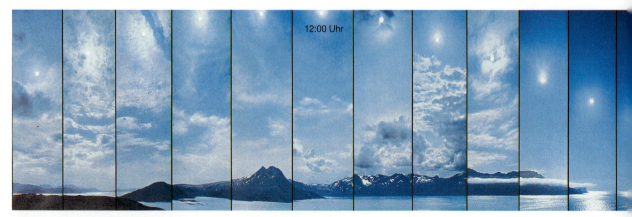

M2 *Tageslauf der Sonne im Juni im Nordpolargebiet*

Leben in extremen Klimazonen

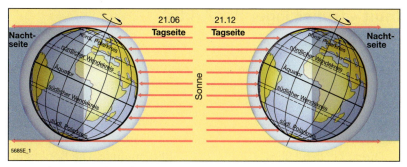

M3 *Polartag und Polarnacht*

	Dauer des Polartages	Dauer der Polarnacht
Nordpol	186 Tage*	179 Tage*
Kap Barrow	76 Tage	69 Tage
Inuvik	54 Tage	48 Tage
Polarkreis	1 Tag	1 Tag

* Aufgrund der unregelmäßigen Form der Erde ist es nicht genau ein halbes Jahr.

M5 *Die unterschiedliche Dauer von Polartag und Polarnacht*

Info 2

Polartag und Polarnacht

In den Gebieten zwischen den Polen und den Polarkreisen gibt es Polartag und Polarnacht. Während des Polartages geht die Sonne nicht unter. Die Polarnacht ist die Zeit ohne Sonnenlicht. Am Nord- und am Südpol dauern Polartag und Polarnacht jeweils etwa ein halbes Jahr. An den Polarkreisen dauern sie nur einen Tag. Je weiter man sich vom Pol in Richtung Polarkreis bewegt, desto kürzer ist die Dauer von Polartag und Polarnacht.

M4 *Inuvik in Nordkanada*

Merke
In der Arktis und der Antarktis gibt es Polartag und Polarnacht. Während des Polartages geht die Sonne nicht unter. Die Polarnacht ist die Zeit ohne Sonnenlicht.

Grundbegriffe
- die Arktis
- die Antarktis
- die Polarnacht
- der Polartag

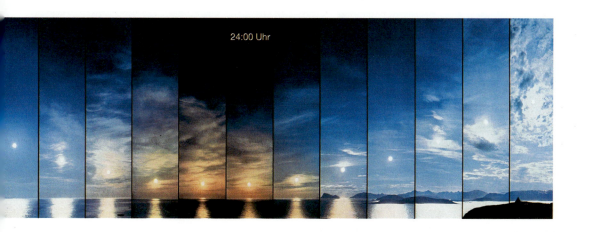

In den Polargebieten

M1 *Lebensraum der Inuit auf dem nordamerikanischen Kontinent*

Inuit – früher Jäger der Arktis

Der Norden des amerikanischen Kontinents ist der Lebensraum der **Inuit**, früher Eskimos genannt. Ein kleiner Teil dieser Volksgruppe lebt noch so wie seine Vorfahren als **Selbstversorger**. Das heißt, es wird nahezu alles, was zum Leben benötigt wird, selbst erzeugt. Diese Inuit sind Jäger und wohnen meist in „Outpost-Camps". Das sind kleine Siedlungen von selten mehr als zehn Häusern an der Küste.

Direkt bei den Häusern lagern die Schlittenhunde. Die Boote sind auf dem schmalen Küstenstreifen abgestellt. Das Jagdrevier ist in den Sommermonaten das offene Meer und im Winter die Eiswüste.

Eine Schule gibt es hier nicht. Die Söhne der Inuit werden ab dem sechsten Lebensjahr von ihren Vätern auf die Jagd mitgenommen. Diese dauert manchmal viele Wochen. Währenddessen lernen die Mädchen das Anfertigen von Kleidung aus Tierhäuten und Fellen.

Zur Jagdbeute der Inuit zählen Robben, Fische, Eisbären, Walrosse und Karibus, die wilden Rentiere Nordamerikas. Die erlegten Tiere dienen nicht nur als Nahrung, sondern sie werden auch anders verwendet.

Aufgaben

1 a) Berichte über das Leben der Inuit-Jäger (M2–M5).
b) Erkläre den Begriff Selbstversorger.

2 Begründe, warum die Inuit zu Beginn des vorigen Jahrhunderts um ihr Überleben kämpfen mussten.

3 Beschreibe die heutigen Lebensbedingungen der Inuit.

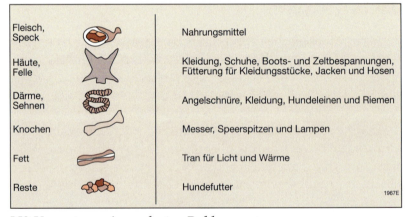

M2 *Verwertung einer erlegten Robbe*

M3 *Zerlegung einer Robbe*

M4 *Der Iglu – Haus während der Jagdzeit*

Leben in extremen Klimazonen

Monat	J	F	M	A	M	J	J	A	S	O	N	D
Durchschnittstemperaturen (°C) von Inuvik und Stuttgart	-14	-14	-13	-8	1	6	8	7	3	-4	-8	-11
	-0,8	0,4	4,5	8,5	12,7	15,8	17,6	17,0	13,9	8,6	3,9	0,3
Wohnverhältnisse	feste Hütten aus Torf und Stein oder Holzhäuser an der Küste											
	Iglu auf Wanderungen				Zelte auf Wanderungen				Iglu auf Wanderungen			
Fischerei, Robbenfang	Heilbutt				Heilbutt und Dorsch							
	Robbenfang mit Netzen vom Eis aus				Robben- und Walfang im offenen Wasser				Robbenfang vom Eis aus			
Jagd		Eisbär Polarfuchs Schneehase				Rentiere, Moschusochsen, Vögel (z.B. Schneehühner)						
Verkehrsmittel	Hundeschlitten				Kajak				Hundeschlitten			
Lichtverhältnisse	Polarnacht		Wechsel von Tag und Nacht		Polartag (Mitternachtssonne)				Wechsel von Tag und Nacht		Polarnacht
Eisverhältnisse	Packeis			Treibeis		offenes Wasser			Treibeis		Packeis	

M5 *Lebensbedingungen der Inuit-Jäger im Jahresverlauf*

Das Leben heute

Für die große Mehrheit der Inuit haben sich seit 100 Jahren die Wohn- und Lebensverhältnisse stark verändert. In ihren Lebensraum drangen weiße Pelzjäger und Walfangschiffe ein. Dadurch ging die Zahl der Beutetiere stark zurück. Manche Tierart, so der Eisbär und der Polarfuchs, war vom Aussterben bedroht.

Heute betreiben zwar noch viele Inuit an der Südwestküste Grönlands und im Norden Kanadas Fischfang, jedoch reicht der Verdienst meist nicht mehr zum Leben aus. Weil es zu wenig Arbeitsplätze gibt, können nur wenige Inuit einer geregelten Arbeit nachgehen. Dauerhafte Arbeitsplätze bieten vor allem die Betriebe zur Verarbeitung von Fisch, die Geschäfte und öffentliche Einrichtungen wie Postämter und Schulen. Zeitweise gibt es Arbeitsmöglichkeiten in den Häfen oder als Reiseleiter bzw. Jagdführer für Touristen.

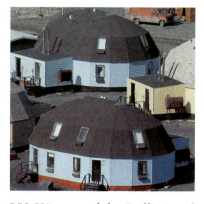

M6 *Häuser auf der Baffin-Insel*

Die früheren Inuit-Häuser, die aus Steinen, Torf und Erde errichtet waren, sind längst verlassen. Damit die Inuit-Familien überleben können, brauchen sie staatliche Hilfen. So ließ die kanadische Regierung an der Küste der Baffinbai neue Siedlungen für die Inuit errichten. Die Häuser sehen nahezu gleich aus. Sie bestehen aus vorgefertigten Teilen und waren daher in wenigen Tagen aufgebaut.

In den größeren Orten leben einige hundert Inuit-Familien, die Mehrzahl mit einer Unterstützung vom Staat. Hier gibt es auch elektrischen Strom, Zentralheizungen, manchmal Satelliten-TV, eine Schule und einen Supermarkt. Zur Kleidung gehören Daunenjacke und Jeans. In den eisfreien Monaten werden die benötigten Waren mit Schiffen geliefert.

> **Merke**
> Die Inuit im Norden Amerikas waren ursprünglich Selbstversorger, die von der Jagd lebten. Heute wohnt ein Großteil in neu erbauten Siedlungen. Arbeitsplätze sind kaum vorhanden.
>
> **Grundbegriffe**
> • der Inuit
> • der Selbstversorger

Gewusst wie

Einen Text auswerten

Beispiel für den ersten Textabschnitt

1. Bearbeitungsschritt:
unbekannte Wörter (Textanfang):
Huskies: Hunderasse der Polargebiete
Hudsonbai: Gebiet im Norden Kanadas

2. Bearbeitungsschritt:
Gliederung des Textes in Abschnitte.
Erste Zwischenüberschrift:
Mit Huskies über das Treibeis

3. Bearbeitungsschritt:
Schlüsselwörter (Textanfang):
Robbenjäger, Schlitten, Huskies

Hundeschlitten oder Ski-doo?

1 Avataq, ein erfahrener Robbenjäger, trennt mit der Axt ein
2 Stück hart gefrorenes Robbenfleisch ab und wirft es in den
3 Schlitten. Die zwölf Huskies, noch vor wenigen Augen-
4 blicken vom Schnee fast zugeweht, sind nicht zu bändigen. Stän-
5 dig zerren sie an den Leinen. Als der Inuit auf dem
6 Schlitten steht, laufen sie los. Der Leithund reagiert auf
7 Zuruf. Nach drei Stunden Fahrt über Schollen aus zusam-
8 mengeschobenem Treibeis der Hudsonbai kommt der erste
9 Halt. Nun beginnt die Robbenjagd. Die Hunde ruhen sich auf
10 dem Eis aus. Avataq hält nach den Robben Ausschau. Vor einem
11 Luftloch kauernd will der Jäger die Beute erlegen.
12 Zuvor aber hat er die Hunde mit einem Teil des mitgebrach-
13 ten Fleisches gefüttert. Jetzt beginnt die Zeit des Wartens.
14 Mit dem Wurfspeer in der Hand, an dem er ein langes Seil aus
15 Seelöwenhaut befestigt, hockt er auf dem Eis und harrt
16 regungslos aus. Für Silak, seinen Freund, ist diese Jagdme-
17 thode längst überholt. Er jagt statt Robben Karibus – und
18 zwar mit dem Ski-doo, einem Motorschlitten. Der braucht zwar
19 Benzin und ist auch manchmal defekt, dafür ist er
20 aber viel schneller als ein Hundeschlitten. Sein größter
21 Nachteil ist, dass der Motorlärm die Tiere vertreibt. Oft
22 gelingt es Silak nur nach langer Zeit und mit viel Geschick,
23 sich dem Karibu bis auf Schussweite zu nähern. Am heuti-
24 gen Tag verschießt er für zehn Dollar Munition, bevor er
25 ein Karibu erlegt hat. Die Beute wird in den angehängten
26 Schlitten hinter dem Ski-doo gelegt und nach Hause gefah-
27 ren. Für die nächste Zeit hat Silaks Familie genügend
28 Fleischvorrat. Den leeren Benzinkanister stellt Silak zu den
29 anderen neben sein Haus. Mit dem nächsten Versorgungs-
30 flug wird auch wieder Benzin geliefert.

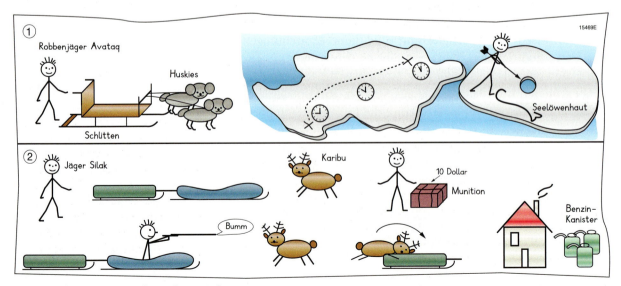

M1 *Spicker von Jannik und Daniel*

Leben in extremen Klimazonen

Gewusst wie

1. Bearbeitungsschritt: Lies den Text aufmerksam durch. Schlage in einem Lexikon unbekannte Wörter nach.

2. Bearbeitungsschritt: Gliedere den Text in sinnvolle Abschnitte. Schreibe für jeden Abschnitt eine Zwischenüberschrift auf.

3. Bearbeitungsschritt: Markiere die wichtigsten Schlüsselwörter.

4. Bearbeitungsschritt: Fertige einen Spicker an (Info, M1).

5. Bearbeitungsschritt: Trage den Inhalt des Textes mithilfe deines Spickers vor. Überprüfe, ob du alle wichtigen Inhalte mit eigenen Worten wiedergeben kannst. Überarbeite bei Bedarf deinen Spicker.

M2 *Fünf Schritte für die Textauswertung*

Aufgaben

1 a) Trage mithilfe des Spickers (M1) den Inhalt des Textes „Hundeschlitten oder Ski-doo?" einem Partner vor.
b) Prüft gemeinsam, ob der Spicker noch ergänzt oder verändert werden muss.

2 Bearbeite M3. Nutze die Schritte zur Textauswertung (M2).

Die Erforschung der Pole

1 Seit mehr als einhundert Jahren beschäftigen sich Forscher mit
2 den Regionen des ewigen Eises an den beiden Polen. Immer wie-
3 der versuchten sie sich Wege durch das Eis zu bahnen.
4 Einer dieser Forscher war der Amerikaner Robert E. Peary. Er
5 glaubte, der erste Mensch gewesen zu sein, der zusammen mit
6 einigen Inuit den Nordpol erreicht hatte. Ausgangspunkt für seine
7 Expedition zum Nordpol war die Siedlung Etah im Norden Grön-
8 lands. 1908 ging er mit 49 Inuit und 246 Huskies an Bord der
9 „Roosevelt". Das Schiff war so stabil gebaut, dass es auch im
10 Packeis von den Eismassen nicht zerdrückt wurde. Ende Febru-
11 ar erreichte Peary mit seiner Mannschaft Kap Columbia auf
12 der Ellesmere-Insel, den nördlichsten Punkt der Schiffsreise.
13 Die letzten 750 Kilometer im Eis der Arktis wurden mit weni-
14 gen Begleitern und vier Hundeschlitten bewältigt. Entlang der
15 Strecke legten die Inuit Vorratslager für den Rückweg an. Am 6.
16 April 1909 war das Ziel erreicht.
17 Zurück in Etah berichteten Inuit, dass der Amerikaner Frederik
18 A. Cook bereits ein Jahr vor Peary am Nordpol gewesen sein soll,
19 aber das ist nie bewiesen worden. Sicher ist es auch nicht, ob
20 Peary genau am Nordpol war oder nur in dessen Umgebung.
21 Um die Jahreswende 1911/12 wollten zwei Menschen als erste den
22 Südpol in der Antarktis erreichen: der Norweger Roald Amundsen
23 und der Brite Robert F. Scott. Während Amundsen für seine Expe-
24 dition Hundeschlitten wählte, vertraute Scott der Technik. Mit
25 eigens entwickelten Motorschlitten wollte er schneller sein. Seine
26 Fahrzeuge versagten jedoch in der Kälte. Die Schlitten mit Proviant
27 und Ausrüstung waren schwer. Die wenigen Island-Ponys, die er
28 mitnahm, musste er bald zurücklassen. Scott und seine Begleiter
29 zogen die Schlitten selbst. Sie erreichten den Südpol erst
30 34 Tage nach Amundsen. Auf dem Rückweg starben Scott und sei-
31 ne drei Begleiter an Entkräftung ohne Nahrungsmittel und Brenn-
32 material – nur 18 Kilometer vom rettenden Vorratslager entfernt.

M3 *Erforschung von Arktis und Antarktis*

Info

Spicker

Ein Spicker ist ein kleiner Zettel. Er enthält die Schlüsselwörter eines Textes sowie kleine Zeichnungen. Er soll dir helfen, einen Text zu verstehen und wiederzugeben. Die Bilder und Begriffe werden in Beziehung zueinander gesetzt. Ob das funktioniert, kannst du am besten feststellen, wenn du einen Vortrag hältst und dabei nur deinen Spicker benutzt.

Donnerstag, 18. Januar 1912: Lager 68, Höhe 2970 Meter. Das Furchtbare ist eingetreten. Ein natürliches Schneegebilde war das nicht, sondern eine schwarze, an einem Schlittenständer befestigte Fahne. In der Nähe ein verlassener Lagerplatz, Schlittengleise, Schneeschuhspuren, deutlich erkennbare Eindrücke von Hundespuren. Die Norweger sind uns zuvorgekommen. – Amundsen ist der erste am Pol!

M4 *Auszug aus Scotts Tagebuch*

127

In der Wüste

M1 *Lage der Sahara*

Aufgabe

1 Nomaden ziehen mit ihren Herden ständig umher. Begründe (Info).

Info

Nomaden am Südrand der Sahara

Die Sahara ist eine Wüste. Wüsten sind lebensfeindlich. Tagsüber gibt es hohe Temperaturen, nachts ist es kalt. Es fällt fast kein Niederschlag (siehe S. 119 M6). In den Gebieten am Südrand der Sahara fallen mehr Niederschläge als im Inneren der Wüste. Hier im Süden wachsen Gras und einzelne Sträucher. Für den Ackerbau reichen die Niederschläge jedoch nicht aus. Pflanzen wie Mais und Hirse würden vertrocknen. Die Menschen leben von der Viehzucht. Sie halten Rinder, Ziegen, Schafe oder Kamele. Die Tiere haben die wenigen Pflanzen eines Weideplatzes schnell abgefressen. Daher bleiben die Viehhirten nie lange an einem Ort. Sie sind als **Nomaden** mit ihren Herden ständig auf Wanderschaft. Aus Erfahrung wissen sie, wann es in bestimmten Gebieten regnet. Sie warten dann zunächst, bis die Pflanzen sich von der Trockenheit erholt und neue Samen gebildet haben. Dann dürfen die Tiere auf die Weide.

Wandern um zu überleben

Tatrit ist eine Tuareg-Nomadin, die am Südrand der Sahara lebt. Sie zieht mit ihrer Großfamilie und ihrer Herde von einem Wasserloch und Weideplatz zum nächsten. Heute sind sie in der Oase Fares am Rand der Wüste Ténéré angekommen. Die Gruppe besteht aus 34 Personen: zwölf Frauen, acht Männern und 14 Kindern. Zunächst bauen Tatrit und ihre Schwester Raïsha die Zelte auf. Anschließend zerstampft Raïsha Hirsekörner. Dann schüttet Tatrit die zerstampfte Hirse in den zerbeulten Eisentopf über dem Feuer. Sie fügt Ziegenmilch und Salz hinzu. Das ergibt einen Hirsebrei.

M2 *Ankunft am Lagerplatz*

Am nächsten Tag unterrichtet Tatrit ihren Sohn Ibrahim. Er kommt aus den nahen Dünen gerannt, in denen er und seine Freunde mit getrockneten Kamelkötteln Murmeln gespielt haben. Ibrahim hockt sich neben die Mutter auf den Boden und malt mit dem Finger dieselben Zeichen in den Sand wie sie. Er lernt die Schrift der Tuareg.

M3 *Unterricht*

M4 *Tatrit und Raïsha beim Aufbau des Zeltes*

M5 *Das Zelt ist fertig, der Hirsebrei kocht.*

Leben in extremen Klimazonen

„Die Herde!" Fast hätte Tatrit die 18 Ziegen vergessen. Sie treibt sie zum Brunnen und zieht das trübe Wasser aus der Tiefe – zehn schwere Liter pro Eimer, kaum genug um zwei Ziegen zu tränken. Wasser bedeutet Leben: „Aman", „iman" – nur ein Buchstabe unterscheidet die Wörter für Wasser und Leben.
Am Abend beginnt das Reiterfest. Tatrit legt ihren Schmuck an. Dann kommen die Reiter auf ihren Kamelen hinter den Dünen hervor. Es sind vermummte Gestalten, drohend, Furcht erregend. Sie galoppieren im Kreis und stoßen die Kriegsschreie der Tuareg aus. Sie zeigen, dass sie mutig sind und geschickt mit den Tieren umgehen können.

M6 *Arbeit und Feste*

Am nächsten Morgen kommt Tatrits Bruder Kebebe zu Besuch. Er arbeitet als Jeepfahrer und Reiseführer für ein Touristikunternehmen. Als die Firma vor Jahren einen ortskundigen Begleiter für eine Wüstentour suchte, hat er dort begonnen. Er lernte Französisch, die Landessprache, und machte den Führerschein. Heute führt er selbst Touristen durch die Sahara.

M7 *Besuch*

M11 *Auf Wanderschaft*

Aufgaben

2 a) Beschreibe den Tagesablauf von Tatrit und ihrer Familie. Berücksichtige die Stichwörter: Essen, Spielen, Unterricht, Bedeutung des Wassers, Tiere, Feste.
b) Vergleiche die Situation von Tatrit mit deinem Alltag. Nenne Gemeinsamkeiten und Unterschiede.

3 ↗ Das Leben ändert sich auch für die Tuareg. Erläutere (M7, M9).

M8 *Beim Reiterfest*

M9 *Kebebe mit seinem Jeep*

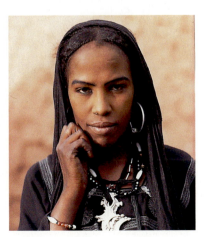

M10 *Festlicher Schmuck*

Merke
Die Tuareg sind ein Volk, das am Südrand der Sahara hauptsächlich von der Viehzucht lebt. Als Nomaden ziehen sie mit ihren Herden von Weideplatz zu Weldeplatz.

Grundbegriff
• die Nomadin/der Nomade

Im tropischen Regenwald

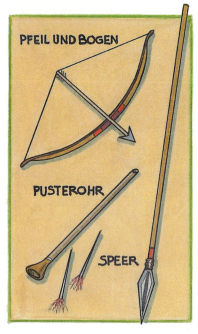

M1 *Jagdwerkzeuge der Naturvölker im Regenwald*

M2 *Wohnhütte der Pygmäen*

Naturvölker im tropischen Regenwald

Naturvölker wie die Pygmäen im **tropischen Regenwald** von Afrika haben sich den Gesetzen des Waldes angepasst. Wie vor Jahrtausenden leben sie im tropischen Regenwald. Etwa 20 Familien gehören jeweils zu einer Gruppe. Die Männer gehen auf die Jagd. Ihre Beute, zum Beispiel Affen, Vögel und auch Elefanten, teilen sie gleichmäßig unter allen Jägern auf. Die Frauen sammeln essbare Pflanzen und kleine Tiere. Die Hütten der Pygmäen sind aus Laub gebaut. Wird ein Jagdgebiet aufgegeben, zieht die Gruppe weiter und baut woanders neue Hütten.

Doch die traditionelle Lebensweise dieses Naturvolks ist bedroht. Durch die **Erschließung** des tropischen Regenwalds mit Straßen, Siedlungen und Ackerland werden die Jagdgebiete immer kleiner. Viele Pygmäen arbeiten heute als Feldarbeiter oder Lastenträger.

Info 1

Tropischer Regenwald
Der tropische Regenwald ist ein immergrüner Wald in der heißen Zone.

Info 2

Die Pygmäen
Jäger und Sammler
Hütten aus Zweigen und Blättern

Nahrung: Waldfrüchte
  Wurzeln
  Blätter
  Schnecken
  Insekten
  Fleisch (Jagdbeute)

Jagdgeräte: Speere
  Messer
  Giftpfeile

Info 3

Naturvölker
Naturvölker sind Gruppen von Menschen, die ihren Alltag in traditioneller Weise gestalten. Sie leben im Einklang mit der Natur – kennen zum Beispiel keinen Fernsehapparat, keinen Computer und kein Handy. Dennoch sind sie zufrieden mit ihrem Leben.

Aufgaben

1 a) Beschreibe die Hütten der Pygmäen und der Bantus (M2 und M3).
b) Begründe die unterschiedliche Bauweise.

2 Lege eine Tabelle an, in der du die Tätigkeiten der Pygmäen und der Bantus aufführst. Unterscheide außerdem Frauen- und Männertätigkeiten.

3 Informiere dich über andere Naturvölker im tropischen Regenwald (z. B. in Südamerika) und schreibe über sie Stichwörter auf (Internet).

Leben in extremen Klimazonen

M3 *Bantusiedlung*

M4 *Tropische Knollenfrüchte*

Auch die Bantus sind ein Naturvolk, das im tropischen Regenwald lebt. Im Gegensatz zu den Pygmäen betreiben die Bantus Ackerbau. Sie roden und brennen Flächen im Urwald ab und legen darauf **Pflanzungen** an. Diese Arbeit erledigen die Männer. Die Frauen bearbeiten dann die Felder mit Grabstöcken und Hacken. Sie pflanzen zum Beispiel Bananen, Mais und Knollenfrüchte.

Diese Landwirtschaft ist den Naturbedingungen des Regenwalds angepasst. Es müssen allerdings Anbauzeiten mit langen Brachezeiten abwechseln.

Die Bantus richten sich kleine Dörfer ein. Ihre Hütten bestehen aus Lehm und Stroh und haben spitze Dächer, damit der Regen gut ablaufen kann. Wenn der Boden durch den Anbau ausgelaugt ist, suchen sie sich ein neues Waldstück und bauen dort ein neues Dorf.

Auch das Leben der Bantus verändert sich. Viele wandern in die Städte ab oder arbeiten in den Bergwerken.

Aufgabe

4 Vergleiche das Leben der Naturvölker im tropischen Regenwald mit dem Leben der Inuit in der kalten Zone und den Nomaden in der Wüste.

Info 4

Knollenfrüchte
In den Tropen bauen Naturvölker wie die Bantus andere Knollenfrüchte als wir in unseren Breiten an (auch Kartoffeln sind Knollenfrüchte). Die Knollen werden gekocht oder gebraten. Ihr Mehl wird zu Brei, Brot oder Fladen verarbeitet.

Info 5

Die Bantus
Ackerbauern
Hütten aus Lehm und Stroh

Nahrung: Anbaufrüchte wie
Bananen
Mais
Knollenfrüchte
(Maniok, Yams und Batate)

Ackergeräte: Grabstock
Hacke
Haumesser

Merke
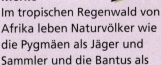
Im tropischen Regenwald von Afrika leben Naturvölker wie die Pygmäen als Jäger und Sammler und die Bantus als Ackerbauern.

Grundbegriffe
- das Naturvolk
- der tropischer Regenwald
- die Erschließung
- die Pflanzung

Alles klar?

Leben in extremen Klimazonen

Fachkompetenz

1. In Gebieten mit extremem Klima

Es gibt auf der Erde kalte und heiße Gebiete. Die Menschen haben sich ihrem jeweiligen Lebensraum angepasst. Doch überall gibt es auch Veränderungen.
Gestalte in deinem Heft oder deiner Mappe zu jedem der hier abgebildeten Räume eine Seite, auf der du zu den angegebenen Aspekten einen Bericht schreibst oder eine Erklärung gibst.

a) In der kalten Zone

- Menschen in den Polargebieten
- ihre Lebensweise
- Veränderungen

- Kennzeichen des Klimas
- Kennzeichen der Vegetation

b) In der Wüste

- Menschen in der Wüste
- ihre Lebensweise
- Veränderungen

- Kennzeichen des Klimas
- Kennzeichen der Vegetation

c) Im tropischen Regenwald

- Menschen im tropischen Regenwald
- ihre Lebensweise
- Veränderungen

- Kennzeichen des Klimas
- Kennzeichen der Vegetation

Alles klar?

Orientierungskompetenz

2. Grundbegriffe

Hier sind die wichtigsten Begriffe dieses Kapitels noch einmal zusammengestellt. Wähle fünf Begriffe aus, erkläre sie und ergänze sie mit einfachen Zeichnungen.

- Klimazone
- kalte Zone (Polarzone)
- gemäßigte Zone
- heiße Zone (tropische Zone)
- Vegetationszone
- Arktis
- Antarktis
- Polarnacht
- Polartag
- Inuit
- Selbstversorger
- Nomadin/Nomade
- Naturvolk
- tropischer Regenwald
- Erschließung
- Pflanzung

Methodenkompetenz

3. Leben in der Polarzone

a) Das Leben der Inuit in der kalten Zone hat sich verändert. Beschreibe die beiden Fotos und erkläre.

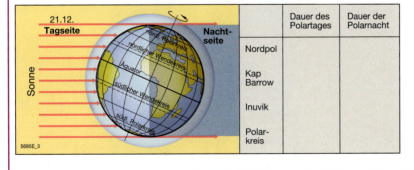

b) Die Abbildung zeigt die Beleuchtung der Erde durch die Sonne am 21.12. An welchem Pol herrscht Polartag?

c) Übertrage die Tabelle in deine Mappe oder dein Heft und fülle sie aus.

	Dauer des Polartages	Dauer der Polarnacht
Nordpol		
Kap Barrow		
Inuvik		
Polarkreis		

Beurteilungs- und Handlungskompetenz

4. Was ist wichtig für dich?

a) Tatrit und Kebebe (Seiten 128/129) leben sehr unterschiedlich. Beurteile ihre Lebensweise und schreibe einen Text.

b) Informiere eine Person deiner Wahl über das Leben der Naturvölker im tropischen Regenwald. Fertige dazu eine Stichwortliste an.

Auf den Spuren der Menschen

Vormenschen – schon vor fünf Millionen Jahren	136
Jäger und Sammler der Altsteinzeit	138
Lebensverhältnisse in der Jungsteinzeit	142
Neue Techniken erleichtern das Leben	146
Eine Erkundung im Museum	148
Aus der Arbeit der Steinzeitforscher	150
Werkstoffe Bronze und Eisen	152
Informationen gewinnen	154
Alles klar?	156

Am Ende des Kapitels kannst du:
- den Unterschied zwischen der Vorgeschichte und Geschichte erläutern,
- beschreiben, wie die Menschen der Altsteinzeit lebten und wirtschafteten,
- über die Veränderungen der Lebensweise durch den mehrfachen Klimawandel in der Altsteinzeit berichten,
- beschreiben, wie die Menschen in der Jungsteinzeit lebten und wirtschafteten,
- über die Ausbreitung des Ackerbaus berichten,
- ein Museum erkunden,
- erklären, wie Steinzeitforscher arbeiten,
- begründen, warum sich die Menschen in der Metallzeit beruflich spezialisierten,
- ein Referat über ein ausgewähltes Buch halten.

M1 *Neandertaler vor ihrer Wohnhöhle (Nachbildung). Diese „Altmenschen" führten ein hartes und gefährliches Leben. Sie mussten sich gegen Löwen, Bären und Wölfe verteidigen.*

Vormenschen – schon vor fünf Millionen Jahren

M2 *Schlafnest in einem Baum vor etwa vier Millionen Jahren*

Wann beginnt die Geschichte?

Geschichtsforscher bezeichnen die Zeit bis zur Überlieferung von schriftlichen Aufzeichnungen als **Vorgeschichte**. Die Zeit nach der Erfindung der Schrift ist die **Geschichte**.

In Ägypten wurde die Schrift um 3000 vor Christus erfunden (siehe Seite 218). Bei uns kam sie erst weit nach Christi Geburt auf. Dieses Kapitel berichtet über die Vorgeschichte.

M1 *Der Lake Point Tower in Chicago (USA) ist 197 Meter hoch. In diesem Wohnhochhaus sind etwa 900 Wohnungen untergebracht. Außerdem gibt es zahlreiche Geschäfte, mehrere Restaurants, Tennisplatz und Swimmingpool.*

> *Einst haben die Kerls auf den Bäumen gehockt,*
> *behaart und mit böser Visage.*
> *Dann hat man sie aus dem Urwald gelockt*
> *und die Welt asphaltiert und aufgestockt*
> *bis zur dreißigsten Etage.*
>
> *Da saßen sie nun, den Flöhen entflohn*
> *in zentralgeheizten Räumen.*
> *Da sitzen sie nun am Telefon.*
> *Und es herrscht noch genau derselbe Ton*
> *wie seinerzeit auf den Bäumen. (...)*
>
> *So haben sie mit dem Kopf und dem Mund*
> *den Fortschritt der Menschheit geschaffen.*
> *Doch davon mal abgesehen und*
> *bei Licht betrachtet sind sie im Grund*
> *noch immer die alten Affen.*

M3 *Gedicht von Erich Kästner*

Auf den Spuren der Menschen

M4 *So stellt man sich heute das Leben der Vormenschen vor.*

Aufgaben

1 „Wie der erste Mensch!" Erläutere, was dir zu diesem Ausspruch einfällt?

2 Lies M3. Erläutere die Aussage: „Sie sind im Grund noch immer die alten Affen".

3 Die Behausung schützt den Menschen. Betrachte M1 und M2. Nenne Gemeinsamkeiten und Unterschiede.

> **Merke**
> Die Zeit bis zur Erfindung der Schrift heißt Vorgeschichte. Danach beginnt die Geschichte. Die Menschen entwickelten sich aus den Vormenschen.
>
> **Grundbegriffe**
> • die Vorgeschichte
> • die Geschichte

Operiert wurde schon vor 7000 Jahren
Der älteste Nachweis einer erfolgreichen Schädeloperation in Europa

Der Medizinmann schneidet mit einer messerscharfen Klinge aus Feuerstein ein Loch von 6 cm Durchmesser in den Schädel eines Kranken. Die Klinge ist frischgeschlagen und dadurch keimfrei. Sie muss den harten Knochen durchdringen, ohne die darunter liegenden Hirnhäute zu beschädigen. Nach der Operation deckt der Medizinmann das Loch mit einem Wundverband aus Malven und Sonnenhut ab.
Ob diese Operation vor rund 7000 Jahren den unerträglichen Schmerz linderte oder einen bösen Geist entweichen ließ, wissen wir nicht. Der operierte Schädel wurde jetzt bei Ausgrabungen in Frankreich bei Colmar gefunden. Der Mann hat nach der Operation noch viele Jahre gelebt. Die Wissenschaftlerinnen und Wissenschaftler erkennen das an neu gebildeten Knochen.
(Nach Badische Zeitung)

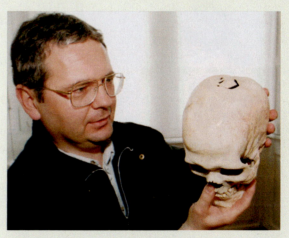

Der Fund des Schädels zeigt, dass die Menschen um 5000 vor Christus bereits ein reiches Erfahrungswissen in der Medizin hatten.

M5 *Zeitungsartikel*

Jäger und Sammler in der Altsteinzeit

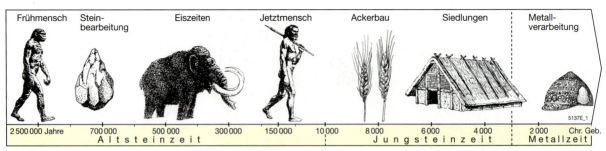

M1 *Zeitleiste*

Info 1

Zeitleiste
Eine **Zeitleiste** zeigt von links nach rechts ausgewählte Ereignisse einer bestimmten Zeitspanne. Die Ereignisse sind in der Reihenfolge eingetragen, in der sie sich damals abgespielt haben.

Spuren der Vergangenheit

Die Menschen der Vorgeschichte (siehe Seite 136) haben keine schriftlichen Aufzeichnungen hinterlassen. Trotzdem wissen wir viel über ihr Leben. Dieses Wissen verdanken wir **Höhlenmalereien** und Fundsachen, die tief im Boden erhalten blieben. Noch heute findet man bei Grabungen bisher verborgene Spuren dieser Menschen: Knochen, Waffen, Werkzeuge, Schmuck und Tierfiguren.

Ein Abschnitt der Vorgeschichte heißt **Steinzeit**, weil bei Grabungen hauptsächlich Steingeräte gefunden wurden. Der erste Abschnitt der Steinzeit ist die **Altsteinzeit**.

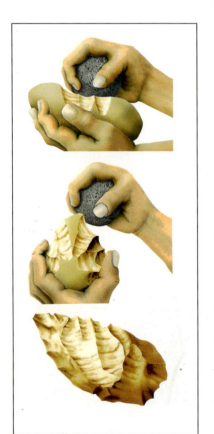

M2 *Herstellung eines Faustkeils*

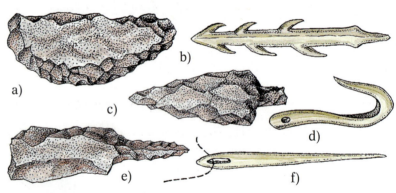

M3 *Waffen und Geräte der Altsteinzeit*

Erste Waffen und Geräte

Die Frühmenschen nutzten Äste und Steine gezielt für bestimmte Zwecke. Das Allzweckgerät war der **Faustkeil**. Er bestand aus behauenem Feuerstein und hatte scharfe Kanten. Er sah aus wie eine Mandel und war etwa acht bis zehn Zentimeter groß. Man konnte damit schneiden, schaben, hacken, stechen, klopfen, … , aber auch einen Gegner im Kampf verletzen oder sogar töten.

Mit der Zeit entwickelten die Menschen weitere Geräte und Waffen aus Steinen, Holz, Knochen und Geweihen: Speere, Harpunen, Schaber, Kratzer, Nähnadeln usw. Die Menschen der Altsteinzeit waren ausgezeichnete Handwerkerinnen und Handwerker.

Auf den Spuren der Menschen

M4 *So stellen Forscher sich das Entstehen einer Höhlenmalerei vor. Der Junge hält einen Ast bereit, den er vorher in ein Feuer gehalten hat. Der Mann arbeitet an einem Tierbild.*

Aufgaben

1 Stelle dar, wodurch wir wissen, wie die frühen Menschen lebten.

2 Beschreibe die Herstellung eines Faustkeils (M2).

3 Ordne den Buchstaben a) bis f) in M3 folgende Geräte zu: Faustkeil aus Stein, Pfeilspitze aus Stein, Stichel aus Stein, Harpune aus Knochen, Nähnadel aus Knochen, Haken aus Knochen.

4 Arbeite wie ein Höhlenmaler: Zeichne ein Tier deiner Wahl.

5 a) Der Faustkeil gilt als erstes technisches Gerät der Menschheit. Begründe.
b) Erläutere, welche technischen Geräte ihn heute ersetzt haben?

Die Nutzung des Feuers

Die Menschen kannten das Feuer wegen der Brände, die durch Blitzeinschläge entstanden. Mit der Zeit lernten sie, dieses Feuer zu nutzen: Sie wärmten sich daran; sie erleuchteten damit die Nacht und dunkle Höhlen; sie kochten darauf und verscheuchten mit dem Feuer wilde Tiere.

Anfangs hüteten die Menschen das Feuer sorgsam. Es durfte nicht ausgehen. Sie nahmen die Glut auf ihre Wanderungen mit. Dazu benutzten sie Beutel aus Fellen, die mit Lehm ausgekleidet waren.

Später lernten sie, ein Feuer selbst anzuzünden. Sie schlugen zwei Feuersteine oder rieben zwei Holzstöcke aneinander. So konnten sie kleine, sehr trockene Zweige und Blätter in Brand setzen.

Info 2

Höhlenmalerei

Wichtige Zeugnisse der Steinzeit sind Höhlenmalereien. Sie bestehen aus kunstvoll gemalten Tieren und Menschen auf der Jagd. Wozu die Malereien dienten, darüber haben die Forscher verschiedene Ansichten. Manche meinen, die Menschen malten ihr Alltagsleben, wie zum Beispiel den Erfolg bei der Jagd. Andere sind der Ansicht, dass die Bilder als Hintergrund für magische Tänze und religiöse Bräuche dienten.

Merke
Den ersten Abschnitt der Steinzeit nennt man Altsteinzeit. Der Name Steinzeit kommt daher, dass aus dieser Zeit Geräte aus Stein gefunden wurden.

Grundbegriffe
- die Zeitleiste
- die Höhlenmalerei
- die Steinzeit
- die Altsteinzeit
- der Faustkeil

Jäger und Sammler in der Altsteinzeit

Wie lebten die Menschen in der Altsteinzeit?

Die Menschen der Altsteinzeit lebten in Gruppen von 20 bis 50 Personen zusammen. Solche Gruppen nennt man heute Horden. Sie waren als **Jäger und Sammler** ständig auf Nahrungssuche. Dabei folgten sie Tierherden auf ihren langen Wanderzügen. Mit Lanzen, Holzspeeren und Wurfhölzern jagten sie große Tiere; auch Tierfallen und Treibjagden waren bekannt. Eine wichtige Rolle in der Ernährung spielten die Pflanzen. Wenn die Männer zum Beispiel ein Rentier erlegt hatten, rastete die Horde eine kurze Zeit, um sich zu erholen. Dann sammelten die Frauen und Kinder weitere Nahrungsmittel wie essbare Wurzeln, Pilze, Haselnüsse, Kräuter, Beeren, Früchte, Eier, Insekten. Das Rentier war nicht nur zur Nahrungsbeschaffung wichtig, sondern es diente den Menschen zur Anfertigung vieler anderer Gegenstände.

Die Menschen mussten jeden Tag Nahrung und Trinkwasser finden. Sie kannten keine Vorratshaltung. Sie wussten nicht, wie man Lebensmittel über einen längeren Zeitraum haltbar macht. Fleisch zum Beispiel verdirbt innerhalb weniger Tage, wenn es nicht luftgetrocknet, in Salz eingelegt oder gekühlt wird.

M1 *Verwendung eines Rentieres*

M2 *So stellen sich Forscher das Leben in der Altsteinzeit vor.*

Auf den Spuren der Menschen

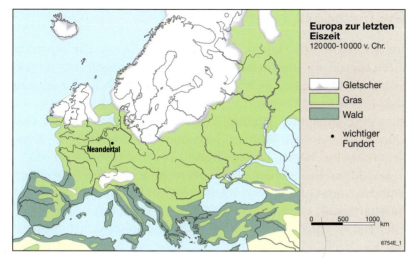

M3 *Europa während der letzten Eiszeit*

Leben mit dem Eis

Das Klima in Europa änderte sich mehrmals. Zwischen 600 000 vor Christus und heute gab es mehrfach einen Klimawandel. Mehrmals wechselten **Eiszeiten** und **Warmzeiten**. Während der Eiszeiten lag eine bis zu 4000 Meter dicke Eisdecke über Teilen Europas. Im Sommer betrug die Durchschnittstemperatur +5 °C, im Winter fielen die Temperaturen bis auf −40 °C.

Viele Tiere wanderten ab oder starben aus. Dagegen konnten die Menschen überleben. Sie passten ihre Lebensweise und ihre Kleidung der Wärme oder Kälte an.

Quelle

In der Eiszeit

Die Männer waren auch in der Eiszeit Jäger und die Frauen Sammlerinnen. Da es aber kaum noch Pflanzen zum Sammeln gab, wurde Fleisch ein besonders wichtiges Nahrungsmittel. Sogar die Knochen wurden aufgeschlagen, um an das Mark und damit an energiereiche Nährstoffe zu gelangen.

(Ausstellungskatalog: Vier Millionen Jahre Mensch. Köln 1999)

Aufgaben

1 Betrachte M2.
a) Liste auf, was die Menschen tun? Unterscheide Frauen, Männer und Kinder.
b) Finde einen Überbegriff für all diese Tätigkeiten.
c) Lege eine Liste mit den Pflanzen und Tieren an.

2 Schreibe einen Text über die Nahrungsversorgung in der Altsteinzeit.

3 Zwischen 600 000 v. Chr. und heute änderte sich das Klima mehrmals. Erläutere (M4).

4 Bestimme die Staaten Europas die in der letzten Eiszeit mit Eis bedeckt waren und welche eisfrei waren (M3; Atlas, Karte: Europa – Staaten).

Merke
Die Menschen der Altsteinzeit lebten als Sammler und Jäger. Eiszeiten und Warmzeiten prägten das Klima.

Grundbegriffe
- die Jäger und Sammler
- der Klimawandel
- die Eiszeit
- die Warmzeit

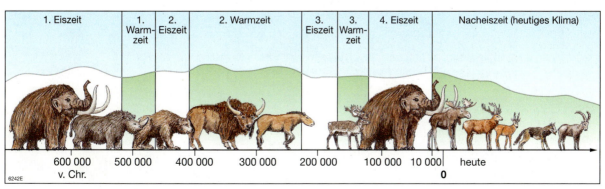

M4 *Eis- und Warmzeiten von 600 000 vor Christus bis heute*

141

Lebensverhältnisse in der Jungsteinzeit

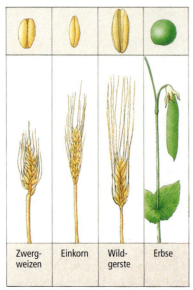

M1 *Nutzpflanzen in der Jungsteinzeit*

Die Menschen werden sesshaft

Vor ungefähr 10 000 Jahren endete die letzte Eiszeit. Die Temperaturen stiegen an. Die Gletscher schmolzen und zogen sich zurück. Die Lebensbedingungen änderten sich. Dichte Wälder breiteten sich aus. Manche Tiere vertrugen das Klima nicht. Es wurde ihnen zu warm. Mammut, Wollnashorn und Höhlenbär starben aus. Dafür gab es in den Wäldern jetzt andere Tiere: Hirsche, Rehe, Wildschweine, Hasen, Luchse. Diese Tiere sind besonders flink.

Die Menschen stellten ihre Lebensweise um. Sie gaben ihre Wanderungen auf und bauten feste Häuser. Es war der Beginn der **Sesshaftigkeit**. Gern siedelten sie an Seen, Bächen und Flüssen. Hier gab es Trinkwasser und wenig Wald. Die Menschen mussten nur wenige Bäume fällen, um ihre Häuser zu bauen. Der Boden war weich. Die Pfosten für das Grundgerüst der Häuser ließen sich leicht in den Boden einrammen.

Quelle 1

Neues Klima, neue Möglichkeiten

Es herrschten nun völlig andere Lebensbedingungen. Es entstand ein dichter, großer Wald. Das Klima wurde milder und die Landschaften immer fruchtbarer. In den Wäldern gab es jetzt Rehe, Rothirsche, Wildschweine und in den Seen und Flüssen lebten nun viele Fische.

M2 *So stellen sich Forscher das Leben in einem Dorf der Jungsteinzeit vor.*

Auf den Spuren der Menschen

Aus Jägern werden Bauern

Ein Grund für das Sesshaftwerden der Menschen war der Beginn der Vorratshaltung in der **Jungsteinzeit**. Die Sommer waren wärmer und es regnete mehr. Die Menschen sammelten mehr Getreidekörner, als sie zum Leben brauchten. Sie lagerten die überzähligen Körner in Erdgruben und hatten Wintervorräte.

Zwischen 8000 und 7000 vor Christus beobachteten die Menschen, dass weggeschüttete Körner keimten und neues Getreide wuchs. Sie legten Äcker an und säten die Körner aus. Dies war der Beginn des Getreideanbaus. Bald lernten die Menschen, wie sie die Ernte verbessern konnten: Sie bearbeiteten den Boden vor der Aussaat und schützten die Äcker vor Wildtieren. Für die Aussaat wählten sie besonders große Körner aus. So wurden aus Wildpflanzen allmählich unsere heutigen Getreidesorten.

Die Männer gingen weiterhin auf die Jagd, denn Fleisch war ein wichtiger Teil der Nahrung. Die Jäger kamen auf die Idee, die Tiere nicht sofort zu töten, sondern sie zu fangen. Sie setzten sie in Gehege, gaben ihnen zu fressen und schlachteten sie nach und nach. Die Menschen begannen, Hunde zu halten.

Aufgaben

1 Erst als das Klima wärmer geworden war, konnten die Menschen sesshaft werden. Erläutere.

2 a) Beschreibe in M2 die Tätigkeiten der Menschen, das Aussehen der Häuser und Felder.
b) Schreibe die Namen der Gegenstände und Werkzeuge auf und nenne ihre Verwendung.
c) Liste auf, welche Haustiere du entdeckst.

3 Sehr große Veränderungen in der Lebensweise der Menschen werden auch Revolution genannt. Beurteile, ob man die Veränderungen in der Jungsteinzeit als erste Revolution der Menschheit bezeichnen kann. Begründe.

Quelle 2

Das erste Getreidefeld
Vielleicht geschah es so: Jemand warf eines Tages die letzten Körner des Wintervorrates fort und legte damit das erste Getreidefeld der Menschheit an. Die aufkeimenden Pflanzen wurden gegossen und geerntet.

(Quellen 1 – 3 nach P. Theisen, T. Thiemeyer: Das große Steinzeitbuch. Ravensburg 1995, S. 43)

Quelle 3

Wildtiere werden gezähmt
Wenn man Pflanzen züchten kann, muss man das auch mit Tieren machen können. Wildschweine, Auerochsen, Bergziegen und Wildschafe waren schon eingefangen worden, um sie im Winter zu essen. Nun achtete man darauf, dass sich die Tiere in Gefangenschaft vermehrten. So wurden aus Wildtieren Haustiere.

Merke
Um 8000 vor Christus verbesserten sich die Lebensbedingungen der Menschen. Aus Jägern und Sammlern wurden sesshafte Bauern. Es war der Beginn der Jungsteinzeit.

Grundbegriffe
- die Sesshaftigkeit
- die Jungsteinzeit

Lebensverhältnisse in der Jungsteinzeit

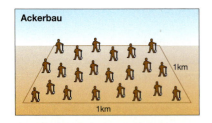
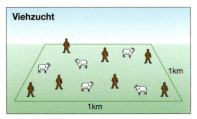
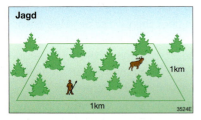

M1 *Im 8. Jahrtausend v. Chr. konnten auf einem Quadratkilometer so viele Menschen ernährt werden.*

Die neue Lebensweise breitet sich aus

Die ersten sesshaften Bauern der Jungsteinzeit siedelten im sogenannten **Fruchtbaren Halbmond**. Sie bauten ihre Häuser nebeneinander. Die ersten Dörfer entstanden. Man konnte gemeinsam säen, ernten, das Vieh hüten und auf die Jagd gehen. Bei Angriffen von Feinden und wilden Tieren halfen die Menschen sich gegenseitig. Kranke und Alte konnten besser gepflegt und versorgt werden. Die Bevölkerung nahm zu. Bald reichte das Ackerland nicht mehr aus, um alle Menschen zu ernähren.

Çatal Hüyük ist eine Siedlung der Jungsteinzeit in der heutigen Türkei. Sie liegt am Rand des Fruchtbaren Halbmonds. Innerhalb von 800 Jahren wuchs die Bevölkerung von einer sehr kleinen Zahl auf über 7 000 Menschen. Ein Teil von ihnen musste auswandern. Die Menschen nahmen Saatgut, Haustiere und Vorräte und zogen nach Nordwesten. Wo sie fruchtbares Land fanden, gründeten sie neue Siedlungen. Sie rodeten den Wald, bauten Häuser und legten Felder an. Ihre Kenntnisse über Ackerbau und Viehzucht gaben sie an die dort lebenden Menschen weiter. Um das Jahr 5000 v. Chr. ließen sich die ersten Ackerbauern auch in unserem Raum nieder.

Info

Fruchtbarer Halbmond
Fruchtbarer Halbmond ist die Bezeichnung für ein vom Klima begünstigtes Gebiet in Westasien. Es erstreckt sich über etwa 1700 Kilometer wie ein Halbmond vom Mittelmeer bis zum Persischen Golf. Funde aus der Steinzeit lassen darauf schließen, dass in dieser Region vor rund 10 000 Jahren der Ackerbau und die Haustierzucht entwickelt wurden.

Aufgaben

1 Viele Menschen mussten in der Jungsteinzeit ihre Heimat verlassen. Erkläre.

2 Bestimme mithilfe von M2,
a) wann in Çatal Hüyük Ackerbau betrieben wurde;
b) wann der Ackerbau das heutige Griechenland erreichte;
c) wann der Ackerbau das heutige Saarland erreichte.

3 Erkläre, was man unter dem Fruchtbaren Halbmond versteht.

4 Beschreibe die Anlage des Dorfes in der Jungsteinzeit in M3 und M4.

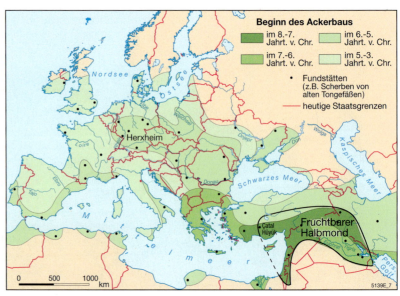

M2 *Die Ausbreitung des Ackerbaus*

Auf den Spuren der Menschen

M3 *Zeichnung eines Dorfes der Jungsteinzeit im Museum Herxheim*

In Herxheim bei Landau stand um 5000 v. Chr. ein Dorf (siehe M3). Die Hügel im Hintergrund gehören zum Pfälzer Wald. Das Dorf bestand aus wenigen Häusern. Ein Haus war 35 Meter lang und fünf bis sieben Meter breit. Für den Bau wurden zunächst Pfosten in den Boden gerammt. Die Wände wurden aus Weidenruten geflochten. Das Flechtwerk wurde zum Schluss mit einem Brei aus Lehm zugeschmiert. Das Dach bestand aus Reisig oder Stroh. Die Häuser standen in größeren Abständen voneinander. Dazwischen lagen die Felder. Sie waren meistens von einem Zaun umgeben.

M4 *Herxheim bei Landau – ein Dorf der Jungsteinzeit*

Merke
Die ersten sesshaften Bauern siedelten vor rund 10 000 Jahren im Gebiet des Fruchtbaren Halbmonds. Um 5000 vor Christus erreichten sie das heutige Deutschland.

Grundbegriff
- der Fruchtbare Halbmond

M5 *Schülerin vor dem Modell eines jungsteinzeitlichen Hauses*

Neue Techniken erleichtern das Leben

Erfindungen für den Alltag

Die Menschen in der Jungsteinzeit bauten außer Getreide weitere Nutzpflanzen an: Erbsen und Linsen, Beeren, einige Obstsorten wie Äpfel und Birnen sowie Gewürz- und Heilpflanzen. Sie lernten, das Getreide auf einem Mahlstein zu Mehl zu verreiben. Aus dem Mehl backten sie Fladenbrote oder kochten Brei, Mehlsuppe und Grütze. Aus den Samen von Lein und Mohn pressten sie Öl. Forscherinnen und Forscher nehmen an, dass die Menschen auch schon Bier brauen konnten.

Im Lauf der Zeit entwickelten die Menschen der Jungsteinzeit neue Materialien, Werkzeuge und Waffen. So lernten sie, aus der Flachspflanze Fasern zu gewinnen. Die Fasern haben sie dann zu Fäden versponnen.

Wir töpfern ein Gefäß aus Ton

1. Besorge dir einen Klumpen Ton.
2. Forme daraus Kugeln. Sie sollen etwa so groß sein wie Tischtennisbälle.
3. Rolle eine Kugel vorsichtig mit einem Nudelholz zu einer runden Scheibe aus. Sie soll etwa einen Zentimeter dick sein. Die Scheibe ist der Boden deines Gefäßes.
4. Forme nun aus den anderen Kugeln etwa ein Zentimeter dicke Wülste.
5. Lege die Wülste ringförmig übereinander auf die Bodenscheibe.
Achte darauf, dass das Gefäß zunächst nach oben weiter wird.

6. Verstreiche die Wülste außen und innen, sodass eine glatte Fläche entsteht.
7. Brenne dein Gefäß in einem Ofen für Gegenstände aus Ton.

M1 *Töpfern wie in der Jungsteinzeit*

M2 *Keramikgefäß aus der Jungsteinzeit*

M3 *Webstuhl (Nachbau)*

Aufgaben

1 Stelle dar, welche Vorteile Gefäße aus Ton gegenüber Kürbissen und Tierhäuten haben.

2 Erfindungen in der Jungsteinzeit haben das Leben der Menschen erleichtert. Erläutere.

Die Menschen hatten es schwer, wenn sie Wasser vom Fluss holen oder Milch aufbewahren wollten. Welche Gefäße sollten sie nehmen? Worin konnten sie Brei kochen oder Vorräte aufbewahren? Zuerst benutzten sie das, was sie in der Natur fanden: Sie höhlten Kürbisse aus und fertigten Beutel und Schläuche aus Tierhäuten und Tierdärmen an. Doch auf das Feuer konnte man diese Gefäße nicht stellen. Mit der Zeit fanden die Menschen heraus, dass Ton und Lehm im Feuer hart werden. Sie formten nun mit den Händen Gefäße aus Ton und brannten sie. In jedem Haus wurden bald Töpferwaren hergestellt und benutzt. Es entstanden verschiedene Formen und Muster wie Bandverzierungen, Wellenmuster und Spiralmuster.

M4 *Gefäße*

Auf den Spuren der Menschen

Die Menschen lernten das Spinnen und Weben. Zum Verspinnen von Schafwolle und Flachs benutzten sie Spindeln, zum Weben von Stoffen bauten sie Webstühle. Damit verloren Tierfelle als Kleidung vor allem im Sommer an Bedeutung, denn die Stoffe waren nicht so schwer und trotzdem haltbar.

M5 *Spinnen und Weben*

Für den Ackerbau entwickelten die Menschen der Jungsteinzeit neue Werkzeuge und Geräte. Zuerst bearbeiteten sie ihre Felder mit Grabstöcken, Spaten und Hacken. Später erfanden sie den Hakenpflug aus Holz. Er wurde von einem Ochsen gezogen und erleichterte die Feldarbeit erheblich. Zum Schneiden des Getreides benutzte man eine Sichel aus Feuerstein.

M6 *Geräte für die Landwirtschaft*

M9 *Hakenpflug*

Aufgaben

3 Töpfere ein Tongefäß nach der Anleitung in M1.

4 Erkläre, wozu wohl die Gewichte am Webstuhl (M3) dienten.

5 Erläutere, welche Aufgaben der Mann hat, der hinter dem Pflug geht (M9).

6 Notiere, wie die Menschen in der Altsteinzeit (Seite 140, M2) und in der Jungsteinzeit lebten. Lege eine Liste an:

Bereich	Altsteinzeit	Jungsteinzeit
Werkzeuge	Faustkeil	geschliffene Axt
Kleidung	?	?
Nahrung	?	?
Wohnen	?	?
Heizung	?	?
Vorräte	?	?

7 Vergleiche das heutige Leben mit dem Leben in der Jungsteinzeit.

M7 *Beil (zwei Teile) und Getreidemahlsteine*

Die Menschen entdeckten, wie sie ihre Waffen und Werkzeuge verbessern konnten: Sie bearbeiteten Gesteine, Knochen, Horn und Holz durch Schlagen, Sägen, Bohren und Polieren. Zur Herstellung eines Beiles schlug man zuerst eine Klinge aus hartem Gestein. Diese schliff man auf einem Schleifstein mit Wasser und Sand scharf. Dann streute man feuchten Sand auf die Klinge, setzte einen Röhrenknochen oder einen harten Holzstab darauf und drehte diesen so lange, bis die Klinge durchbohrt und ein kreisrundes Loch entstanden war. Zuletzt bestrich man einen Stiel aus Holz unten mit Pech und schob ihn in das Loch. Die Klinge war nun fester und sicherer mit dem Stiel verbunden. Bisher hatte man die Klinge mit Schnüren an dem Stiel befestigt.

M8 *Ein Beil entsteht.*

Merke
Die Menschen der Jungsteinzeit entwickelten neue Materialien, Werkzeuge und Waffen. Sie brannten Gefäße aus Ton, stellten Stoffe her und pflügten die Äcker mit dem Grabstock.

Gewusst wie

Eine Erkundung im Museum

Steinzeitlexikon

Paläolithikum	= Altsteinzeit
Neolithikum	= Jungsteinzeit
Experiment	= Probe, Versuch
Keramik	= gebrannte Tonwaren
konservieren	= erhalten, bewahren
Kult	= Gottesverehrung
original	= echt
Region	= Gebiet, Gegend
rekonstruieren	= nachbilden
Revolution	= Umsturz
Rötel	= roter Erdfarbstoff

M1

M3 *Werkzeuge aus der Steinzeit und heutige Werkzeuge im Vergleich*

Museumserkundung

In vielen **Museen** sind Funde aus der Steinzeit ausgestellt. Nimm dir Zeit, wenn du dir solche Funde ansiehst. Das Museum hilft dir, wenn du mehr über die Steinzeit und einzelne Funde wissen willst:

Tafeln mit Texten geben Hinweise über das Leben in dieser Zeit. Auch Zeichnungen, Fotos und Tonbilder informieren dich.

Bei den einzelnen Funden befinden sich Hinweise, die die Gegenstände benennen und einordnen. Das Museum benutzt dabei oft Fachausdrücke. Deren Bedeutung kannst du mithilfe eines Lexikons ermitteln. In vielen Museen erhältst du auch kleine Hefte, die dir deine „Spurensuche" erleichtern.

Ein 5 000 Jahre alter Dolch aus Feuerstein. Er konnte sich so gut erhalten, weil er luftdicht unter Gletschereis verborgen war. Deshalb hat nicht nur die Steinklinge überdauert, sondern sogar der Holzgriff mit Schnur.

M2 *Tafel in einem Museum*

Die sechs Fragen an ein Ausstellungsstück mit den Antworten		
1. **W**as?	Gegenstand	Dolch
2. **W**oraus?	Material	Feuerstein, Holz, Tiersehnen
3. **W**ie?	Verarbeitung	Stein als Klinge zugeschlagen, Holz als Griff grob geformt, Sehnen als Schnur
4. **W**ann?	Zeit	Ende der Jungsteinzeit
5. **W**o?	Fundort	Gletscher in den Ötztaler Alpen
6. **W**ozu?	Verwendung	stechen, schneiden, schnitzen

Auf den Spuren der Menschen

Gewusst wie

M4 *Landwirtschaftliche Geräte aus der Römerzeit*

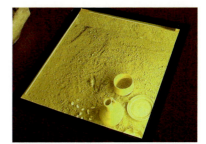

M6 *Römische Grabbeigaben*

Wir besuchen das Museum in Pachten

Heute findet der Unterricht im Museum statt. Gertrud Schmitt ist die Leiterin des Museums zur Vor- und Frühgeschichte in Pachten, einem Stadtteil von Dillingen. Sie erklärt den Schülerinnen und Schülern: „Euer Weg durch das Museum ist ein Weg durch fünf Jahrtausende unseres Kreises Saarlouis".

Nach einem kurzen Überblick erkunden die Kinder selbst in kleinen Gruppen das Museum mithilfe eines Fragebogens. Die ältesten Funde sind Werkzeuge aus der Steinzeit; dann gibt es Keramiken, Waffen und Schmuck aus Bronze und Eisen (Metallzeit, siehe Seite 152). In römischer Zeit (siehe S. 256–279) war der Vicus Contiomagus – so hieß Pachten früher – ein regionales Zentrum mit Wohnhäusern, Werkstätten, Tempelanlagen, einem Kulttheater, einem Kastell und dem größten Brandgräberfeld im südwestdeutschen Raum.

Die ausgestellten Funde geben Auskunft darüber, wie die Menschen früher gelebt haben: Es gibt unter anderem Geschirr, Spielzeug, Münzen, medizinische und kosmetische Instrumente.

In einem Dunkelraum werden frühere Grabsitten gezeigt: drei römische Brandgräber mit Ess- und Trinkgeschirren sowie persönlichen Dingen als Grabbeigaben; ferner eine fränkische Doppelbestattung mit den Skeletten eines Mannes und einer Frau.

Aufgaben

1 Suche mithilfe von M5 das nächstgelegene Museum und informiere dich über die Öffnungszeiten.

2 Erörtere, ob man Tote im Museum ausstellen soll. Schreibe einen kurzen Text.

Merke
In Museen werden Fundstücke ausgestellt, die Auskunft über die Lebensweise unserer Vorfahren in verschiedenen Zeitaltern geben.

Grundbegriff
• das Museum

M5 *Vor- und frühgeschichtliche Museen im Saarland*

Aus der Arbeit der Steinzeitforscher

Mit dem Flugzeug in die Steinzeit

Leider haben sich keine Häuser aus der Jungsteinzeit erhalten. Trotzdem weiß man, wie solche Häuser gebaut waren: Ihre verrotteten Holzpfosten bilden noch heute dunkle, kreisrunde Flecken im Boden. Vom Flugzeug aus kann man solche „Pfostenlöcher" am besten aufspüren: Man fliegt in geringer Höhe und beobachtet, welche Farbe der Boden hat, wo der Boden friert oder taut, wie der Schatten fällt, wie Getreide oder Gras wächst. Es wächst auf der „holzigen" dunklen Erde der Pfostenlöcher höher.

Die Summe der dunkel verfärbten Kreise ergibt den Grundriss eines Hauses. Demnach waren Häuser der Jungsteinzeit rechteckig. Die Wände flocht man aus Ästen und verputzte das „Wandgitter" mit Lehm. Dies weiß man, weil man die Reste dieser Baustoffe in Abfallgruben fand. Dort war das verkohlte Material luftdicht abgeschlossen und es verrottete nicht.

Archäologen haben solche Pfostenhäuser nachgebaut. Sie wollten überprüfen, ob so ein Haus auch hält.

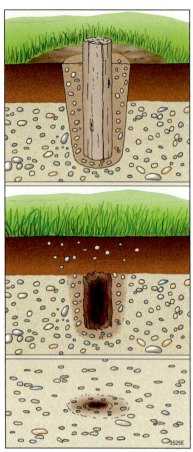

M1 *Vom Holzpfosten bleibt nur ein kreisrundes Pfostenloch.*

Info
Archäologen (auch Altertumskundler genannt)
Sie erforschen alle Dinge, die Menschen vergangener Zeiten im Boden hinterlassen haben.

Quelle
Wie lange dauerte ein Hausbau vor 6500 Jahren?
Der Zeitaufwand hing (wie heute) von der Personenzahl ab. Bauten das Haus zehn Leute, war es in etwa 25 Tagen fertig.
(Experimentelle Archäologie in Deutschland. Oldenburg 1990, S. 42)

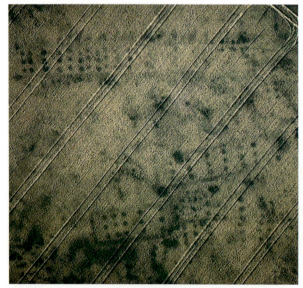

M2 *Aus der Luft kann man im Sommer steinzeitliche Hausgrundrisse gut erkennen.*

M3 *Ein Archäologe beim Baumfällen mit einem nachgebauten Beil*

Auf den Spuren der Menschen

M4 *Nachbau eines Hauses aus der Jungsteinzeit nach dem Grundriss aus einem Luftbild (M2)*

M5 *Verwendung von Materialien im Nachbau, die auch den Menschen früher zur Verfügung standen*

Aufgaben

1 Erläutere, auf welche Weise Forscher herausfinden, wie Häuser der Steinzeit wahrscheinlich ausgesehen haben.

2 Lege Transparentpapier auf M2 und zeichne die Grundrisse der Häuser nach.

3 Stelle dar, wie man ein Haus aus der Steinzeit heute möglichst naturgetreu aufbaut (M4, M5).

4 Die Menschen aus der Zeit vor 200 000 Jahren sind in M6 und M7 sehr unterschiedlich dargestellt. Begründe.

Ein Puzzle, das nie fertig wird

Steinzeitforscher entdecken immer wieder neue Funde und entwickeln neue Untersuchungsmethoden. Hierbei hilft ihnen der Computer. So haben wir heute ein anderes Bild über die Menschen der Steinzeit als noch vor 100 Jahren.

Die gefundenen Menschenknochen enthalten oft noch Muskelansätze. Daraus können die Forscher Größe, Körperbau und das Gesicht der Menschen nachbilden.

M6 *So stellen sich Forscher heute einen Menschen vor, der vor 200 000 Jahren gelebt hat.*

M7 *So stellten sich Forscher im Jahr 1909 einen Menschen vor, der vor 200 000 Jahren gelebt hat.*

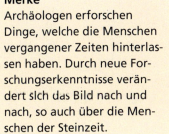

Merke
Archäologen erforschen Dinge, welche die Menschen vergangener Zeiten hinterlassen haben. Durch neue Forschungserkenntnisse verändert sich das Bild nach und nach, so auch über die Menschen der Steinzeit.

Grundbegriff
- der Archäologe

Werkstoffe Bronze und Eisen

Zu dieser Gussform aus Stein gehörte eine zweite Hälfte.

M1 *Bronzegussform*

M3 *Geräte und Schmuck aus der Bronzezeit*

Die Metallzeit löst die Steinzeit ab

Im Gebiet von Babylon im heutigen Irak machten die Menschen um etwa 3000 v. Chr. eine bahnbrechende Entdeckung: die Gewinnung und Verarbeitung von Metallen. Zunächst wurde in einem **Bergwerk** metallhaltiges Gestein (Erz) zu Tage gefördert. Dann wurde es erhitzt und das flüssige Metall floss heraus. Man goss es in Steinformen zu verschiedenen Gegenständen.

Zu Beginn der **Metallzeit** gewannen die Menschen das Metall Kupfer. Es eignete sich sehr gut für Schmuckwaren. Für Waffen jedoch war Kupfer zu weich. Erst durch die Beimischung von Zinn entstand ein neuer Werkstoff: Bronze. Er war widerstandsfähiger.

Etwa 1000 Jahre später entdeckten die Menschen das Metall Eisen und machten daraus Werkzeuge. Es war noch härter als Bronze. Die Metallzeit dauert bis heute an, denn auch jetzt sind Metalle wichtige Werkstoffe.

Der Ofen wird mit Kupfererz und Holzkohle gefüllt, das Feuer mit einem Blasebalg angefacht.

Flüssiges Kupfer (ca. 1 100 °C) setzt sich ab. Der Ofen, der vorher mit Lehm verschlossen war, wird geöffnet. Flüssiges Kupfer fließt in eine Vertiefung in der Erde.

M2 *Schmelzen von Kupfererz*

M4 *Im Bergbau werden Metalle abgebaut.*

Auf den Spuren der Menschen

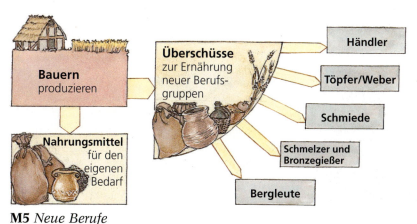

M5 *Neue Berufe*

Aufgaben

1 Die neuen Werkstoffe Bronze und Eisen waren dem Werkstoff Stein überlegen. Erläutere.

2 Beschreibe den Erzbergbau (M4).

3 Vom Erz zum Bronzeschmuck. Erläutere die Vorgänge (M1–M3).

4 a) Erkläre, wie die Arbeit zwischen Frauen und Männern aufgeteilt war.
b) Liste auf, welche Aufgaben die Kinder übernahmen.

5 Die Menschen der Metallzeit haben sich spezialisiert. Erkläre (M5).

6 Arbeit im Bergbau damals und heute: Vergleiche (M4, M6).

Spezialisierung bei der Arbeit

In der Jungsteinzeit und auch in der Metallzeit rodeten die Männer den Wald, bearbeiteten die Felder für den Ackerbau, bauten Häuser, jagten, stellten Werkzeuge und Waffen her. Die Frauen versorgten wahrscheinlich Kinder, sammelten Früchte, töpferten Gefäße und webten Stoffe.

Die Feldarbeiten und die Versorgung der Tiere erledigten Männer und Frauen möglicherweise gemeinsam. Die Kinder halfen schon früh bei allen Arbeiten mit.

Die Gewinnung der Metalle und die Herstellung der Geräte erforderten besondere Kenntnisse. Diese Arbeiten konnten Bauern nicht nebenher erledigen. Deshalb begannen die Menschen, sich beruflich zu spezialisieren. Töpfer stellten Gefäße her, Bergleute förderten Erze. Händler zogen durch das Land. Sie tauschten Rohstoffe und Waren. Der Fernhandel begann.

M6 *Kohlebergbau heute*

Merke
Um 3000 vor Christus lernten die Menschen, Gegenstände aus Metall herzustellen. Diese Arbeit erforderte besondere Kenntnisse. Neue Berufe entstanden. Die Metallzeit begann.

Grundbegriffe
- das Bergwerk
- die Metallzeit

Gewusst wie

Informationen gewinnen

Auszüge aus zwei Jugendbüchern

„Dann ist das hier an der Wand ja eine richtige Jagderzählung", wunderte sich Suzanne, „nur nicht mit Worten, sondern gemalt."
„Ja, aber nicht die Geschichte von einer Jagd, die der Maler schon erlebt hat, vielleicht am Tag vorher, sondern von einer, die erst geplant war!", antwortete Philippe. Suzanne sah ihn etwas verdattert an. „Was soll denn das nun wieder bedeuten? Wie kommst du denn auf so eine komische Idee?"
„Bestimmt, das ist kein Witz", verteidigte Regis die Behauptung Philippes. Und dann erzählte er, was er über die merkwürdigen, uralten Jagdbräuche der Cromagnon-Jäger gehört hatte. „Sie beschworen mit diesen Bildern ihr Jagdglück, das sie sich für den nächsten Tag erhofften, und glaubten, wenn sie Speere oder Pfeile in die Körper der Tiere hineinzeichneten, an einer Stelle, von der sie aus Erfahrung wussten, dass dort ein Treffer tödlich war, dann würden sie mit ihren echten Speeren und Pfeilen die lebendige Beute ebenfalls genau dort treffen. Es ist eine symbolische Tötung, eine Jagdmagie."
„Aber", nachdenklich legte Suzanne ihre Stirn in Falten, „sagt mal, müssten dann nicht eigentlich diese eiszeitlichen Bilderhöhlen so etwas wie Feier- oder Kultstätten gewesen sein für die Cromagnon-Menschen, also ungefähr das, was für uns heute Kirchen und Kapellen sind?"
„Genau", bestätigte Regis anerkennend. „Übrigens ist das ja auch der Grund dafür, dass immer wieder neue Bilder einfach über die älteren gemalt wurden. Dahinten kann man's ganz deutlich sehen: Da hat der Maler zwei Steinbockköpfe mitten auf den Leib des Mammuts gesetzt."

(Nach Wolfgang Kuhn: Mit Jeans in die Steinzeit. München 2007, Seiten 94–95)

M1 *Drei Kinder in einer steinzeitlichen Höhle in Südfrankreich*

Mirtani kniete vor dem großen Mahlstein. Heute buk die Tante Brot und seit dem frühen Morgen musste Mirtani Mehl mahlen. Immer und immer wieder, nie enden wollend, die gleichen Handgriffe: mit der Linken in das große Tongefäß greifen, das die gerösteten Weizenkörner enthielt, eine Handvoll auf den großen Mahlstein streuen, dann mit beiden Händen den länglichen, kleinen Mahlstein fassen und die Körner zerreiben, vor und zurück, vor und zurück, immer wieder, das erhaltene Mehl – wie wenig war es jedes Mal nur! – vorsichtig zusammenkratzen und in den flachen, dicht geflochtenen Korb schieben. Und wieder von vorn. Keine andere Arbeit hasste Mirtani so wie das Mahlen.
„Mirtani, schau dir das an! Das Mehl ist viel zu grob! Wie soll ich aus so einem Mehl Brot backen!", nörgelte die Tante. Mirtani schwieg. Wenn ich hier nur fort könnte, dachte sie.
Die Tante rührte in einer Holzschüssel Mehl mit Wasser an, gab den Sauerteig hinzu, begann zu kneten. „Jetzt hab ich zu viel Wasser erwischt", murmelte sie ärgerlich vor sich hin. Und laut rief sie: „Mach schnell Mirtani, ich brauche mehr Mehl!" (...) Nun hatte sie aus dem Brotteig eine Anzahl flacher Fladen geformt und legte sie auf ein Brett, um sie gehen zu lassen. Dann verließ sie das Haus.
In der Grube neben dem Haus, die beim Hausbau für die Lehmgewinnung ausgehoben worden war, befand sich nun der Backofen, ein halbrundes Gewölbe mit einer vorderen Öffnung. Die Tante kniete sich hin und heizte den Ofen an.
Mirtani hatte den Stein aus der Hand gelegt, als die Tante das Haus verlassen hatte. Sie setzte sich auf den Boden und lehnte den Rücken an einen der starken Mittelpfosten, die den Dachfirst trugen. Müde schloss sie die Augen.

(Nach Gabriele Beyerlein, Herbert Lorenz: Die Sonne bleibt nicht stehen. Würzburg 2008, Seiten 55–56)

M2 *Aus einer Erzählung, die in der Steinzeit spielt*

Auf den Spuren der Menschen

Gewusst wie

So informierst du dich und deine Mitschüler aus Büchern; hier: zum Thema Steinzeit

In diesem Kapitel hast du einiges über das Leben der Menschen in der Steinzeit erfahren. Um dir weitere Kenntnisse zu verschaffen, helfen Kinderromane und Sachbücher. Sie enthalten Informationen und sind oft spannend zu lesen. M1 und M2 stellen Auszüge aus zwei Büchern dar. Du kannst dir selbst ein Buch aus der Schulbibliothek, der Stadt- oder Gemeindebibliothek ausleihen und es lesen.

Du kannst über dieses Buch ein Referat halten. Dann lernen deine Mitschüler ebenfalls den Inhalt kennen und bekommen vielleicht Lust, es selbst zu lesen. Die folgende Gliederung mit den Fragen gibt dir Hinweise, wie du dein Referat aufbauen kannst.

Gliederung für ein Referat

1. Das Buch
Wer hat es geschrieben? Wie lautet der Titel? Wie alt ist es? Wie viele Seiten hat es? Wie hoch ist der Anteil von Text, Bildern und Karten? Was kannst du über den Autor in Erfahrung bringen?

2. Der Inhalt
Worum geht es in dem Buch? Ist es ein Roman? Wer sind die Personen? Was machen sie? Wie geht die Geschichte aus? Was wird über die Steinzeit ausgesagt? Ist es ein Sachbuch? Welche Informationen kennst du bereits aus dem Schulbuchkapitel?
Welche Informationen sind neu?

3. Das Urteil
Was hältst du von dem Buch? Ist es verständlich geschrieben? Ist es spannend oder langweilig? Hilft das Buch, die Steinzeit besser zu verstehen?

www

Ausgewählte Internet-Adressen

Über die Steinzeit gibt es sehr viele interessante Adressen. Leider weiß man nicht, welche davon langfristig Bestand haben. Es kann sein, dass sie nach einiger Zeit wieder gelöscht werden. Bei der folgenden Adresse müsstest du jedoch fündig werden:
http://www.neanderthal.de

Um weitere aktuelle Internet-Adressen zu erhalten, hilft eine Suchmaschine. Du gibst zum Beispiel das Stichwort „Steinzeit" ein und erhältst dann eine Liste mit Adressen, die mit diesem Stichwort zusammenhängen. Du kannst dann eine Adresse oder mehrere Adressen davon auswählen.

Suchmaschinen (Auswahl):

www.google.de; www.bing.com; www.yahoo.de; www.altavista.de

M3 *Eine Schülerin präsentiert bei ihrem Referat Anschauungsmaterial.*

Aufgaben

1 Lies den Text in M1.
a) Beschreibe, worum es in der Geschichte geht.
b) Ist es eine Szene aus der Altsteinzeit oder aus der Jungsteinzeit? Begründe.
c) Lies die Info 2 auf Seite 139 und berichte, welche Auffassung in M1 über den Sinn der Höhlenmalerei vertreten wird.

2 Lies den Text in M2.
a) Beschreibe, worum es in der Geschichte geht.
b) Betrachte die Abbildungen auf den Seiten 146–147 und schreibe auf, über welches Gerät in M2 berichtet wird.

3 Informiere dich im Internet über die Steinzeit und schreibe einen Text.

Alles klar? Auf den Spuren der Menschen

Orientierungskompetenz

1. Grundbegriffe

Hier sind die wichtigsten Begriffe dieses Kapitels noch einmal zusammengestellt. Wähle fünf Begriffe aus, erkläre sie und ergänze sie mit einfachen Zeichnungen.

- Vorgeschichte
- Geschichte
- Zeitleiste
- Höhlenmalerei
- Steinzeit
- Altsteinzeit
- Faustkeil
- Jäger und Sammler
- Klimawandel
- Eiszeit
- Warmzeit
- Sesshaftigkeit
- Jungsteinzeit
- Fruchtbarer Halbmond
- Museum
- Archäologe
- Bergwerk
- Metallzeit

Fachkompetenz

2. Kennst du dich aus?

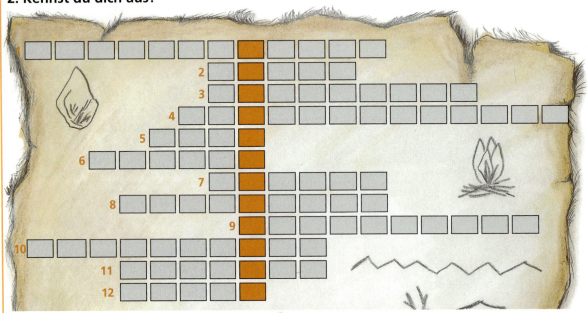

a) Lege Transparentpapier auf die Kästchen oben und löse das Rätsel.

Achtung! Ä = 1 Kästchen

1. In dieser Zeit lebten die Menschen als Jäger und Sammler und kannten nur wenige Werkzeuge.
2. Die „Erfindung" brachte den Menschen Wärme, Licht und Schutz vor gefährlichen Tieren.
3. „Berufsbezeichnung" einer Frau in der Altsteinzeit.
4. In dieser Zeit wurden die Menschen sesshaft und entwickelten viele neue Werkzeuge.
5. Eines der ersten Haustiere des Menschen. Es lebt noch heute in vielen Familien.
6. Neuer Werkstoff, der die Steinzeit beendete.
7. Auf den Feldern bauten die Menschen in der Jungsteinzeit diese Pflanzen an.
8. Erstes Steinwerkzeug des Menschen.
9. Wissenschaftler, der sich mit Ausgrabungen beschäftigt.
10. Gerät für die Landwirtschaft, das von einem Ochsen gezogen wird.
11. Am Ende dieser kalten Zeit veränderten sich die Lebensbedingungen der Menschen.
12. „Berufsbezeichnung" eines Mannes, der in der Altsteinzeit lebte.

b) Lies die markierten Kästchen von oben nach unten. Dann findest du das Lösungswort.

Alles klar?

3. Gegenstände aus der Vorgeschichte

Fachkompetenz

a) Benenne die Gegenstände und erkläre, wofür sie verwendet wurden.

b) Ordne sie der Altsteinzeit und der Jungsteinzeit zu.

4. Von der Altsteinzeit zur Jungsteinzeit

Methodenkompetenz

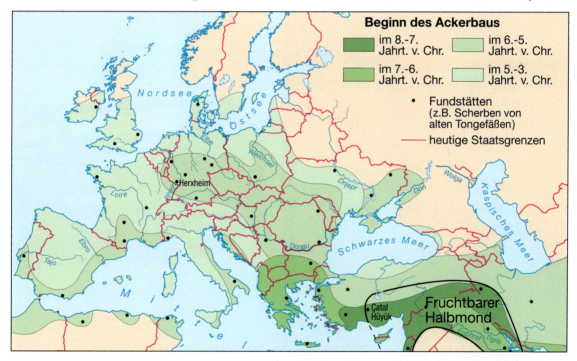

a) Erläutere die Ausbreitung des Ackerbaus anhand der Karte.

b) Stelle in einer Skizze dar, wie die Menschen in der Altsteinzeit wohnten und beschrifte sie.

c) Fertige eine weitere Skizze zur Jungsteinzeit an und beschrifte sie.

5. Entscheide dich!

Beurteilungs- und Handlungskompetenz

a) Beurteile, ob man den Übergang von der Altsteinzeit zur Jungsteinzeit als erste Revolution der Menschheit bezeichnen kann.

b) Erörtere, ob die Arbeitsteilung in der Bronzezeit eine notwendige Voraussetzung für die weitere Entwicklung der Menschheit war.

Landwirtschaft im Saarland

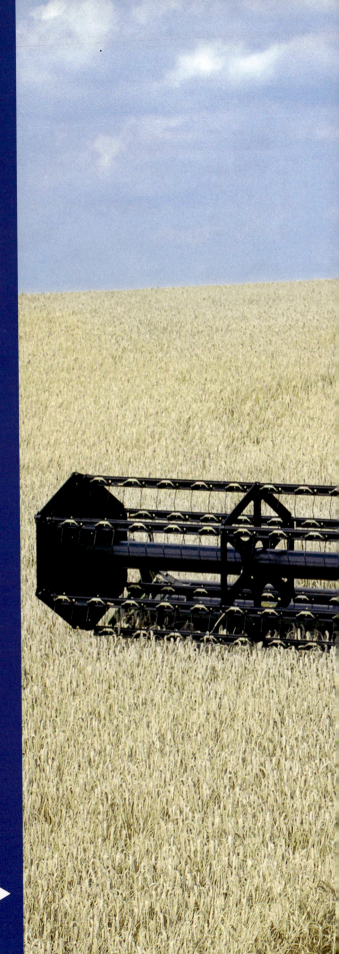

Felder, Grünland und Wälder	160
Wir erkunden einen Bauernhof	164
Berufe rund um die Landwirtschaft	166
Alles klar?	168

Am Ende des Kapitels kannst du:
- die Eignung verschiedener Gebiete in Deutschland für die Landwirtschaft erläutern,
- die Bedeutung der Landwirtschaft im Saarland erläutern,
- einen Bauernhof erkunden,
- Ausbildungs- und Arbeitsmöglichkeiten in der Landwirtschaft darstellen.

M1 *Ein Mähdrescher im Einsatz* ▶

Felder, Grünland und Wälder

Aufgaben

Löse die Aufgaben 1–3 mithilfe von M1 und der Karte „Deutschland – physisch" im Atlas.

1 Weizen und Zuckerrüben werden auf fruchtbaren Böden angebaut. Finde die Namen von vier Städten in diesen Regionen.

2 Nenne
a) drei Flüsse, an denen Weinbau betrieben wird;
b) fünf Großstädte, bei denen im Umkreis von 40 Kilometern Obst und Gemüse angebaut werden;
c) sechs Mittelgebirge, die zu großen Teilen von Wald bedeckt sind.

3 Rinder und Schweine werden im norddeutschen Tiefland, in den Mittelgebirgen und im Alpenvorland gehalten. Nenne (wenn möglich) aus jeder dieser Großlandschaften zwei Flüsse, in deren Umgebung Schweine oder Rinder gehalten werden.

Aufgaben der Landwirtschaft

Die Bauern in Deutschland produzieren einen Großteil der Nahrung, die wir täglich brauchen. Durch **Ackerbau** und **Viehzucht** wird die Ernährung der Bevölkerung gesichert. Die meisten Produkte gelangen aber nicht direkt zu den Verbrauchern, sondern werden vorher in den Betrieben der Lebensmittelindustrie verarbeitet. Die Landwirtschaft ist aber auch ein wichtiger Zulieferer für verschiedene Bereiche der Wirtschaft. So erzeugen die Bauern Rohstoffe, die in der Industrie zur Herstellung von Lederwaren, Bio-Diesel oder Arzneimitteln benötigt werden.

M1 *Landwirtschaftliche Nutzung in Deutschland*

Landwirtschaft im Saarland

Abhängigkeit vom Naturraum

Nicht alle Gebiete Deutschlands eignen sich gleich gut für die Landwirtschaft. Auf sehr guten und guten Böden betreiben die Landwirte Ackerbau. Sie bauen Feldfrüchte an wie Getreide und Kartoffeln. Sehr gute Böden gibt es zum Beispiel in den **Börden** und **Gäulandschaften**. Hier gedeihen anspruchsvolle Pflanzen wie Weizen und Zuckerrüben.

In Gebieten mit hohen Niederschlägen und feuchten Böden findet man vor allem Grünland mit Milchkühen oder Mastvieh. Diese **Grünlandwirtschaft** gibt es im Norddeutschen Tiefland, in den Tälern der Mittelgebirge und im Alpenvorland.

Die Schweine- und Hühnerhaltung ist unabhängig vom Boden, denn das Futter wird zum größeren Teil eingekauft.

Waldreiche Gebiete werden forstwirtschaftlich genutzt: Bäume werden gefällt, das Holz wird verkauft und auf den freien Flächen werden wieder junge Bäume gepflanzt. Diese Art der Nutzung gibt es vor allem in den Mittelgebirgen.

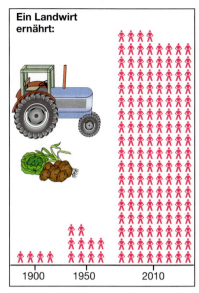

M3 *Die Bedeutung der Landwirtschaft für die Ernährung der Menschen*

M2 *Weinanbau im Landkreis Merzig-Wadern*

Obst, Gemüse und Wein zählen zu den **Sonderkulturen**. Sie werden häufig in Flusstälern angebaut und verlangen von den Bauern einen hohen Arbeitseinsatz. Der Wein wächst vor allem in Gebieten, in denen hohe Temperaturen und ausreichende Niederschläge das Wachstum begünstigen. Eine weitere Sonderkultur ist der Hopfen. Er bildet einen Rohstoff für die Herstellung von Bier.

Den Anbau von Obst und Gemüse findet man oft im Umland von Städten, weil die Transportwege zu den Verbrauchern kurz sind; dies spielt für die Frische der Produkte eine wichtige Rolle.

Aufgabe

4 „Tosb und Eniw werden oft in Tullfässern angebaut."
a) Hoppla! Da ist was durcheinander geraten. Schreibe den Satz richtig auf.
b) Nenne für die Aussage zwei Beispiele aus der Karte M1.

Merke
Die Landwirtschaft betreibt Ackerbau und Viehzucht. Damit sorgt sie für unsere Ernährung. Wie die zur Verfügung stehende landwirtschaftliche Fläche genutzt wird, hängt von den natürlichen Bedingungen ab.

Grundbegriffe
- der Ackerbau
- die Viehzucht
- die Börde
- die Gäulandschaft
- die Grünlandwirtschaft
- die Sonderkultur

Felder, Grünland und Wälder

Viele Menschen glauben, das Saarland sei ein reines Industrieland mit vielen Eisen- und Stahlwerken, verschmutzten Flüssen und unsauberer Luft.
Das stimmt aber ganz und gar nicht! Fast ein Drittel der Fläche des Saarlandes ist Waldland und ein weiteres Drittel wird ausschließlich landwirtschaftlich genutzt.

M1 *Schon gewusst?*

M3 *Im Saargau*

Aufgaben

1 Bestimme drei Gebiete im Saarland, in denen auf guten und mittleren Böden Landwirtschaft betrieben wird (Atlas, Karte: Saarland, Landwirtschaft).

2 Fertige eine Tabelle an mit den Getreidearten und ihrer Verwendung (M2, Lexikon bzw. Internet).

3 Zähle mindestens zwei Maschinen auf, welche heute dem Bauern die Arbeit erleichtern.

Ackerbau, Viehzucht und Sonderkulturen im Saarland

Landwirtschaft gibt es in den Räumen Lebach, Tholey, St. Wendel sowie am Rand des Schwarzwälder Hochwaldes.

Vor allem aber werden in den beiden Gäulandschaften (Saargau und Bliesgau) Weizen, Roggen, Gerste, Hafer und Mais auf den fruchtbaren Böden angebaut. Weizen und Roggen sind in erster Linie Brotgetreide, während Gerste, Hafer und Mais als Viehfutter genutzt werden. Gerste verwendet man auch zum Bierbrauen.

Anfang Juni sieht man überall im Saarland die gelben Rapsfelder. Der Rapsanbau ist stark angestiegen. 2001 erntete man im Saarland 6900 Tonnen Raps, 2010 waren es bereits über 10000 Tonnen. Aus Raps stellt man Speiseöle her, aber auch Bio-Diesel für Kraftfahrzeuge.

Früher mussten die Landwirte von Hand pflügen, säen, ernten und Heu und Stroh machen. Inzwischen kam es zu einer **Mechanisierung**: Es wurden nach und nach Maschinen angeschafft, die die Arbeit erleichtern. Dazu zählen Maschinen zum Bearbeiten des Bodens (Traktor mit Pflug und Egge), Sämaschine und Mähdrescher.

M2 *Getreidearten (Weizen, Roggen, Gerste, Hafer, Mais)*

Landwirtschaft im Saarland

M4 *Obstanbau*

M6 *Milchviehhaltung*

Einen großen Anteil haben auch die Wiesen und Weiden. Diese brauchen die Bauern zur Viehhaltung. Im Sommer sind die Tiere auf der Weide und fressen das saftige Gras. Im Winter werden sie im Stall gehalten und müssen gefüttert werden. Dafür verwendet der Bauer Heu, das er im Sommer auf den Wiesen gemäht und zu großen Heuballen gepresst hat. Er verfüttert aber auch Mais und spezielle Futtermischungen.

Einige Landwirte halten Milchkühe, und sie verkaufen die Milch an die Molkereien. Dort wird sie weiterverarbeitet zu Butter, Rahm, Joghurt und anderen Milchprodukten (**Milchwirtschaft**). Andere Bauern halten Rinder und Schweine. Diese werden so lange gemästet, bis sie ein bestimmtes Gewicht erreicht haben. Dann werden sie in einem Schlachthof geschlachtet und als Fleisch und Wurst verkauft (**Fleischwirtschaft**).

Die Lisdorfer Aue ist die Gemüsekammer des Saarlandes. In den Gäulandschaften (Saargau, Bliesgau) und im Merziger Becken wird auch Obst angebaut. Aus den Äpfeln werden in Merzig Apfelsaft und Viez (Apfelwein) hergestellt.
Wein wird im Saarland bei Perl und Nennig angebaut.

Aufgaben

4 Erläutere die Verwendung von Raps.

5 Erstelle ein Schaubild zum Begriff „Milchwirtschaft".

6 Erkläre, was man unter „Fleischwirtschaft" versteht.

7 Nenne mindestens drei Orte im Saarland, in deren Umgebung Obst und Gemüse angebaut wird (Atlas: Karte: Saarland – Landwirtschaft).

Merke
Ein Drittel des Saarlandes wird landwirtschaftlich genutzt. Es sind vor allem der Saar- und der Bliesgau sowie die Regionen um Lebach, Tholey und St. Wendel.

Grundbegriffe
- die Mechanisierung
- die Milchwirtschaft
- die Fleischwirtschaft

M5 *Rapsanbau für Bio-Diesel*

Lernen im Team

Wir erkunden einen Bauernhof

M1 *Arbeitsgruppen bereiten die Erkundung eines Bauernhofes vor.*

Aufgabe

1 Schau das große Foto auf den Seiten 158/159 an. Es zeigt Bauer Lohmer auf seinem Mähdrescher.
a) Wozu braucht Herr Lohmer diese Maschine?
b) Welches Getreide baut er an?
c) Welche Fragen würdet ihr Bauer Lohmer stellen (M2, M4)?

M3 *Vorstellungen vom Leben eines Bauern*

Landluft schnuppern auf einem Bauernhof

Bei einer Erkundung eines Bauernhofes könnt ihr viele Dinge sehen. Der Bauer und/oder die Bäuerin erzählen euch über ihre Arbeiten. Damit ihr so viel wie möglich in Erfahrung bringt, müsst ihr die Erkundung des Hofes gut vorbereiten.

Legt einzelne Themen fest. Schreibt die Themen untereinander auf ein großes Stück Papier und klebt es an der Tafel fest. Bildet Arbeitsgruppen, die sich mit den einzelnen Themen beschäftigen wollen. Schreibt die Namen der Schülerinnen und Schüler hinter die Themen. So wisst ihr immer, wer welches Thema gewählt hat. Weitere Tipps zur Vorgehensweise stehen auf der nächsten Seite.

M2 *Themen für die Erkundung (Auswahl)*

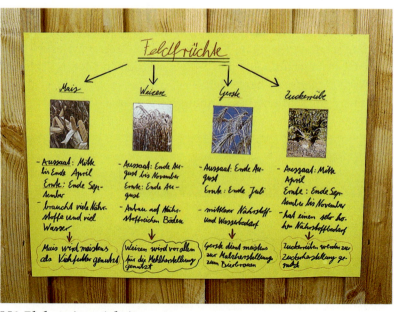

M4 *Plakat einer Arbeitsgruppe*

164

Landwirtschaft im Saarland

Lernen im Team

So geht ihr vor

1. Wählt einen Bauernhof aus, den ihr besuchen wollt.
(Die Landwirtschaftskammern helfen bei der Auswahl eines Hofes. Haben vielleicht die Eltern oder Verwandte einer Schülerin oder eines Schülers einen Bauernhof?)

2. Ruft die Bäuerin oder den Bauern an. Fragt, ob ihr mit der Klasse den Hof besuchen dürft. Vereinbart einen Termin (Tag, Uhrzeit).
Findet heraus, wie ihr zum Bauernhof kommt (zu Fuß, mit dem Fahrrad, mit dem Bus, mit der Eisenbahn).

3. Schreibt in der Arbeitsgruppe – zunächst ungeordnet – Fragen zu eurem Thema auf.
Prüft, ob sich Fragen überschneiden. Fehlt vielleicht Wichtiges?
Legt eine Reihenfolge der Fragen fest.
Achtet darauf, dass die Fragen verständlich formuliert sind.
Erstellt dann eine endgültige Liste von Fragen.
Kopiert sie für jede Schülerin und jeden Schüler.

4. Legt fest, was ihr außer dem Fragebogen noch mitnehmen müsst: zum Beispiel
– Kugelschreiber und Schreibblock für zusätzliche Notizen,
– Buntstifte zum Zeichnen einer Pflanze,
– Fotoapparat zum Fotografieren des Hofes, der Tiere, Maschinen, Felder usw.

Vergesst nicht, ein kleines Geschenk für die Bäuerin und den Bauern mitzunehmen.

1. Schritt: Vorbereitung

www
www.bauernverband-saar.de
www.landwirtschaftskammer.de
www.lernort-bauernhof.de

2. Schritt: Durchführung

Jede Arbeitsgruppe erstellt ein Plakat zu ihrem Thema. Gestaltet die Plakate interessant und übersichtlich. Schreibt zum Beispiel Texte, malt Bilder dazu oder klebt passende Fotos auf. Stellt die Plakate in der Klasse vor. Legt fest, wer welchen Teil eines Plakates erläutert. Sprecht miteinander über die Ergebnisse. Was war völlig neu für euch?

3. Schritt: Auswertung der Ergebnisse/ Präsentation

Berufe rund um die Landwirtschaft

Aufgabe

1 Liste mindestens fünf Aufgaben und Tätigkeiten einer Landwirtin oder eines Landwirts auf.

Es ist Sommer. Bäuerin Loose und ihr Mann machen Heu. Das Gras wurde vor drei Tagen geschnitten. Nun ist es trocken und muss in den Stall gebracht werden. Kaum ist das Heu aufgeladen, blitzt und donnert es. Es fängt an zu regnen. Bäuerin Loose und ihr Mann werden nass bis auf die Haut. Trotzdem können sie sich nicht vorstellen, einen anderen Beruf zu haben. Sie lieben ihre Arbeit über alles.

In der Landwirtschaft gibt es aber viele andere Berufe als den einer Landwirtin oder den eines Landwirts.

M1 *Auch bei minus 8 Grad Celsius muss in der Landwirtschaft öfter im Freien gearbeitet werden.*

Es gibt viele Berufe in der Landwirtschaft, unter anderem:

Aufgaben, Tätigkeiten (Auswahl):
Fahrzeuge, Maschinen sowie Geräte warten und reparieren, Melkanlage einbauen und in Betrieb nehmen
Wer diesen Beruf wählt, muss bereit sein, auch mal am Wochenende oder spät abends zu arbeiten.
Ausbildungsdauer: 3 Jahre

Aufgaben, Tätigkeiten (Auswahl):
Obstpflanzungen anlegen, Obstbäume pflegen, Schädlinge bekämpfen, Obst zur richtigen Zeit ernten, Obst verkaufen, Kunden informieren und beraten
Wer diesen Beruf ergreift, muss gesund sein. Man arbeitet oft im Freien, bei brütender Hitze, Wind und Regen.
Ausbildungsdauer: 3 Jahre

M2 *Tierwirtin / Tierwirt – Rinderhaltung*

M3 *Gärtnerin / Gärtner – Obstbau*

Landwirtschaft im Saarland

Melkerin/Melker
Milchtechnologin/Milchtechnologe
Tierpsychologin/Tierpsychologe
Hufbeschlagsschmiedin/Hufbeschlagsschmied
Tierärztin/Tierarzt
Floristin/Florist
Fachkraft – Agrarservice
Fischwirtin/Fischwirt
Landwirtin/Landwirt
Winzerin/Winzer
Weinbauberaterin/Weinbauberater
Landmaschinenführerin/Landmaschinenführer
Pferdewirtin/Pferdewirt
Fachagrarwirtin/Fachagrarwirt – Besamungswesen
Technikerin/Techniker – Agrarinformatik

M4 *Weitere interessante Berufe für Mädchen und Jungen*

Aufgaben

2 Stelle dar, welcher Beruf für dich der interessanteste ist (M2, M3, M5, M6).

3 a) Wählt vier Berufe in M4 aus. Stellt jeden Beruf auf einem Plakat dar. Bildet Arbeitsgruppen.
b) Präsentiert eure Plakate vor der Klasse.

Aufgaben, Tätigkeiten (Auswahl):
Fahrzeuge, Maschinen sowie Geräte warten und reparieren, Melkanlage einbauen und in Betrieb nehmen
Wer diesen Beruf wählt, muss bereit sein, auch mal am Wochenende oder spät abends zu arbeiten.
Ausbildungsdauer: 3 Jahre

Aufgaben, Tätigkeiten (Auswahl):
landwirtschaftliche Betriebe beraten und Möglichkeiten für den Verkauf verschiedener Erzeugnisse aufzeigen, Preise kalkulieren, Kontakt zu Kunden halten, Werbematerial entwerfen und verteilen
Ausbildungsdauer: 2 Jahre Vorbereitung auf Weiterbildungsprüfung

M5 *Mechanikerin / Mechaniker – Land- und Baumaschinentechnik*

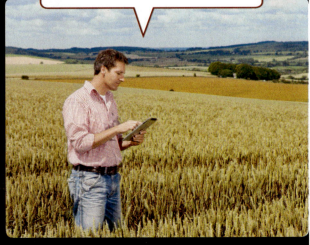

M6 *Fachagrarwirtin / Fachagrarwirt – Direktvermarktung*

Alles klar?

Landwirtschaft im Saarland

Orientierungskompetenz

1. Grundbegriffe

Hier sind die wichtigsten Begriffe dieses Kapitels noch einmal zusammengestellt. Wähle fünf Begriffe aus, erkläre sie und ergänze sie mit einfachen Zeichnungen.

- Ackerbau
- Viehzucht
- Börde
- Gäulandschaft
- Grünlandwirtschaft
- Sonderkultur
- Mechanisierung
- Milchwirtschaft
- Fleischwirtschaft

Sachkompetenz

2. Kennst du diese Pflanzen?

① ② ③ ④

Notiere ihre Namen.

3. Vieles hat sich verändert.

Die beiden Fotos rechts zeigen das Mähen einer Wiese 1962 und 2012.
Erkläre, wie sich die Landwirtschaft in Deutschland innerhalb von 50 Jahren verändert hat.

Alles klar?

4. Landwirtschaft im Saarland
Sachkompetenz

A SAARGAU UND BLIESGAU — 1 OBST
B LISDORFER AUE — 2 GEMÜSE
C MERZIGER BECKEN — 3 WEIZEN, ROGGEN, GERSTE, HAFER
D PERL UND NENNIG — 4 WEIN
5 MAIS
6 RAPS

Regionen und Anbaupflanzen

Ordne in der Abbildung links den landwirtschaftlich genutzten Gebieten des Saarlands die richtigen Anbauprodukte zu.

5. Worauf kommt es an?
Methodenkompetenz

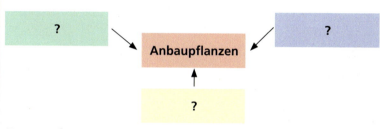

Das Wachstum von Anbaupflanzen ist von bestimmten Dingen abhängig.

Ein Landwirt ernährte:	
Jahr	Zahl der Menschen
1910	5
1930	7
1950	10
1970	29
1990	68
2010	140

Leistungsfähigkeit der Landwirtschaft

a) Es hängt von bestimmten Dingen ab, welche Pflanzen ein Landwirt anbauen kann. Vervollständige die Grafik oben in deiner Mappe oder deinem Heft.

b) Werte die Tabelle aus. Beachte auch die Fotos auf S. 168.

6. Entscheide dich!
Beurteilungs- und Handlungskompetenz

Landwirtschaftliche Anbauprodukte auf dem Wochenmarkt

a) Wähle deine Lieblingsprodukte auf dem Foto links aus. Schreibe ihre Namen auf und erläutere deine Auswahl.

b) Begründe, welches Thema dich bei der Erkundung eines Bauernhofs am meisten interessiert.

c) Notiere Fragen, die du einem Landwirt stellen würdest.

Die Gemeinde

Die Gemeinde ist für alle da	172
Wer soll das bezahlen?	174
Einen Jugendtreff für unsere Gemeinde	176
Eine Freizeitkarte erstellen	180
Spuren der Vergangenheit in unserer Gemeinde	182
Alles klar?	184

Am Ende des Kapitels kannst du:

- über den Aufbau und die Aufgaben einer Gemeinde berichten,
- zwischen Pflichtaufgaben und freiwilligen Aufgaben unterscheiden,
- erklären, wie der Gemeinderat über ein Vorhaben entscheidet,
- die Freizeiteinrichtungen deiner Gemeinde erarbeiten und bewerten,
- Spuren der Vergangenheit in deinem Heimatraum erkunden.

M1 *Das Rathaus – Mittelpunkt der Gemeinde* ▶

Die Gemeinde ist für alle da

3. Stock
Grünflächenamt
Tiefbauamt
Vermessungsamt/
Abteilung Straßenbenennung
Naturschutzbehörde/
Umweltamt

2. Stock
Sozialamt
Ordnungsamt
Entsorgungsbetriebe

1. Stock
Kulturamt
Jugendamt
Stadtkasse
Städtisches Steueramt
Standesamt

Erdgeschoss
Einwohnermeldeamt
Ausländerbehörde
Gesundheitsamt
Fundbüro

M1 *Wegweiser im Rathaus*

M3 *Welches Amt ist zuständig?*

M2 *Dienstleistungen für die Bürgerinnen und Bürger*

Aufgaben

1 Die Sprechblasen auf den Seiten 170/171 enthalten Wünsche, Anliegen und Feststellungen von Bürgerinnen und Bürgern. Welche Stellen im Rathaus sind im Einzelnen dafür zuständig (M1)?

2 Erkläre, welche Ämter die fünf Personen in M3 aufsuchen (M1) müssen.

Der Aufbau der Gemeinde

Dörfer und Städte sind **Gemeinden**. Die Gemeinde kann aus einem Ort, aber auch aus mehreren Ortsteilen bestehen. Das Rathaus ist der Mittelpunkt der Gemeinde. An der Spitze der Gemeinde steht die **Bürgermeisterin** oder der **Bürgermeister**. Als Chefin oder Chef des **Gemeinderats** leitet sie oder er im Rathaus die Ämter der Verwaltung. Die Ämter sind zuständig für Schule, Gesundheit, Sport, Jugend, Ordnung usw.

Das Grundgesetz der Bundesrepublik Deutschland gibt im Artikel 28, Absatz 2 jeder Gemeinde das Recht „alle Angelegenheiten der örtlichen Gemeinschaft im Rahmen der Gesetze in eigener Verantwortung zu regeln". Aus diesem Selbstverwaltungsrecht ergeben sich für jede Gemeinde verschiedene Aufgaben.

Info

Gemeinderat
Im Saarland wählen die Bürgerinnen und Bürger einer Gemeinde den Gemeinderat.
Er entscheidet über wichtige Angelegenheiten der Gemeinde wie zum Beispiel über den Bau von Kindergärten, Schulen, Gemeindestraßen und Jugendfreizeitstätten. Er bestimmt die Höhe der Abgaben und Gebühren, unter anderem für Müll und Abwasser. Die Aufgaben der Gemeinde gliedern sich in **Pflichtaufgaben** und **freiwillige Aufgaben**. Weiterhin kann der Staat der Gemeinde bestimmte Aufgaben übertragen.

Die Gemeinde

M4 *Sitzung eines Gemeinderats*

Pflichtaufgaben:
- Wasserversorgung
- Abwasser-, Müllentsorgung
- Verwaltung von Schulen und Kindergärten
- Feuerwehr
- Unterhaltung von Straßen
- Friedhofseinrichtungen

Freiwillige Aufgaben:
- Einrichtung und Unterhaltung von Sport- und Spielplätzen, Museen, Theatern, Büchereien, Jugendzentren, Altenheimen

Vom Staat übertragene Aufgaben können sein:
- Ausstellung von Personalausweisen, Reisepässen, Lohnsteuerkarten
- Ausstellung von Geburts- und Sterbeurkunden
- Mitwirkung bei allen Wahlen

M5 *Aufgaben der Gemeinde*

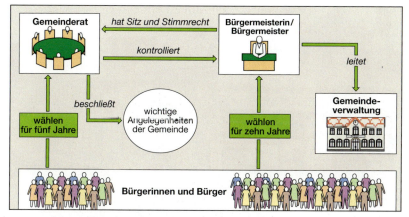

M6 *Wahl und Aufgaben eines Gemeinderats*

Aufgaben

3 Erstelle eine Liste mit Angelegenheiten, die in der Gemeinde vor Ort besser geregelt werden können als vom Staat.

4 Verfasse ein schön gestaltetes Info-Blatt über deinen Wohnort, zum Beispiel zu folgenden Punkten:
– Gemeindewappen
– Einwohnerzahl
– Geschichte
– Sehenswürdigkeiten
– Freizeiteinrichtungen
usw.

5 a) Nenne Gründe für die Pflichtaufgaben (M5).
b) Begründe, warum es vom Staat übertragene Aufgaben gibt.

6 Diskutiert, welche freiwilligen Aufgaben eure Gemeinde übernehmen sollte (M5).

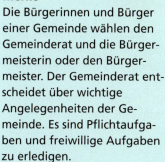

Merke
Die Bürgerinnen und Bürger einer Gemeinde wählen den Gemeinderat und die Bürgermeisterin oder den Bürgermeister. Der Gemeinderat entscheidet über wichtige Angelegenheiten der Gemeinde. Es sind Pflichtaufgaben und freiwillige Aufgaben zu erledigen.

Grundbegriffe
- die Gemeinde
- die Bürgermeisterin/ der Bürgermeister
- der Gemeinderat
- die Pflichtaufgabe
- die freiwillige Aufgabe

Wer soll das bezahlen?

M1 Viele Interessen – eine Gemeinde

Erst die Pflicht, dann die Kür

Die Bürgerinnen und Bürger haben verschiedene Wünsche, die die Gemeinde erfüllen soll, denn je nachdem ob es sich um Jugendliche, Senioren, Sportler, Radfahrer, Naturschützer usw. handelt, sind die Interessen unterschiedlich. Doch der Bau von Sportanlagen, Radwegen und Naturschutzmaßnahmen ist teuer. Die Gemeinde muss zunächst Geld für die Pflichtaufgaben (siehe Seite 173 M5) bereitstellen. Erst wenn diese erfüllt sind, kann sie sich den freiwilligen Aufgaben widmen. Der Gemeinderat entscheidet dann, ob zum Beispiel eine Skaterhalle unterstützt oder ein Altenheim gebaut wird.

Aufgaben

1 Führt eine Befragung durch: Welche Wünsche haben Jugendliche an eure Gemeinde?

2 In M2 sind fünf Projekte abgebildet, die von der Gemeinde durchgeführt und bezahlt werden sollen.
Legt in Gruppen eine Reihenfolge für die Durchführung der Projekte fest. Beachtet, dass Pflichtaufgaben Vorrang haben (Seite 173 M5).

3 a) Erkläre, wann der Zeiger der Waage (M3) ausschlägt.
b) Sammle Vorschläge, wie das Gleichgewicht wiederhergestellt werden kann.

4 Mache Vorschläge, welche Ausgaben in M3 gekürzt werden können und erörtere die Folgen dieser Kürzungen.

M2

Die Gemeinde

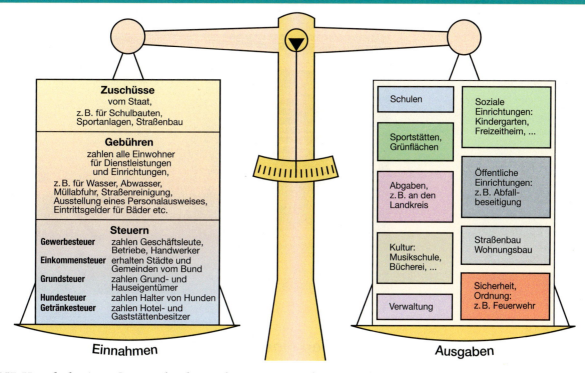

M3 *Haushalt einer Gemeinde: die wichtigsten Einnahmen und Ausgaben*

Eine Gemeinde muss haushalten

Für Schulen, Sportanlagen, Müllbeseitigung, Straßenbau und vieles andere benötigt die Gemeinde Geld, das heißt Einnahmen. Sie nimmt von allen Bürgern und den Betrieben Steuern ein und erhält Zuschüsse vom Staat. Außerdem verlangt die Gemeinde für bestimmte Leistungen Gebühren, zum Beispiel für die Müllentsorgung.

Es wird ein **Haushaltsplan** für ein Jahr mit allen vorgesehenen Ausgaben und Einnahmen erstellt. Der Gemeinderat berät über den Haushaltsplan und verabschiedet ihn. In der Regel sollen sich Einnahmen und Ausgaben die Waage halten. Viele Gemeinden haben sich jedoch Geld geliehen, weil die Ausgaben für einige Aufgaben sehr schnell gestiegen sind.

> **Merke**
> Um ihre Aufgaben zu erfüllen, stellt die Gemeinde jedes Jahr einen Haushaltsplan auf. Er enthält alle geplanten Einnahmen und Ausgaben. Der Haushaltsplan soll ausgeglichen sein.
>
> **Grundbegriff**
> • der Haushaltsplan

Einen Jugendtreff für unsere Gemeinde

Quelle

Jugendbeteiligung

„Kinder und Jugendliche sind entsprechend ihrem Entwicklungsstand an allen sie betreffenden Entscheidungen zu beteiligen."
(Kinder- und Jugendhilfegesetz § 8, Abs.1).

M1 *Sinnvoller Treff für die Jugend?*

Aufgaben

1 Vergleiche die rechtlichen Grundlagen (Quelle) mit den Wünschen der Jugendlichen nach einem eigenen Treffpunkt.

2 Überprüfe, welcher der vier Standorte in M2 am besten für einen Jugendtreff in Frage kommt. Denke an die Anwohnerinnen und Anwohner, die Verkehrsverhältnisse usw.

Wir wollen einen Jugendtreff!

Mehrere Jugendliche führen auf dem Marktplatz eine erregte Diskussion. Sina sagt: „Junge Leute werden hier in unserer Gemeinde doch völlig allein gelassen! Keiner kümmert sich um uns; aber ständig wird gemeckert. Nirgends haben wir einen Treffpunkt. Wir brauchen einen Raum oder ein Haus, in dem wir zusammensein können." Sie erhält Zustimmung von allen Seiten. Sahib meint: „Wir sollten uns an den Gemeinderat wenden." – „Ja", ergänzt Petra, „wir bitten die Bürgermeisterin um ein Gespräch." Eine Woche später lädt die Bürgermeisterin die Jugendlichen ins Rathaus ein.

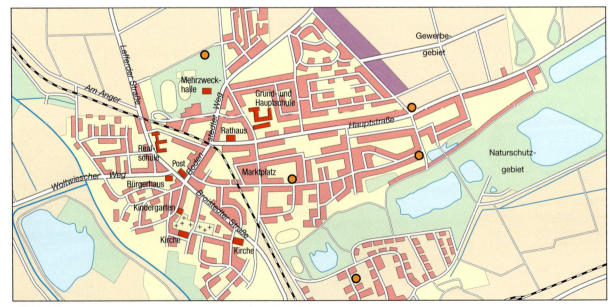

M2 *Wohin mit dem Jugendtreff?*

Die Gemeinde

Frage: „Frau Bürgermeisterin, wann bekommen wir endlich einen eigenen Jugendtreff?"
B.: „Ich werde mich dafür einsetzen, dass ihr ein Jugendzentrum bekommt."
Frage: „Wie lange kann das noch dauern?"
B.: „Von der Antragstellung bis zur Ausführung müsst ihr schon mit einem halben Jahr rechnen."
Frage: „Können wir nicht wie in der Nachbargemeinde einen Bauwagen aufstellen um diese lange Durststrecke zu überwinden? Wir würden den Wagen selbst herrichten und selbst verwalten. So könnten wir erste Erfahrungen sammeln, bis wir ein richtiges Jugendzentrum bekommen."
B.: „Ich finde, das ist eine prima Idee. Ich werde mich umhören, ob eine Baufirma euch einen Bauwagen zur Verfügung stellen kann. Habt ihr schon eine Idee für einen Standort, bei dem es keine Beschwerden und Ärger gibt?"

M3 *Auszug aus dem Interview mit der Bürgermeisterin*

Aufgaben

3 Sortiere die Aussagen in M4 danach, ob sie für oder gegen ein Jugendzentrum sind.

4 Ermittle in M2 einen geeigneten Standort für den Bauwagen. Begründe deine Standortwahl und erläutere warum du die anderen Standorte nicht gewählt hast. Beachte M4.

5 Listet die Wünsche auf, die ihr in eurer Gemeinde an die Bürgermeisterin oder an den Bürgermeister habt.

„Ich bin Geschäftsführerin eines Einkaufszentrums an der Hauptstraße. Wir haben viele zahlungskräftige Kunden. Hier werden mit riesigen Lkws Waren angeliefert. Der Verkehr ist mörderisch – nichts für Kinder und Jugendliche!"
(Leiterin eines Supermarktes)

„In unserem Mehrfamilienhaus am Marktplatz leben sehr viele ältere Leute. Wir machen uns große Sorgen, dass hier ein Jugendzentrum herkommen soll. Vielleicht werden wir von den Jugendlichen angepöbelt und bestohlen."
(älterer Herr)

„Jugendliche müssen einen Ort haben, an dem sie sich treffen können. Dort muss es Spielmöglichkeiten geben und eine Jugendgruppenleiterin oder einen Jugendgruppenleiter, der sie betreut."
(Bürgermeisterin)

„Wir wohnen in himmlischer Ruhe direkt am Naturschutzgebiet. Da darf überhaupt kein Jugendzentrum hin."
(Ehepaar)

„Unser Wohngebiet besteht aus lauter Einfamilienhäusern. Hier leben viele Familien mit kleinen Kindern. Wenn die Jugendlichen hier Bier trinken und rauchen, ist das kein gutes Vorbild für unsere Kinder."
(Junger Vater)

„Es gibt gute Standorte bei uns für ein Jugendzentrum, zum Beispiel wenn es nicht direkt neben Wohnhäusern liegt."
(Jugendgruppenleiter)

Merke
Kinder und Jugendliche können sich mit Wünschen, die sie betreffen, an den Gemeinderat wenden.

M4 *Probleme bei der Suche nach einem geeigneten Standort*

Einen Jugendtreff für unsere Gemeinde

An die
Damen und Herren des Gemeinderates und an die Bürgermeisterin Frau Dr. Berg

Antrag

Die SPD beantragt die Einrichtung eines Jugendzentrums und hält dafür finanzielle Mittel bereit.

Begründung

1. Trotz eines hohen Anteils an Jugendlichen gibt es im Ort keinen geeigneten Jugendtreff.
2. Die Jugendlichen müssen auf öffentliche Plätze ausweichen, was ständig zu Beschwerden führt.
3. Ein sinnvolles Freizeitangebot ist unbedingt notwendig.
4. Ein großer Teil der anfallenden Kosten wird von den Jugendlichen selbst in Eigenleistung erbracht.

Steffen Pielert, SPD

M1 *Antrag an den Gemeinderat*

Unsere Gemeinde
Einladung
35. Sitzung des Gemeinderates
Am Donnerstag, 25. November
Um 14:00 Uhr im Rathaus
Sitzungssaal

Tagesordnung der öffentlichen Sitzung

1. Genehmigung der Niederschrift der öffentlichen Sitzung vom 27. Oktober
2. Anfragen aus aktuellem Anlass
3. Antrag der CDU zur Sanierung der Schulsporthalle
4. Antrag der CDU zur Erweiterung des Waldfriedhofes
5. Antrag der SPD zur Einrichtung eines Jugendzentrums
6. Antrag von Bündnis 90/Die Grünen zur Verbesserung des Radwegenetzes
7. Antrag des Heimatvereins für einen Zuschuss zur Ausstellung „Unsere Gemeinde wird 1000 Jahre alt"

M2 *Tagesordnung einer öffentlichen Sitzung des Gemeinderates*

Aufgabe

1 Stelle dar, welche Themen euer Gemeinderat zur Zeit behandelt. Sammele dazu Berichte aus der Lokalpresse.

Entscheidung im Gemeinderat

Seit dem Antrag an den Gemeinderat (M1) sind acht Monate vergangen. In dieser Zeit hat ein **Ausschuss** einen Abstimmungsvorschlag erarbeitet. Es wurde ein leer stehendes, kleines Haus gefunden, das die Gemeinde gemietet hat. Bevor es den Jugendlichen zur Verfügung gestellt werden kann, ist eine Entscheidung des Gemeinderats notwendig. Die Sitzung ist öffentlich. Der Sitzungstermin und die Tagesordnung wurden in der Zeitung veröffentlicht.

Pünktlich um 14:00 Uhr eröffnet die Bürgermeisterin die Sitzung. „Ich stelle fest, dass die Einladung zur heutigen Sitzung ordnungsgemäß erfolgt ist. Die Tagesordnung liegt Ihnen vor. Da mehr als die Hälfte der Gemeinderäte anwesend ist, sind wir beschlussfähig. Ich rufe Punkt 1 der Tagesordnung auf …" Die Jugendlichen interessiert vor allem Punkt 5. Der Antragsteller begründet die Notwendigkeit eines Jugendzentrums. In der anschließenden Diskussion wird auf einen Vertrag hingewiesen, den die Gemeinde mit den Jugendlichen abschließen will. Er regelt Fragen des Jugendschutzes und der Versicherung. Besonders wichtig ist die Selbstverwaltung des Gebäudes durch die Jugendlichen. Sie verpflichten sich die Renovierung zu übernehmen und bestimmte Regeln einzuhalten (z.B. Ordnung in den Räumen, Müll wegräumen, Lärm vermeiden).

Die Bürgermeisterin verliest noch einmal den Antrag. Dann wird abgestimmt und das Ergebnis verkündet. „Für den Antrag stimmten 16 Gemeinderäte, gegen den Antrag 4 Gemeinderäte. Es gab keine Stimmenthaltungen. Der Antrag ist angenommen."

Die Gemeinde

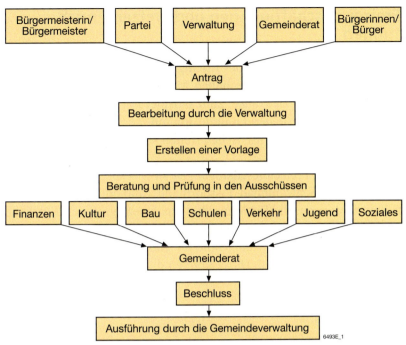

M3 *Vom Antrag zur Ausführung (vereinfachte Darstellung)*

Info

Ausschuss

Ein Ausschuss ist eine Arbeitsgruppe der gewählten Volksvertretung, zum Beispiel des Gemeinderats. Im Ausschuss werden bestimmte Themen beraten. Hier arbeiten Fachleute der verschiedenen Parteien zusammen. Der Ausschuss prüft Vorlagen der Verwaltung und entwickelt eigene Vorschläge, über die der Gemeinderat in einer Sitzung abstimmt. Geht es zum Beispiel um den Bau eines neuen Radwegs, befasst sich der Verkehrsausschuss mit diesem Thema.

Aufgabe

2 Der Gemeinderat hat der Einrichtung eines Jugendtreffs zugestimmt.
a) Liste die Argumente auf (M1 und Text).
b) Erläutere, wie das Vorhaben finanziert wird.
c) Stelle dar, welcher Ausschuss sich mit dem Antrag befasst hat (M3).
d) Schreibe einen Text zum Ablauf der Entscheidung (M3).

Merke

Ein Antrag an den Gemeinderat wird von der Verwaltung bearbeitet. Sie entwickelt eine Vorlage. Diese wird in dem zuständigen Ausschuss beraten. Der Ausschuss trifft einen Beschluss, der dem Gemeinderat zur Entscheidung vorgelegt wird.

Grundbegriff
- der Ausschuss

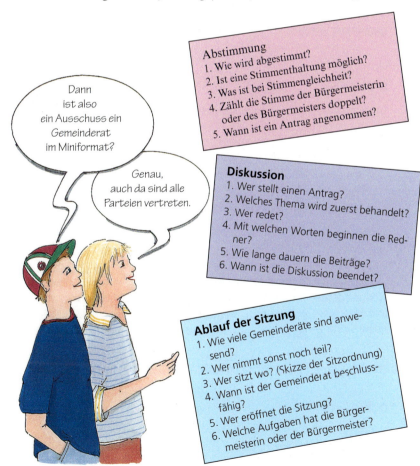

M4 *Wir besuchen eine Sitzung des Gemeinderates.*

Gewusst wie

Eine Freizeitkarte erstellen

Freizeitbeschäftigungen und Freizeiteinrichtungen

Nach der Arbeit und nach der Erledigung von häuslichen Pflichten wie Einkaufen oder Putzen haben Menschen Freizeit. Diese Zeit verbringen sie oft zu Hause, zum Beispiel mit Lesen oder Musik hören. Oder sie besuchen Freunde, um mit ihnen gemeinsam etwas zu unternehmen. Viele Menschen treffen sich auch in einem Verein (z. B. Sportverein).

Für manche Freizeitbeschäftigungen sind besondere Einrichtungen nötig, wie Schwimmbad, Eissporthalle, Kino oder Museum. Freizeiteinrichtungen, die für Menschen aus einem größeren **Einzugsgebiet** gedacht sind, liegen meist in größeren Städten (z. B. Zoos). Erkundet, welche Freizeitangebote für Kinder und Jugendliche am Schulort vorhanden sind. Dazu können die folgenden Erkundungsaufgaben helfen:

Der „Fun Forest AbenteuerPark Homburg / Saar" ist der größte Hochseil-Park im Saarland. Auf einer Fläche von zwei Hektar sind im Naherholungsgebiet Jägersburg über 90 Bäume mit etwa 10 000 Meter Stahlseil verbunden. Bei ansteigendem Schwierigkeitsgrad geht es auch höhenmäßig immer weiter nach oben. Anfänger üben in zwei bis drei Meter Höhe. Könner klettern bis auf 15 Meter Höhe.

M1 *Abenteuer-Park in Homburg*

A Informieren

Informiert euch, welche Freizeiteinrichtungen für Kinder und Jugendliche euer Schulort anbietet. Hierzu gibt es im Rathaus Informationsbroschüren. Die Broschüren können für die spätere Ergebnisdarstellung gesammelt werden.

B Erheben

Freizeitmöglichkeiten können auch bei einer Besichtigung des Schulortes erfasst werden. Zeichnet alle Freizeitmöglichkeiten für Kinder und Jugendliche in einen Ortsplan ein. (Hinweise zur Kartierung findet ihr auf S. 181). Unterscheidet dabei nach der Art des Angebotes, zum Beispiel auf dem Sportplatz, im Jugendzentrum.

C Befragen

Befragt die örtlichen Vereine oder Kirchengemeinden, welche Freizeitangebote sie für Kinder und Jugendliche machen. Bei Vereinen könnt ihr zum Beispiel erfragen: Name des Vereins, Gesamtanzahl der Mitglieder, Anzahl der jugendlichen Mitglieder, Monatsbeitrag für Jugendliche, Angebote für Jugendliche. Oder befragt einige Mitschülerinnen und Mitschüler, wohin sie zu ihren Freizeitaktivitäten fahren (M2). Die Auswertung kann in einem Säulendiagramm (siehe S. 92) dargestellt werden.

Welche Angebote im Nahraum nutzt du in deiner Freizeit?
Mehrere Kreuze sind möglich!

☐ Kino in Saarbrücken
☐ Freibad in Saarbrücken
☐ Abenteuer-Park in Homburg
☐ Zoo in Neunkirchen
☐ Freizeitpark in Saarbrücken
☐ Sonstiges

D Bewerten

Nehmt dazu Stellung, ob am Schulort ausreichend Freizeitmöglichkeiten für Kinder und Jugendliche vorhanden sind oder ob eurer Meinung nach etwas fehlt.

M2 *Befragung zu Freizeitzielen im Raum St. Ingbert*

Die Gemeinde

Gewusst wie

Wir kartieren

Kartieren heißt, zu einem Thema eine Karte herzustellen. Dazu werden Informationen mithilfe von Symbolen oder Farben veranschaulicht. Entsprechend ihrer Lage werden sie in eine vorhandene oder selbst angefertigte Karte eingezeichnet. Die Informationen können aus Quellen stammen oder selbst erhoben werden. Zum Beispiel können die Freizeitmöglichkeiten für Kinder und Jugendliche mit Symbolen in einer Karte dargestellt werden.

So gehst du vor:

1. Schritt: Vorbereitung
a) Entscheide, welches Gebiet ausgewählt werden soll, zum Beispiel Wohnort, Schulort, Straße. Finde dazu eine passende Karte, zum Beispiel einen Ortsplan. Besorge zwei Exemplare dieser Karte, eine zum Vorzeichnen und eine für die endgültige Darstellung. Du kannst auch eine Karte selbst zeichnen und sie fotokopieren.
b) Entscheide, welche Informationen in die Karte eingezeichnet werden sollen. Für jede Sache muss ein Symbol oder eine Farbe verwendet werden, zum Beispiel eine Schaukel für Spielplätze oder eine grüne Fläche für Sportplätze.

2. Schritt: Durchführen einer Kartierung vor Ort
a) Untersuche das ausgewählte Gebiet nach den vorgegebenen Themen. Trage die gefundenen Ergebnisse als Symbol oder als Farbfläche lagerichtig in die Karte ein.
b) Notiere zusätzliche Informationen oder fertige Fotos an, damit du die eingezeichneten Symbole später überprüfen kannst.

3. Schritt: Fertigstellung
a) Übertrage die Informationen sauber in die zweite Karte.
b) Erkläre die verwendeten Symbole und die Farben in einer Legende (Zeichenerklärung).
c) Notiere, wann und wo du die Informationen gewonnen hast.
d) Formuliere eine passende Überschrift.

250 € für die Klassenkasse

Gestern überreichte Bürgermeister Hans Söder der Klasse 6 c einen Scheck über 250 €. Das war der erste Preis im Wettbewerb „Gestaltung einer Jugend-Freizeitkarte für die Gemeinde". Zu Beginn des Jahres hatte die Gemeinde zu dem Wettbewerb aufgerufen. Der Gemeinderat hatte beschlossen, mit einer Freizeitkarte von Jugendlichen für Jugendliche jüngere Besucher anzulocken. Umfang und Gestaltung waren völlig freigestellt. Viele bemerkenswerte Beiträge waren eingegangen. Die Aufgabe der Jury war nicht leicht. Zum Schluss aber waren sich alle einig. Das Rennen hatte die Klasse 6c gemacht. Deren Karte „Freizeittipps für Kids" enthielt das vollständige Angebot der Gemeinde, der Vereine und der Kirchen. Darüber hinaus war die Karte liebevoll und ansprechend gestaltet. Sie hatte eine sehr gute Legende. Auf die Frage, was die Klasse mit dem Geld machen werde, antwortete die Klassensprecherin: „Wir werden das Geld für unsere Partnerschule in Afrika spenden."

M4 *Ein Scheck für die Klassenkasse*

M3 *Beispiel für eine Kartierung von Freizeiteinrichtungen (Ausschnitt)*

M5 *Legende zur Karte M3*

Lernen im Team

Spuren der Vergangenheit in unserer Gemeinde

Spurensuche „live"

Nehmt euren Ort unter die Lupe. Erkundet die Veränderungen. Benutzt dabei Fotoapparat, Kassettenrekorder, Fragebogen, Papier und Stift. Für die Spurensuche findet ihr hier drei Möglichkeiten.

Erstellt ein Fotoalbum über euren Ort – früher und heute

1. a) Informiert eure Eltern, Großeltern und Bekannten über euer Vorhaben und bittet sie um alte Fotos aus eurem Ort.
   b) Wählt besonders eindrucksvolle Fotos für euer Album aus und fotokopiert sie.
   c) Gebt die Fotos wieder an ihre Besitzer zurück.
   Tipp: Fotos mit Personen, Fahrzeugen im Vordergrund sind besonders interessant.

2. Stöbert in der Schul-Chronik oder in der Gemeinde-Chronik nach weiteren Bildern oder anderen interessanten „Quellen". Das können zum Beispiel Urkunden, Zeugnisse oder Zeitungsberichte sein.

3. a) Sucht in Arbeitsgruppen die Standorte der fotografierten Gebäude und Straßen.
   b) Fotografiert von der gleichen Stelle die heutige Situation.

4. a) Klebt alte und neue Fotos auf gegenüberliegende Seiten oder untereinander. Ihr könnt als Album zum Beispiel ein Ringbuch mit Pappseiten nehmen.
   b) Beschreibt kurz die Veränderungen unter oder neben den Bildern.

5. Präsentiert das Album mit den Veränderungen in eurem Ort auf einem Elternabend.

Die Kreuzung 1935:

Auf der Straße Pferdefuhrwerke, ein Radfahrer und im Hintergrund ein Bus. Es ist kaum Verkehr.

M1 *Seiten im Fotoalbum*

Die Gemeinde — Lernen im Team

Befragt Bürgerinnen und Bürger über euren Ort früher und heute

Führt Interviews mit älteren und jüngeren Leuten.

1. Sammelt Fragen und stellt sie in einem Fragebogen zusammen.

2. Befragt zunächst zehn ältere Menschen. Ihr könnt zum Beispiel folgende Fragen stellen:
   - Wo wohnten Sie 1970?
   - Wo arbeiteten Sie 1970?
   - Wie kamen Sie zum Arbeitsplatz?
   - Welches Verkehrsmittel benutzten Sie?
   - Wie lange benötigten Sie bis zur Arbeitsstelle?
   - Welche Geschäfte gab es im Ort?

3. Befragt anschließend zehn jüngere Menschen. Verändert die Fragen entsprechend. Vergleicht die Antworten und formuliert die Ergebnisse.

Befragt Fachleute über die Entwicklung in eurem Ort

Ladet eine Expertin oder einen Experten (Mitarbeiterin oder Mitarbeiter der Stadtverwaltung bzw. Gemeindeverwaltung, der Kirche oder des Heimatvereins) ein oder vereinbart einen Termin bei der Stadt oder Gemeinde, im Museum, im Pfarramt, im Vereinsheim …

1. Überlegt euch Fragen, die ihr stellen wollt. Solche Fragen könnten zum Beispiel sein:
   - Wie viele Einwohner hatte unser Ort 1970 und wie viele Einwohner hat er heute?
   - Wie viele Menschen wohnen in dem Neubaugebiet?
   - Welche Berufe gab es in unserer Gemeinde 1970 und welche gibt es heute?
   - Welche Geschäfte gab es 1970, welche Geschäfte gibt es heute?

2. Überlegt, wie ihr die Fragen verteilt.

3. Vereinbart, wie ihr die Antworten festhalten könnt. Wenn ihr die Antworten aufnehmen wollt, müsst ihr die Gesprächspartnerin oder den Gesprächspartner vorher fragen.

Die Kreuzung heute:

Fußgängerüberweg mit Zebrastreifen und Pfeiler verhindern, dass Autos auf dem Gehweg parken. Kreuzung mit Autos. Viele Verkehrsschilder. Die Häuser sind renoviert.

Alles klar? Die Gemeinde

Orientierungskompetenz

1. Grundbegriffe

Hier sind die wichtigsten Begriffe dieses Kapitels noch einmal zusammengestellt. Wähle fünf Begriffe aus, erkläre sie und ergänze sie mit einfachen Zeichnungen.

- Gemeinde
- Bürgermeisterin/ Bürgermeister
- Gemeinderat
- Pflichtaufgabe
- freiwillige Aufgabe
- Haushaltsplan
- Ausschuss
- Einzugsgebiet

Fachkompetenz

2. Aufgaben der Gemeinde

Hier sind die Aufgaben der Gemeinde durcheinandergeraten. Ordne sie nach Pflichtaufgaben und freiwilligen Aufgaben.

a) Friedhofseinrichtungen
b) Ausstellung von Lohnsteuerkarten
c) Einrichtung und Unterhaltung von Büchereien
d) Ausstellung von Personalausweisen und Reisepässen
e) Abwasserentsorgung
f) Verwaltung von Kindergärten
g) Einrichtung und Unterhaltung von Museen und Theatern
h) Einrichtung und Unterhaltung von Jugendzentren und Altenheimen
i) Müllentsorgung
j) Einrichtung und Unterhaltung von Sport- und Spielplätzen
k) Mitwirkung bei allen Wahlen
l) Feuerwehr
m) Unterhaltung von Straßen
n) Ausstellung von Geburts- und Sterbeurkunden
o) Wasserversorgung
p) Verwaltung von Schulen

3. Der Gemeinderat

Übertrage das Schaubild zur Wahl und zu den Aufgaben eines Gemeinderats in dein Heft oder deine Mappe und ergänze die fehlenden Begriffe.

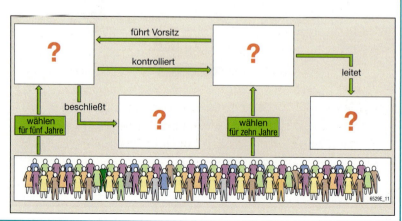

Alles klar?

Methodenkompetenz

4. Der Haushalt einer Gemeinde

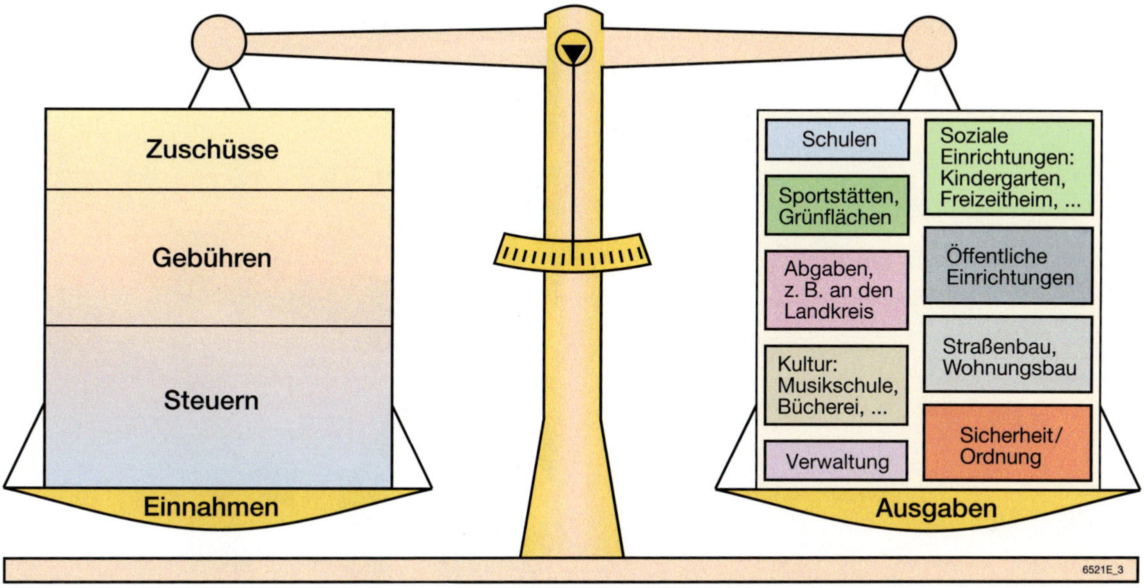

Einnahmen: Zuschüsse, Gebühren, Steuern

Ausgaben: Schulen; Sportstätten, Grünflächen; Abgaben, z. B. an den Landkreis; Kultur: Musikschule, Bücherei, ...; Verwaltung; Soziale Einrichtungen: Kindergarten, Freizeitheim, ...; Öffentliche Einrichtungen; Straßenbau, Wohnungsbau; Sicherheit/Ordnung

Schreibe mithilfe des Schaubilds einen Text zu den Einnahmen und Ausgaben einer Gemeinde:
a) Nenne Beispiele von Gebühren, die die Einwohner bezahlen. Benenne außerdem Beispiele, woher die Steuereinnahmen einer Gemeinde stammen.
b) Nenne auch Beispiele zu den Ausgaben einer Gemeinde.

Beurteilungs- und Handlungskompetenz

5. Gemeindebeschlüsse in der Kritik

> Unsere Gemeinde soll für 30 Mio. € (!!) eine Umgehungsstraße erhalten, aber niemand von uns ist für die Straße an dieser Stelle. Nur weil die Ratsherren zwei Minuten schneller zu Hause sein wollen, müssen Dutzende Anwohner leiden. Am Schlimmsten ist die Lebensgefahr für die Schülerinnen und Schüler der Gemeinschaftsschule. Diese neue Rennstrecke wird hier am Rand des Naturschutzgebietes Lärm und Gestank bringen. So werden auch viele Kinder keinen Spielplatz mehr haben. Kurz und gut: Wir wollen einen ungefährlichen Schulweg für die Kleinen, Ruhe, frische Luft und Spielmöglichkeiten. Darum muss der Plan des Gemeinderates vom Tisch.

Leserbrief

a) Beurteile den Leserbrief unter dem Gesichtspunkt, ob er eher von Sachargumenten oder eher von Gefühlen bestimmt ist.

b) Verfasse selbst einen Leserbrief über einen Beschluss in deiner Gemeinde, mit dem du nicht zufrieden bist.

Freizeit und Erholung

Großlandschaften in Europa	188
Tourismus und Umwelt	190
Reiseangebote bewerten	192
Die Alpen – ein Urlaubsparadies?	194
Massentourismus auf Mallorca	200
Alles klar?	202

Am Ende des Kapitels kannst du:
- Europa in Großlandschaften gliedern,
- die Auswirkungen des Massentourismus erklären,
- Reiseangebote bewerten,
- begründen, warum die Alpen eine wichtige Erholungslandschaft sind,
- die Auswirkungen des Fremdenverkehrs in den Alpen darstellen,
- erklären, warum die Alpen durch den sanften Tourismus geschützt werden.

M1 *Nordsee – Alpen – Mittelmeer: Collage einer Lerngruppe*

Gewusst wo

Großlandschaften in Europa

Europa – Lage, Grenzen und Staaten

Der Name Europa stammt vermutlich von dem asiatischen Wort „ereb" (dunkel). Europa liegt von Asien aus im Westen, dort „wo die Sonne abends untergeht". Das ist das „Abendland". Mit rund 10 Mio. Quadratkilometer Landfläche ist Europa nach Australien der kleinste Kontinent. Im Gegensatz zu den anderen Kontinenten, die nach allen Himmelsrichtungen klar abgegrenzt sind, ist der Kontinent Europa Teil des Doppelkontinents **Eurasien**.

Im Norden, Westen und Süden wird Europa vom Europäischen Nordmeer, dem Atlantischen Ozean und dem Mittelmeer begrenzt. Im Osten bilden das Uralgebirge und der Fluss Ural die Grenze zu Asien. Die Straße von Gibraltar im Süden trennt Europa von Afrika.

In Europa gibt es über 40 **Nationalstaaten**. Je nach ihrer Lage innerhalb des Kontinents kann man einzelne Staaten zu Staatengruppen zusammenfassen. Wir unterscheiden **Nordeuropa**, **Westeuropa**, **Mitteleuropa**, **Südeuropa**, **Südosteuropa** und **Osteuropa**.

M1 *Die Lage Europas*

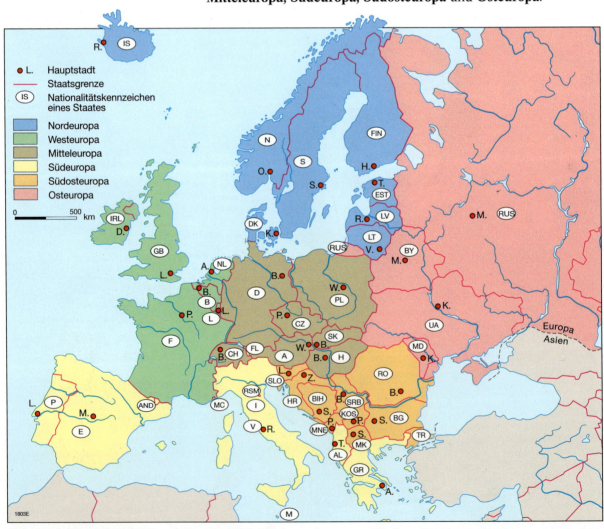

M2 *Die Staaten Europas und ihre Zugehörigkeit zu den europäischen Staatengruppen*

Freizeit und Erholung

Gewusst wo

Europa – Großlandschaften

Kein anderer Kontinent ist so stark gegliedert wie Europa. Meere und Meeresbuchten haben sich tief ins Land eingeschnitten. Dabei sind interessante Landschaftsformen entstanden. So gleicht die Halbinsel von Skandinavien in Nordeuropa einem „Bären". Im Mittelmeerraum bilden die Länder Spanien und Portugal eine „Faust". Italien sieht aus wie ein „Stiefel".

Auch die Großlandschaften Europas sind sehr unterschiedlich. So gibt es weite Tiefländer, aber auch hohe Gebirge. Die Tiefländer reichen bis zu einer Höhe von etwa 200 Metern. Die Mittelgebirge sind unter 2000 Meter hoch. Am höchsten sind die Hochgebirge wie die Skanden, die Apenninen oder die Alpen. Mit Bergen von über 3000 Meter Höhe bilden die Pyrenäen und die Alpen die Grenze zwischen Mittel- und Südeuropa. Die Karpaten sind das große Gebirge in Südosteuropa. Der höchste Berg Europas liegt in den Alpen. Es ist der Montblanc mit 4807 Metern Höhe.

Aufgaben

1 Bestimme zu jeder Staatengruppe in M2 drei Staaten mit ihren Hauptstädten (Atlas, Karte: Europa – politische Übersicht).

2 a) Ordne den in M4 eingezeichneten Großlandschaften Europas den richtigen Namen zu. Hier die Namensliste:
Alpenraum, Mittelmeerraum, Skandinavien, Mittel- und osteuropäisches Tiefland, britische Inseln, Karpatenraum, europäische Mittelgebirge (Atlas, Karte: Europa – physischer Überblick).
b) Erstellt zu den sieben Großlandschaften Europas (siehe Aufgabe 2 a) in Arbeitsgruppen Steckbriefe wie in M3 (Atlas, Karte: Europa – politische Übersicht).

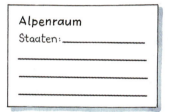

M3 *Steckbriefe zu Europa*

Merke
Europa ist der westliche Teil des Doppelkontinents Eurasien. Die Grenze zu Asien bilden das Uralgebirge und der Fluss Ural. Die über 40 Staaten kann man zu Staatengruppen zusammenfassen. Der Kontinent ist sehr stark gegliedert. Tiefland, Mittelgebirge und Hochgebirge bilden die Großlandschaften.

Grundbegriffe
- Eurasien (ohne Artikel)
- der Nationalstaat
- Nordeuropa (ohne Artikel)
- Westeuropa (ohne Artikel)
- Mitteleuropa (ohne Artikel)
- Südeuropa (ohne Artikel)
- Südosteuropa (ohne Artikel)
- Osteuropa (ohne Artikel)

M4 *Großlandschaften in Europa*

Tourismus und Umwelt

M1 *Angebote eines Reisebüros*

Aufgaben

1 a) Untersuche M1 und erstelle eine Tabelle, in die du für jedes Reiseziel Folgendes einträgst: Reiseziel, Land, Kontinent, mögliches Verkehrsmittel und Kraftstoff-Verbrauch (siehe auch Aufgabe 1 b).
Nutze deinen Atlas.
b) Die Fahrt in den Urlaub belastet die Umwelt (M4). Schätze ab, ob der Kraftstoff-Verbrauch zum Erreichen der Reiseziele niedrig, mittel oder hoch ist. Trage dies in die letzte Spalte der Tabelle ein, die du für Aufgabe 1 a) angefertigt hast.
c) Erkläre, warum die meisten Touristen nicht ein umweltverträglicheres Verkehrsmittel verwenden und schildere mögliche Folgen für die Umwelt.

2 Schreibe in Stichwortsätzen auf, auf welche Weise der Tourismus der Umwelt schadet (M5, M6).

Menschenmassen – Gefahr für Landschaft und Natur

An der Ost- und Nordsee, in den Alpen oder am Mittelmeer verbringen Jahr für Jahr Millionen Menschen ihren Urlaub. Andere machen **Fernreisen** auf andere Kontinente. Das Reisen hat sich zum **Massentourismus** entwickelt.

Die Urlauber wollen den Alltag vergessen, sich entspannen und erholen. Für viele spielen dabei eine schöne Landschaft sowie eine abwechslungsreiche Pflanzen- und Tierwelt eine wichtige Rolle. Wissenschaftlerinnen und Wissenschaftler haben jedoch festgestellt, dass die Natur durch den Massentourismus stark gefährdet ist.

M2 *Urlaubswünsche (Ergebnis einer Befragung von 500 Erwachsenen)*

Fremdenverkehrsgebiet	Übernachtungen
Ostfriesische Inseln	10,0 Mio.
Mecklenburgische Ostseeküste	11,7 Mio.
Lüneburger Heide	5,1 Mio.
Westharz	3,2 Mio.

M3 *Zahl der Urlauber in ausgewählten Gebieten 2010*

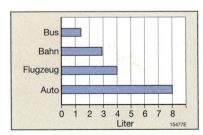

M4 *Kraftstoff-Verbrauch pro 100 km pro beförderter Person*

Freizeit und Erholung

„Meine Mutter hat ein Motorrad gemietet. Damit sind wir beide zu einem See rausgefahren und haben dort gebadet." *(Klara, 13 Jahre)*

„Wir haben mit dem Auto viele Ausflüge in die nähere Umgebung gemacht." *(Tim, 14 Jahre)*

„Ich habe im Sommer einen Skikurs gemacht. Jeden Morgen sind wir mit der Seilbahn auf einen Gletscher hochgefahren und haben dort bis zum frühen Nachmittag geübt." *(Aische, 13 Jahre)*

„Mit anderen Urlaubern sind wir im Geländewagen kreuz und quer durch die Dünen gefahren und haben ein Picknick gemacht. Ein Animateur hatte die Fahrt organisiert." *(Michi, 15 Jahre)*

„Ich habe eine Ferienfreizeit mitgemacht. Am spannendsten war für mich ein Orientierungslauf durch den Wald." *(Gregor, 13 Jahre)*

„Am Tag war ich fast nur am Strand und lag stundenlang in der Sonne. Abends war ich öfter in der Disko." *(Laura, 15 Jahre)*

„Im Urlaub konnte ich mein Mountainbike ausprobieren. Das hatten mir meine Eltern kurz vorher geschenkt. Über steile Wege bin ich durch den Wald gefahren. Das hat richtig Spaß gemacht." *(Ylmas, 14 Jahre)*

„Toll war die Bergwanderung. An einer Alm konnte ich Kühe und Pferde aus der Nähe beobachten. Dort haben wir auch einen Blumenstrauß für unsere Ferienwohnung gepflückt." *(Pedro, 12 Jahre)*

Aufgaben

3 Beurteile die Aussage: „Die Urlauber fallen scharenweise in die Urlaubsgebiete ein und machen gerade das kaputt, was sie suchen!"

4 Erstelle Regeln, wie man sich im Urlaub „umweltgerecht" verhalten kann.

Merke
Das Reisen hat sich zum Massentourismus entwickelt. Dadurch ist die Natur stark gefährdet.

Grundbegriffe
- die Fernreise
- der Massentourismus

M5 *Schülerinnen und Schüler erzählen, was sie in den Ferien gemacht haben*

M6 *Gefährdungen der Umwelt durch Touristen?*

Gewusst wie

Reiseangebote bewerten

Aufgabe

1 Lies dir die Reiseangebote (M1) durch. Entscheide dich dann spontan, welche Reise dir am besten gefällt.

Für welche Reise würdest du dich entscheiden?

Jedes Jahr locken Reisunternehmen mit zahlreichen unterschiedlichen Angeboten (siehe Seite 190 M1). Auch du möchtest in den nächsten Sommerferien verreisen und hast die Möglichkeit, dich zwischen den folgenden vier Reisen auf dieser Seite zu entscheiden. Vielleicht fällt dir die Entscheidung nicht ganz leicht. Die Tabelle M2 kann dir dabei helfen. Sie enthält einige Gesichtspunkte, die bei einer Entscheidung berücksichtigt werden können. Diese Gesichtspunkte heißen in der Tabelle „Kriterien". Wenn du die Tabelle ausgefüllt hast, kann das Ergebnis eine Entscheidungshilfe sein. Achte bei den Reisebeschreibungen auch genau auf die Sprache (M3).

Busreise in die Alpen
Unterkunft in einer rustikalen Bergpension in landestypischer Bauweise. 2 Wochen Vollpension (hier kocht die Wirtin selbst), inklusive Unterkunft, Anreise und 2 geführten Bergtouren: 630,– €.

Campingurlaub an der Nordsee
Nur 250 m bis zum Meer. Genießen Sie die gesunde Luft und das vielfältige Freizeitangebot. Eigene Anreise mit Fahrrad, Auto oder Zug möglich. Gebühren für ein Zelt und 1 Person pro Tag: 11,– €.

Badeurlaub in der Türkei
Verbringen Sie Ihren Urlaub in einem 3-Sterne-Hotel direkt am Meer. 2 Wochen Halbpension inklusive Flug von Frankfurt/Main: 750,– €.

Urlaub in Skandinavien
Unterkunft in einem landestypischen Ferienhaus mit Kaminofen und Solarstrom, gelegen an einem einsamen See. Anreise mit dem eigenen Pkw. 2 Wochen ohne Verpflegung und Anreise: 600,– €.

M1 *Reiseangebote*

Freizeit und Erholung

Gewusst wie

Kriterien	Ge-wich-tung (1–3)	Ferienhaus Skandinavien		Hotel in der Türkei		Pension in den Bergen		Campingplatz an der Nordsee	
		Punkte	Wert	Punkte	Wert	Punkte	Wert	Punkte	Wert
Reiseziel									
Unterkunft									
Umweltverträglichkeit									
Reisekosten									
----------	Summe	------		------		------		------	

M2 *Tabelle zur Entscheidungsfindung*

1. Gewichtung

Zunächst füllst du die Spalte „Gewichtung" aus. Du musst dir überlegen, wie wichtig die vier Kriterien Reiseziel, Unterkunft, Umweltverträglichkeit oder Reisekosten für dich sind.
Du trägst in dieser Spalte 1 bis 3 Punkte ein. Eine Null darf nicht vergeben werden.
1 = unwichtig   2 = wichtig   3 = sehr wichtig
Beispiel:
Die Reisekosten sind dir sehr wichtig, denn du hast nicht viel Geld. Dann bekommt das Kriterium „Reisekosten" 3 Punkte. Ist dir die „Unterkunft" unwichtig, dann trägst du dort nur 1 Punkt ein.

2. Punkte vergeben

In den Spalten „Punkte" musst du nun in Ziffern von 1 bis 4 angeben, was dir an den einzelnen Urlaubsreisen gefällt.
1 = gefällt mir kaum   4 = gefällt mir sehr gut
Beispiel:
Du magst am liebsten eine Unterkunft im Hotel. Dann würde ein Hotelaufenthalt von dir 4 Punkte bekommen, ein Zelturlaub zum Beispiel nur 1 Punkt und die Übernachtung in einer Pension 2 oder 3 Punkte. Als Reiseziel findest du die Türkei besonders interessant, also trägst du dort eine 4 ein. Berge findest du langweilig, also kommt in diese Spalte nur eine 1. Mit den anderen Kriterien geht es genauso: Die Urlaubsreise, die das entsprechende Kriterium am besten erfüllt, bekommt die meisten Punkte.

3. Wert ausrechnen

Als letztes musst du die Gewichtung mit den Punkten multiplizieren und das Ergebnis in die Spalten „Wert" eintragen. Danach werden die Werte jeder einzelnen Spalte addiert und die Summe gebildet.
Beispiel:
Eine Urlaubsreise hat 2 von 4 möglichen Punkten für die Umweltverträglichkeit bekommen. Die Umweltverträglichkeit hatte zuvor bei der Gewichtung eine 3 bekommen. Dann würdest du für diese Urlaubsreise 3 x 2 = 6 in die Spalte „Wert" bei Umweltverträglichkeit eintragen.

- „Lage direkt am Meer": sagt nichts darüber aus, ob ein Strand vorhanden ist.
- „breite Uferpromenade": kann eine mehrspurige, stark befahrene Straße sein.
- „Meerseite": heißt nicht Meeresblick.
- „nur 250 m bis zum Meer": Möglicherweise ist dort kein Strand.
- „landestypische Bauweise": Zimmer können hellhörig sein.
- „landestypische Einrichtung": kann einfache Möblierung bedeuten.

M3 *Die Sprache der Reisekataloge*

Aufgaben

2 a) Lies dir die Erläuterungen für die Tabelle genau durch. Besprich dann mit einem Partner, was genau gemacht werden muss. Das Bearbeiten der Tabelle könnt ihr in eurer Tischgruppe anschließend umfassend klären.
b) Um zu deiner eigenen Bewertung zu kommen, übertrage die Tabelle in deine Mappe oder dein Heft und fülle sie für dich aus.
c) Vergleiche, ob sich deine erste spontane Reiseentscheidung (Aufgabe 1) von derjenigen unterscheidet, die du mit der Tabelle getroffen hast. Wenn ja, überlege dir Gründe für diesen Unterschied.

3 Begründe, in welchen Fällen eine ähnliche Tabelle bei einer Entscheidung hilfreich sein könnte.

Die Alpen – ein Urlaubsparadies?

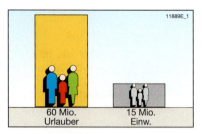

M1 *Alpen: Zahl der Urlauber pro Jahr und Einwohner*

Erholung in den Bergen

Jedes Jahr machen Millionen von Menschen in den Alpen Urlaub. Sie sind begeistert von der schönen Natur. Sie genießen die Aussicht von einem hohen Berggipfel, freuen sich über die bunten Blumen oder beobachten Murmeltiere.

Andere Menschen mögen die Alpen wegen der vielen Freizeit- und Sportmöglichkeiten im Hochgebirge der Alpen; sie kommen zum Beispiel, um zu wandern oder um Ski zu laufen.

Nicht nur der Massentourismus, auch der **Individualtourismus** ist in den Alpen sehr wichtig. Viele Menschen reisen z. B. mit dem Auto an und suchen sich selbst eine Unterkunft.

Info

Alpen

Die Alpen sind das größte Gebirge Europas. Sie bedecken eine Fläche von 200 000 km² (zum Vergleich: Saarland 2600 km²). Die hohen Berge der Alpen sind ständig mit Schnee und Eis bedeckt. Acht Staaten (einschließlich Monaco) haben Anteil an den Alpen.

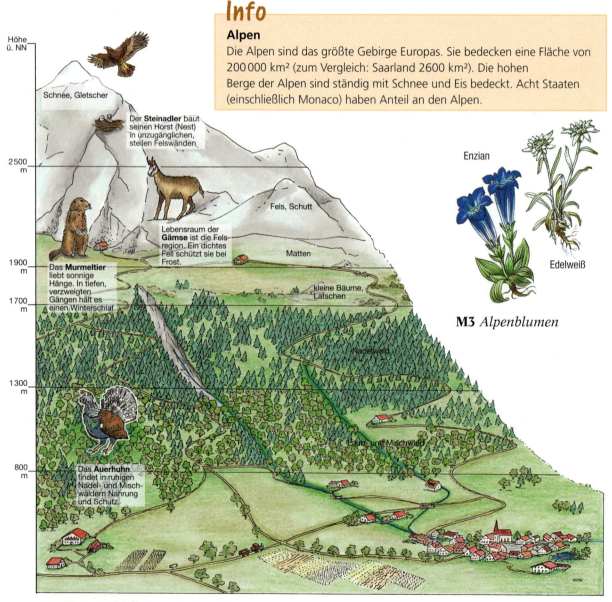

M2 *Tiere und Pflanzen in den Alpen*

M3 *Alpenblumen*

Freizeit und Erholung

M4 *In den Dolomiten. Diese Berggruppe gehört zu den Alpen.*

Aufgaben

1 Bestimme, welche Länder Anteil an den Alpen haben (Atlas, Karte: Alpenländer – physisch).

2 Begründe, warum so viele Menschen in den Alpen Urlaub machen (M2–M5).

M5 *Gegenstände, die Urlauber in die Alpen mitnehmen*

Merke
Die Alpen sind das größte Gebirge Europas. Millionen Menschen machen dort Urlaub.

Grundbegriff
- der Individualtourismus

Die Alpen – ein Urlaubsparadies?

M1 *Zum Gipfel führen manchmal viele Pfade. Aber nur einer davon ist der richtige Weg.*

M3 *Auf der Zugspitze – Deutschlands höchstem Alpengipfel (2962 m)*

Vom Geschäft mit den Gästen

Die Urlauber in den Alpen geben jedes Jahr 25 Mrd. Euro aus. Der Tourismus (Fremdenverkehr) hat viele Dörfer reich gemacht. In manchen Gegenden ist er wichtiger als die Industrie.

Einheimische arbeiten in Fremdenverkehrsbüros, Hotels, Eiscafés und Diskotheken. Andere verdienen ihr Geld als Bergführer und Skilehrer oder verleihen Fahrräder und Schlittschuhe an die Urlaubsgäste. Die meisten Menschen sind das ganze Jahr über im Fremdenverkehr beschäftigt. Manche werden nur für den Sommer und Winter eingestellt. Dann kommen sehr viele Urlauber in die Alpen.

Aufgabe

1 Der Fremdenverkehr ist wichtig für die Einheimischen und die Gemeinden. Erläutere anhand von Beispielen (M2, M4).

Daten zu Bad Hindelang 2010	
(Lage: in den Allgäuer Alpen, 60 km westl. von Garmisch-Partenkirchen)	
Einwohner:	4 900
Urlauber, davon fast ein Viertel aus Nordrhein-Westfalen:	140 000
Übernachtungen:	940 000
Beschäftigte im Fremdenverkehr:	1 800
Einnahmen durch den Fremdenverkehr:	über 30 Mio. €

M2 *Rund drei Viertel der Einwohner von Bad Hindelang leben vom Tourismus.*

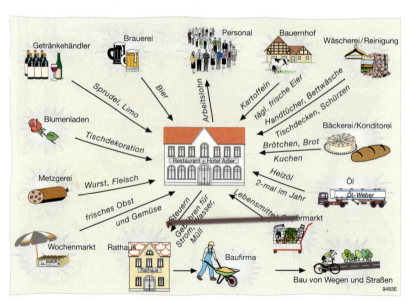

M4 *Auswirkungen des Fremdenverkehrs auf die Wirtschaft*

Freizeit und Erholung

M5 *Tunnelbau in den Alpen*

Wanderer pilgern in Scharen auf hohe Gipfel. Sie verlassen häufig die Wanderwege. Über die großen Alpenstraßen rollen am Tag bis zu 100 000 Autos. Abgase verpesten die Luft. Lärm zerreißt die erholsame Stille. Bäume werden abgeholzt und noch mehr Teerstraßen gebaut. Die Urlauber sollen die entlegenen Täler bequem erreichen. Touristen werden in voll gestopften Bussen zu den Seilbahnen und Bergrestaurants gekarrt.

M7 *Die Alpen – beliebt, benutzt, geschunden*

Wenn die Kasse nicht mehr so oft klingelt!

Bürgermeister Roman Haug berichtet: „Bei uns in Bad Hindelang machen im Jahr 140 000 Menschen Urlaub. Die Urlauber bleiben im Durchschnitt sieben Tage; vor zehn Jahren waren es zehn Tage. Die Einnahmen aus dem Fremdenverkehr sind zurückgegangen."

Wie Bad Hindelang geht es vielen anderen Orten in den Alpen. Deshalb wollen Fremdenverkehrsfachleute alles tun, damit die Zahl der Urlauber wieder ansteigt. Sie versuchen, vor allem junge Leute für die Alpen zu begeistern. Es werden zum Beispiel Radwege gebaut, auf denen man mit dem Mountainbike fahren kann.

Aufgaben

2 „Viele Menschen sollen in den Alpen Urlaub machen", fordern die Bürgermeister der Bergorte. Erstelle ein Werbeplakat eines Alpenortes für Familien mit Kindern in deinem Alter.

3 Erörtere, wie sich der Fremdenverkehr auf die Natur und die Landschaft der Alpen auswirkt.

Fahrradfahrer im Gebirge
- zerstören Pflanzen und stören Tiere, wenn sie abseits der Wege fahren;
- richten Schäden an Wegen an, wenn sie stark bremsen.

Gleitschirmflieger im Gebirge
- beunruhigen Tiere, wenn sie zu niedrig fliegen.

Wildwasserfahrer im Gebirge
- stören brütende Tiere, wenn sie Lärm machen und zu nahe an Kiesbänken vorbeifahren.

M6 *Mögliche Nachteile für die Natur bei ausgewählten Sportarten*

Merke
Viele Gemeinden in den Alpen leben vom Tourismus. Zahlreiche Einheimische arbeiten in diesem Bereich.
Durch den Fremdenverkehr ist die Natur gefährdet. Die Landschaft wird verändert.

Die Alpen – ein Urlaubsparadies?

M1 *Eine Alternative?*

M2 *Gesehen in der Nähe der Stadt Meran (Südtirol)*

Der Umwelt zuliebe – Klasse statt Masse

„Wir dürfen nicht zusehen, wie die großartige Natur in den Alpen durch den Massentourismus kaputt gemacht wird", warnen Naturschützerinnen und Naturschützer. Auch Fremdenverkehrsexperten sind der Meinung, dass die Alpenlandschaft das kostbarste Gut ist, was man den Erholungsuchenden zu bieten hat.

Die Alpen müssen geschützt werden, sonst bleiben die Touristen aus. Deshalb soll der **sanfte Tourismus** gefördert werden. Diese Form des Tourismus schont die Umwelt und bringt dennoch so viel Geld ein, dass die einheimische Bevölkerung in den Alpentälern davon leben kann. Noch bieten nicht alle, aber bereits viele Fremdenverkehrsgemeinden in den Alpen „sanfte" Ferien an. Sie haben Maßnahmen ergriffen, die umweltschonend sind.

Aufgabe

1 Erläutere, welche Anforderungen des sanften Tourismus die Gemeinden Bettmeralp, Bad Hindelang und Oberstdorf (M3, M5 und M7) erfüllen.

In der Schweiz haben sich neun Alpengemeinden zur „Gemeinschaft Autofreier Schweizer Touristenorte" (G.A.S.T.) zusammengetan, darunter auch Bettmeralp. Der Ort liegt 10 km nordöstlich der Stadt Brig. Dort können die Touristen die Bergwelt in Ruhe genießen.
In Bettmeralp darf niemand mit einem Auto fahren, das mit Kraftstoff angetrieben wird (Ausnahme: z. B. Rettungsfahrzeuge, Feuerwehr, Müllabfuhr). Die Gäste – wenn notwendig auch das Reisegepäck – werden mit Elektrofahrzeugen oder Pferdefuhrwerken, im Winter auch mit Schlitten, transportiert.

M3 *Erholung für die Alpenluft*

Freizeit und Erholung

„Ebbas Bsünders" ist ein Verein der Bauern von Hindelang. Sie haben sich verpflichtet, ihr Land schonend zu bewirtschaften. Sie halten zum Beispiel nur eine Kuh pro Hektar, weil zu viele Tiere die Weiden zertrampeln, und setzen keinen Handelsdünger ein. Dies bedeutet, dass sie auf einer Wiese etwa ein Drittel weniger Heu ernten, das sie als Viehfutter verwenden. Um ihr Vieh zu versorgen, müssen sie eine größere Fläche bewirtschaften. Jetzt mähen sie auch Wiesen an Steilhängen, auf denen früher Büsche standen und die ungepflegt aussahen.
Die Bauern vermarkten ihre Produkte (z.B. Milch, Butter, Käse, Fleisch) in Hindelang. Sie betreiben einen Bauernmarkt (Laden). Auf den Speisekarten der Hotels und Gaststätten werden ihre Erzeugnisse als „Ebbas Bsünders" („Etwas Besonderes") angeboten.

M4

„Urlaub vom Auto – umweltfreundlich mit der Bahn": Mit diesem Slogan wirbt die Kurverwaltung Hindelang. Sie bietet eine sogenannte „Hindelanger Bahn-Pauschale" ab 240 Euro an. Im Preis der Urlaubsreise sind enthalten:
- 7 Übernachtungen in einem Hotel oder in einer Pension;
- Bahnfahrt 2. Klasse (Hin- und Rückfahrt);
- Abholservice am Bahnhof Sonthofen;
- 7-Tage-Urlaubsticket, mit dem man kostenlos und so oft man will in Hindelang und im Umkreis von etwa 30 km Bus und Bahn fahren kann. Auch alle anderen Touristen können dieses 7-Tage-Urlaubsticket oder ein 14-Tage-Urlaubsticket zum Preis von 10 beziehungsweise 16 Euro kaufen. Rund 20 000 dieser Tickets werden pro Jahr verkauft.

M5 *Urlaub ohne Auto*

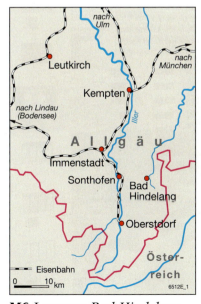

M6 *Lage von Bad Hindelang*

Die Fremdenverkehrsgemeinde Oberstdorf hat am Ortsrand drei Parkplätze mit 1000 Stellplätzen gebaut. Die Parkgebühr beträgt 2,60 Euro pro Tag. Elektrobusse bringen die Touristen im 15-Minuten-Takt kostenlos bis ins Ortszentrum.
In Oberstdorf selbst wurde die Anzahl der Parkplätze um 1000 verringert. Gleichzeitig wurden die Parkgebühren erhöht. Wer bis ins Zentrum fahren und dort parken will, zahlt für eine halbe Stunde einen Euro; die Höchstparkdauer beträgt zwei Stunden und kostet vier Euro.

M7 *Bus statt Pkw*

M8 *Bad Hindelang, Ortsteil Oberjoch*

Aufgaben

2 Eine Familie aus St. Wendel will in Bad Hindelang Urlaub machen und möchte mit dem Zug fahren. Erkundige dich bei der Bahn über die Reisestrecke und Fahrtdauer (M6).

3 Auch die Bauern von Bad Hindelang sorgen dafür, dass der Tourismus in diesem Ort eine gute Zukunft hat. Erläutere (M4).

Merke
Die Alpen sind durch den Massentourismus gefährdet. Sie müssen geschützt werden. Deshalb wird der sanfte Tourismus gefördert.

Grundbegriff
- der sanfte Tourismus

Massentourismus auf Mallorca

M1 *Mallorca, ein beliebtes Reiseziel*

MALLORCA Cala Millor
eine Woche
249 €
pro Person im Doppelzimmer mit Halbpension

Zwei Stunden mit dem Flugzeug und Sie fühlen sich wie im Sommer! Nur so lange brauchen Sie vom Flughafen in Deutschland bis zur Mittelmeerinsel Mallorca. Genießen Sie den Strand und das Meer. Die Landschaften sind zum Verlieben. Mallorca ist ein Paradies. Schnappen Sie zu! Sonderangebote für Familien bis zum 15. März!!!

M4 *Angebot eines Reisebüros*

Jahr	Zahl der Urlauber
1950	80 000
1970	1 900 000
1990	4 900 000
2010	7 000 000

M2 *Entwicklung des Tourismus auf Mallorca*

Sonne, Strand und Meer

Von Mai bis Oktober herrscht Hochbetrieb auf der Mittelmeerinsel Mallorca. Es ist Ferienzeit. Alle zwei bis drei Minuten landet ein Passagierflugzeug auf dem Flughafen von Palma de Mallorca. Die meisten Passagiere sind Urlauber. Viele davon haben eine **Pauschalreise** in einem Reisebüro gebucht. Sie werden mit Bussen in die Fremdenverkehrsorte an der Küste gebracht.

Die Zimmer in den Hotels sind alle ausgebucht. Auch die Ferienwohnungen sind an Urlauber vermietet. Tagsüber sind die Strände überfüllt. Abends bekommt man kaum einen Platz in den Restaurants und Lokalen am Strand. Diskotheken und Bars haben bis in die frühen Morgenstunden geöffnet. Der Massentourismus hat die Insel Mallorca verändert.

M3 *Am Strand von Magaluf, südwestlich von Palma de Mallorca*

Freizeit und Erholung

Sonnenseiten des Massentourismus

Pedro Gonzales hat ein kleines Café am Strand von Palma de Mallorca. Seine Schwester Maria verkauft am Strand Strohhüte, Baseballkappen und Modeschmuck. Die Geschwister Gonzales und viele andere Mallorquiner leben von den Urlaubern.

Durch den Fremdenverkehr sind neue Arbeitsplätze entstanden: insgesamt 40 000 in den letzten zehn Jahren. Es wurden zum Beispiel Köche, Taxifahrer, Reiseführer, Maurer und Schreiner neu eingestellt. Der Wohlstand der Bevölkerung ist gestiegen. Auf Mallorca verdient man im Durchschnitt 1 400 Euro pro Monat (zum Vergleich: im übrigen Spanien 1 100 Euro).

M6 *Die Gäste von Pedro Gonzales sind fast nur Touristen.*

Schattenseiten des Massentourismus

An der Küste von Mallorca ragen unzählige Hotels in den Himmel. Außerdem wurden Feriensiedlungen, Jachthäfen, Golfplätze und Straßen gebaut, damit viele Menschen auf der Insel ihren Urlaub verbringen. Die Naturlandschaft entlang der Küste wurde zerstört. Aber das ist nicht das einzige Problem. Im Sommer regnet es kaum; dann herrscht manchmal Wassernot. Außerdem fällt durch die vielen Touristen eine große Menge Müll an.

Die Regierung von Mallorca will die Probleme beseitigen. Sie hat zum Beispiel den Bau von großen Hotelanlagen an der Küste verboten. Eine neue Müllverbrennungsanlage soll gebaut werden. Auch ist eine weitere Anlage, mit der man aus Meerwasser Trinkwasser herstellen kann, geplant.

Aufgaben

1 Beschreibe die Entwicklung des Tourismus auf Mallorca (M2).

2 Jedes Jahr machen 3 Mio. Deutsche Urlaub auf Mallorca. Nenne mögliche Gründe.

3 Der Tourismus hat Vorteile und Nachteile mit sich gebracht (M3, M6, Text). Zeichne dazu ein Bild. Beschrifte die Zeichnung.

4 Mallorcas Regierung will Probleme, die mit dem Tourismus zusammenhängen, beseitigen. Erläutere (M5, Text).

M5 *Ein altes Hotel an der Küste von Mallorca wird gesprengt.*

> **Merke**
> Mallorca ist ein beliebtes Reiseziel. Durch den Tourismus sind Arbeitsplätze entstanden. Der Wohlstand ist gestiegen. Der Tourismus hat aber auch zu Problemen geführt.
>
> **Grundbegriff**
> • die Pauschalreise

Alles klar?

Freizeit und Erholung

Orientierungskompetenz

1. Grundbegriffe

Hier sind die wichtigsten Begriffe dieses Kapitels noch einmal zusammengestellt. Wähle fünf Begriffe aus, erkläre sie und ergänze sie mit einfachen Zeichnungen.

- Eurasien
- Nationalstaat
- Nordeuropa
- Westeuropa
- Mitteleuropa
- Südeuropa
- Südosteuropa
- Fernreise
- Osteuropa
- Massentourismus
- Individualtourismus
- Sanfter Tourismus
- Pauschalreise

Fachkompetenz

2. Kennst du dich aus? Fragen für Experten

a) Erkläre den Begriff „Massentourismus".
b) Nenne mindestens zwei Beispiele für negative Auswirkungen, die der Tourismus in den Alpen mit sich gebracht hat.
c) Notiere drei negative Auswirkungen des Massentourismus auf Mallorca.
d) Wie kannst du dich im Urlaub verhalten, damit die Natur nicht geschädigt wird?

3. Höhenstufen in den Alpen

Welche Pflanzenarten findet man in den verschiedenen Höhenstufen?

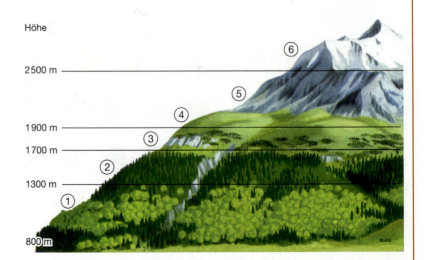

Alles klar?

Methodenkompetenz

4. Urlaubsreisen im Vergleich

Übertrage die Tabelle in deine Mappe oder dein Heft, vergleiche die beiden Urlaubsangebote und fülle die Tabelle aus. Entscheide dich für ein Angebot.

	Alpen	Türkei
Kontinent		
Lage		
Verkehrsmittel		
Energieverbrauch		
Unterkunft		
Kennenlernen der Kultur		
Reisekosten		
Verpflegung		
Dauer des Aufenthalts		
Ausflüge inkl.		
Umweltverträglichkeit		
Sonstiges		

Badeurlaub in der Türkei

Verbringen Sie Ihren Urlaub in einem 3-Sterne-Hotel direkt am Meer. 2 Wochen Halbpension inklusive Flug von Frankfurt/Main: 750,– €.

Busreise in die Alpen

Unterkunft in einer rustikalen Bergpension in landestypischer Bauweise. 2 Wochen Vollpension (hier kocht die Wirtin selbst), inklusive Unterkunft, Anreise und 2 geführten Bergtouren: 630,– €.

5. Der Tourismus und seine Auswirkungen

Das Schaubild zeigt die positiven und negativen Auswirkungen des Tourismus. Erkläre die Zusammenhänge in einem Text.

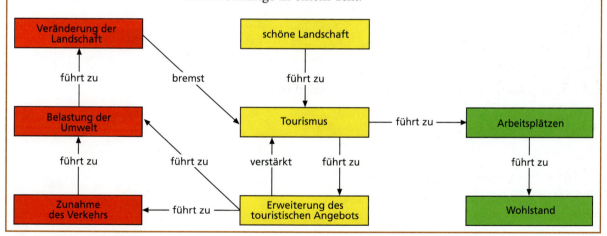

Beurteilungs- und Handlungskompetenz

6. Nimm Stellung!

a) Erläutere die Vor- und Nachteile des Tourismus für Mallorca und nimm Stellung zu den Auswirkungen für die Naturlandschaft und die Menschen.

b) Erörtere die Bedeutung des sanften Tourismus für die Entwicklung des Fremdenverkehrs in Hindelang.

Ägypten – ein Geschenk des Nils

Die Sahara – eine Trockenwüste	206
Der Nil – Lebensader Ägyptens	212
Leben unter der Herrschaft der Pharaonen	216
Die Schrift der alten Ägypter	218
Alltagsleben der alten Ägypter	220
Die Bedeutung der Pyramiden	222
Die ägyptischen Götter	224
Leben in Ägypten heute	226
Alles klar?	228

Am Ende des Kapitels kannst du:
- die Sahara als Trockenwüste einordnen,
- Klimadiagramme auswerten,
- Wüsten als lebensfeindliche Räume charakterisieren,
- den Nil als Fremdlingsfluss darstellen,
- erklären, wie die Nilschwelle entsteht,
- Merkmale einer Hochkultur benennen,
- die Bewässerungslandwirtschaft im alten Ägypten erläutern,
- die Niloase als Gunstraum kennzeichnen,
- den Aufbau der ägyptischen Gesellschaft kennzeichnen,
- die Grundzüge der ägyptischen Schrift darstellen,
- das Alltagsleben im alten Ägypten erläutern,
- die Bedeutung der Pyramiden erklären,
- den Bau des Assuan-Staudamms als Eingriff des Menschen in den Naturraum beurteilen.

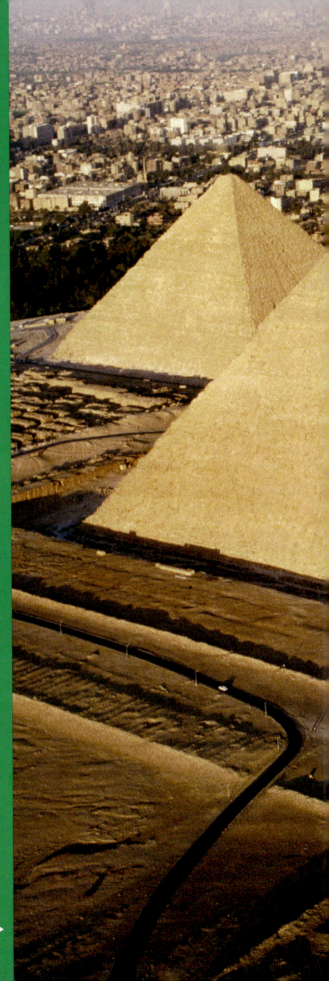

M1 *Die Pyramiden von Gizeh* ▶

Die Sahara – eine Trockenwüste

M1 *Lage der Sahara*

„Wir sind eine Reisegruppe von fünf Personen und waren vorher noch nie in einer Wüste. Heute unternehmen wir eine Fahrt mit einem Landrover in die Sahara. Unser Fahrer Habib kennt sie genau. Eine hervorragend ausgebaute, asphaltierte Straße führt uns direkt in die Wüste.
Als wir aus dem klimatisierten Fahrzeug aussteigen, „erschlägt" uns die Hitze. Soweit man sehen kann kein Baum und kein Strauch! Über dem Asphalt flimmert die Luft und die endlose Straße scheint am Horizont in einen See zu führen, den es gar nicht gibt – eine Fata Morgana. Unbeschreiblich die Stille. Kein Lufthauch! Wir verspüren weder Durst noch Hunger und doch nehmen wir einen kräftigen Schluck Wasser zu uns und merken, wie dringend wir ihn brauchen."

M3 *Bericht von einer Fahrt in die Wüste*

Aufgaben

1 Außer Trockenwüsten gibt es noch Kältewüsten. Beschreibe, was die Kennzeichen beider Wüstenarten sind.

2 „In der Wüste sind schon mehr Menschen ertrunken als verdurstet". Erkläre diese Aussage.

3 Stelle die Folgen der großen Temperaturschwankungen zwischen Tag und Nacht dar (M6).

4 Werte M2 aus.

5 Stelle dar, wie eine Sandwüste entsteht (M5).

Die Wüste Sahara

Mit 8 Mio. km² ist die Sahara die größte **Trockenwüste** der Erde. In ihren trockensten Gebieten fiel zwölf Jahre lang kein Tropfen Regen.

Die Sahara ist ein lebensfeindlicher und dünn besiedelter Raum. Es fällt kaum Niederschlag. In den Sommermonaten betragen die durchschnittlichen Temperaturen über 35 °C. Tatsächlich wird es aber häufig mittags 70 °C heiß. Würde sich ein Mensch ohne ausreichenden Schutz dieser Gluthitze aussetzen, wäre er innerhalb weniger Stunden tot. Kleinere Tiere, die hier überleben wollen, vergraben sich am Tag oft im Untergrund und werden nur nachts aktiv. In den Wintermonaten können die Temperaturen in der Nacht auf –10 °C sinken.

Von den Gebirgen am Rand und in der Mitte der Sahara führen Täler in die Wüste. Es sind Trockentäler; sie heißen **Wadis**. Nur bei den sehr seltenen heftigen Regenfällen füllen sie sich mit Wasser und werden zu reißenden Flüssen.

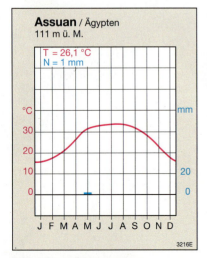

M2 *Klimadiagramm*

M4 *Kamelkarawane in der Sahara*

Ägypten – ein Geschenk des Nils

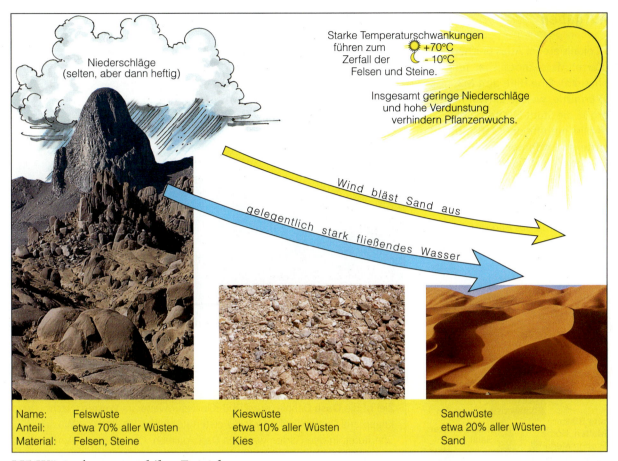

M5 *Wüstenformen und ihre Entstehung*

Uhr-Zeit	8:00	10:00	12:00	14:00	16:00	18:00	20:00	22:00	24:00	2:00	4:00	6:00
Temperatur	6 °C	12 °C	20 °C	26 °C	25 °C	19 °C	10 °C	0 °C	–3 °C	–7 °C	–8 °C	–4 °C

M6 *Tag- und Nachttemperaturen in der Sahara im Dezember*

Die Wüste hat viele Gesichter

Die Sahara ist nur zu einem Fünftel eine **Sandwüste**. Den größten Teil nehmen **Kieswüsten** und **Felswüsten** ein. Auf Grund großer Temperaturschwankungen zwischen Tag und Nacht zerspringt Gestein in scharfkantige Stücke. Der Wind, der wie ein Sandgebläse wirkt, zerkleinert die Steine und schichtet den feinen Sand zu Dünen auf. Sand und Staub werden vom Wind immer in Bewegung gehalten. Deshalb verändern Dünen ihre Form. Sie wandern und können die wenigen Siedlungen und Wüstenstraßen zudecken.

Der feine Staub der Sahara kann von Stürmen sogar bis nach Europa oder Südamerika getragen werden. Karawanen (Reisegruppen mit Kamelen), die die Wüste durchqueren, kennen die Lage der Dünen sehr genau. „Wer sie nicht kennt, wird nie sein Ziel erreichen", wissen die Karawanenführer.

Merke
Die größte Wüste der Erde ist die Sahara in Nordafrika. Sie besteht aus den drei Wüstenformen Felswüste, Kieswüste und Sandwüste. In der Wüste fällt kaum Niederschlag und es wird tagsüber heiß.

Grundbegriffe
- die Trockenwüste
- das Wadi
- die Sandwüste
- die Kieswüste
- die Felswüste

Die Sahara – eine Trockenwüste

Aufgaben

1 Lokalisiere im Atlas El-Kharga (Karte: Afrika (nördlicher Teil) – physisch). Eine Hilfe gibt M3.
a) Ermittle, welche Einwohnergröße die Stadt El-Kharga hat.
b) Miss mithilfe der Maßstabsleiste die Entfernung von El-Kharga bis zur ägyptischen Hauptstadt (Luftlinie) und notiere das Ergebnis.

2 Beschreibe das Bild der Oase Dakhla (M2).

M2 *Die Grundwasseroase Dakhla, Ägypten*

Wir starten früh am Morgen mit unserem Landrover in El-Kharga. Unser Ziel ist die **Oase** Dakhla, etwa 200 Kilometer weiter im Westen. Nach knapp drei Stunden sehen wir die ersten Reisfelder. Sie sind von Wasser überflutet. In den Gärten wachsen Dattelpalmen, Olivenbäume, Aprikosen, Zitrusfrüchte, Feigen und Guaven. Die Wasserzufuhr wird durch ein Kanalsystem geregelt. Jetzt, im Sommer, sind erst vereinzelte Datteln reif. Sie schmecken sehr lecker. Wie in den anderen Oasen ist auch in Dakhla die Dattelproduktion nach wie vor die Haupteinnahmequelle.

M3 *Oasen – Inseln im Meer der Wüste*

M1 *Nutzung der Dattelpalme*

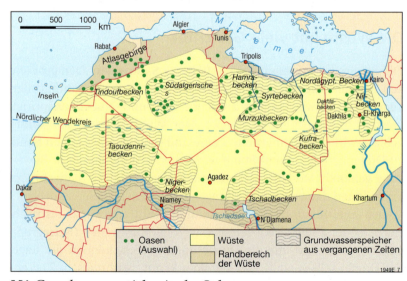

M4 *Grundwasserspeicher in der Sahara*

Ägypten – ein Geschenk des Nils

M5 *Wasser aus der Tiefe füllt ein Speicherbecken.*

M6 *Stockwerk-Anbau*

Orangenbäume im Schatten der Dattelpalmen

Die meisten Oasen in Ägypten sind **Grundwasseroasen**. Manchmal erreichen die Dattelpalmen mit ihren langen Wurzeln das Grundwasser. Vor einigen Jahren wurden in einer Tiefe von 1000 bis 4000 Meter riesige Wasservorräte entdeckt (M4). Dieses Wasser ist etwa 20 000 Jahre alt. Es kann durch Brunnen oder besser durch Motorpumpen angezapft werden. Dadurch können größere Flächen bewässert werden.

In den Oasen spenden die von den Bauern gepflanzten Dattelpalmen Schatten für Orangen-, Zitronen-, Feigen-, Granatapfel- und Pfirsichbäume. Darunter wiederum werden zum Beispiel Melonen, Gurken und Tomaten angebaut. Durch diesen **Stockwerk-Anbau** trocknet der Boden nicht so schnell aus. Die Anbauflächen müssen bewässert werden. Es gibt Kanäle, in denen das Wasser fließt. Von Hauptbewässerungskanälen zweigen Nebenkanäle ab; sie können durch Schieber geöffnet und geschlossen werden. Ein Wasserwächter regelt die Wasserverteilung, denn das Wasser ist kostbar. Es darf nicht verschwendet werden. Oft sind die Oasen umgeben von Zäunen aus Palmblättern. Diese schützen die Pflanzen vor dem heißen Wüstenwind und dem Wüstensand.

Die Siedlungen mit dicht aneinander gebauten Häusern und schattigen Gassen liegen meist am Rand einer Oase, weil jedes noch so kleine Stück Bewässerungsfläche genutzt wird.

Eine andere Oasenart ist die **Flussoase**. Sie erhält Wasser durch einen Fluss, der die Wüste durchzieht. Die bekannteste Flussoase ist die Nil-Oase.

Aufgaben

3 Erläutere den Stockwerk-Anbau in einer Oase (M6 und Text).

4 Die Dattelpalme gilt als wichtigste Pflanze der Oasen. Begründe (M1).

5 Erkläre woher das Wasser in den Oasen kommt (Text, M4).

Merke
Es gibt zwei Oasenarten: Grundwasseroasen und Flussoasen. Das Grundwasser kann durch Brunnen angezapft werden. Teilweise wird es aus großen Tiefen mit Motorpumpen hochgepumpt. Bewässerungsgräben verteilen das Wasser. In den Oasen wird Stockwerk-Anbau betrieben.

Grundbegriffe
- die Oase
- die Grundwasseroase
- der Stockwerk-Anbau
- die Flussoase

Die Sahara – eine Trockenwüste

Kamel
- Tagesleistung: ca. 30 km
- Zahl der Kamelführer pro 10 Kamele: 2–3
- Last pro Tier: ca. 200 kg
- „Verbrauch" pro Tag: ca. 10 Liter Wasser

Lkw
- Tagesleistung:
  Piste: ca. 150 km
  Straße: ca. 500 km
- Zahl der Fahrer pro Lkw: 1
- Last pro Lkw: zwischen 5 und 20 Tonnen
- Verbrauch pro 100 km: 20 Liter Diesel

M1 *Transportleistungen*

M3 *Neue Oase Hassi-Messaoud in Algerien*

Von der Oase aufs Ölfeld

Um 1960 wurden in Ägypten, Libyen, Tunesien und Algerien riesige Lagerstätten von Erdöl und Erdgas entdeckt. Die Funde lagen zum Teil weitab von der Küste im Inneren der Sahara. „Neue Oasen", sogenannte Industrie-Oasen, entstanden. Ihre Kennzeichen sind Fördertürme, Werkstätten, Tankstellen, Wassertanks, Wohn- und Bürocontainer, vielfach mit Duschen und Klimaanlagen. Das geförderte Erdöl und Erdgas wird in Pipelines transportiert. Viele Arbeitskräfte wurden gebraucht. Oasenbauern gaben ihre Felder auf, Nomaden verließen ihre Stämme. Sie fanden gut bezahlte Arbeitsplätze auf den Ölfeldern. Mamadou arbeitet seit drei Jahren als Fahrer in der Industrie-Oase Hassi-Messaoud. Er verdient gut, hat geregelte Arbeitszeiten und wohnt in einer komfortablen Unterkunft der Ölgesellschaft.

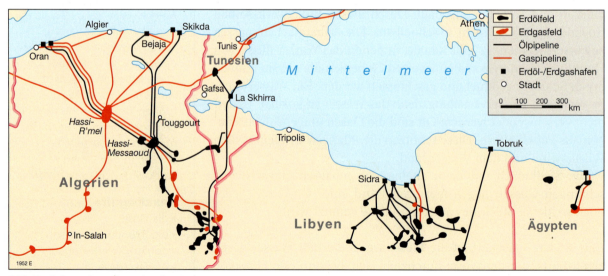

M2 *Erdöl und Erdgas in der Sahara*

Ägypten – ein Geschenk des Nils

M4 *Hotelswimmingpool in einer ägyptischen Oase*

Lkw statt Kamel

In vielen Oasen der Sahara änderte sich die Wirtschaftsweise. Lkws bringen auf asphaltierten Straßen Getreide und andere Nahrungsmittel hierher. Die Preise sind so niedrig, dass sich der Anbau von Nutzpflanzen in den Oasen kaum noch lohnt. Zahlreiche Oasengärten sind schon verfallen.

Vor allem die jungen Oasenbewohner wandern ab. Gut bezahlte Arbeit finden sie in den großen Städten, den Ferienzentren an der Küste, auf den Ölfeldern oder in Fabriken im Ausland. Sie wollen ein moderneres Leben führen als ihre Eltern. Ein eigener Jeep ist für sie interessanter als eine Herde Ziegen.

In vielen Oasen bringt jedoch der Tourismus heute gute Einnahmen. Hotels und Campingplätze wurden gebaut. Satellitenfernsehen, Telefon und Internet sind selbstverständlich.

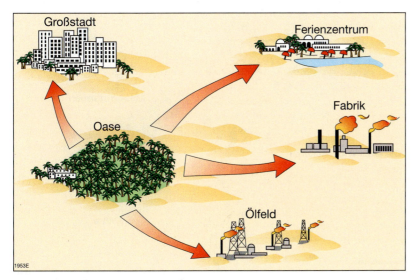

M5 *Wanderbewegungen in der Wüste*

Aufgaben

1 Beschreibe die Veränderungen in der Wüste durch die Erschließung der Erdöl- und Erdgaslagerstätten der Sahara.

2 Miss die Länge der Erdölpipeline von Hassi-Messaoud nach Skikda (M2) und vergleiche sie mit der Entfernung von Hamburg nach Saarbrücken (Atlas).

3 Beschreibe die Wanderbewegungen in der Wüste (M5).

4 Hotels benötigen viel Wasser. Bewerte die möglichen Folgen für den Grundwasserspiegel.

Merke
Um 1960 wurden in der Sahara große Erdöl- und Erdgaslagerstätten entdeckt. In vielen Oasen änderte sich dadurch die Wirtschaftsweise. Auch der Tourismus bringt neue Einnahmen.

Der Nil – Lebensader Ägyptens

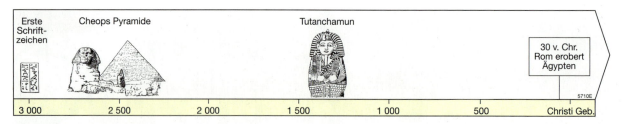

M1 *Zeitleiste der ägyptischen Hochkultur*

Aufgaben

1 Beschreibe die geographische Lage Ägyptens (Kontinent, angrenzende Meere, Staaten).

2 Finde die Namen in der Übungskarte (M2) mithilfe des Atlas (Karten: Stromoase Nil und Nordafrika – physisch).

Eine frühe Hochkultur

Vor etwa 5 000 Jahren lebten die Menschen bei uns noch als Jäger und Sammler. In anderen Gebieten der Erde hatten sich zu dieser Zeit bereits frühe **Hochkulturen** entwickelt. Sie entstanden entlang von großen Flüssen und hatten gemeinsame Merkmale: Durch Bewässerung war die Landwirtschaft sehr ertragreich. Die Menschen verständigten sich nicht nur mündlich. Sie entwickelten eine Schrift. Diese war wichtig für die Verwaltung der Gebiete. Handwerker schufen Luxusgüter aus kostbaren Materialien.

Eine dieser frühen Hochkulturen entstand in der großen Flussoase des Nils im heutigen Ägypten. Durch das trockene Wüstenklima sind viele Gegenstände sehr gut erhalten: Bauwerke, Kunstgegenstände und Malereien. Daher weiß man heute vieles über die Menschen in dieser Zeit.

Die ägyptische Geschichte beginnt um 3000 v. Chr. Damals wurde in Ägypten eine Schrift erfunden. Seitdem gibt es Funde mit schriftlichen Aufzeichnungen.

Das alte Ägypten, das heißt die ägyptische Hochkultur, endet mit der Eroberung durch die Römer im Jahr 30 v. Chr.

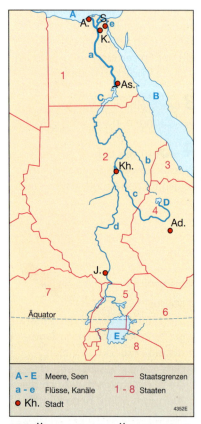

M2 *Übungskarte: Ägypten und der Nil*

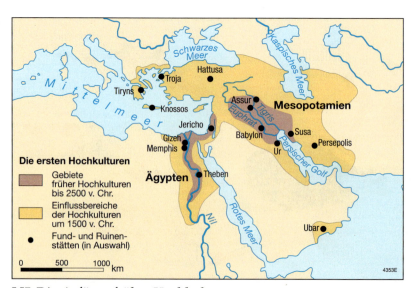

M3 *Die Anfänge früher Hochkulturen*

Ägypten – ein Geschenk des Nils

M4 *In der Niloase südlich von Kairo heute*

M6 *Die Wasserstände des Nils im Verlauf des Jahres*

Der Nil – ein Fremdlingsfluss

Der Nil ist heute der einzige Fluss, der als **Fremdlingsfluss** die Wüste Sahara durchquert. Entlang des Nils erstreckt sich eine Flussoase. Sie ist etwa 1100 km lang, 25 km breit und wird zum Teil von hohen Felswänden begleitet. Der Nil hat zwei Quellflüsse: den Blauen Nil und den Weißen Nil. Sie kommen aus den regenreichen Gebieten am Äquator (siehe S. 281).

Einmal im Jahr gab es für etwa vier Monate ein Hochwasser. Der Wasserstand des Flusses stieg um etwa acht Meter. Diese **Nilschwelle** verwandelte das Niltal in einen einzigen großen See. Das Wasser enthielt fruchtbaren Schlamm. Er wurde im Niltal abgelagert, wenn die Überschwemmung zurückging, und düngte den Boden. Danach wurden die Felder bestellt. Von der Nilschwelle hing die Ernte ab. Stieg das Wasser nicht hoch genug, gab es Missernten und Hungersnöte.

Aufgaben

3 Stelle im Atlas fest, ab welcher Stadt der Nil keine Nebenflüsse mehr hat (Karte: Nordafrika – physisch). Begründe.

4 a) Beschreibe die Landschaft in M4.
b) Erkläre mithilfe des Bildes den Begriff „Flussoase".

5 Erkläre mithilfe von M5 und M6 die unterschiedlichen Wasserstände des Nils im Verlauf des Jahres.

Merke
Um 3000 v. Chr. entwickelte sich entlang des Nils die ägyptische Hochkultur. Der Nil durchquert als Flussoase die Wüste Sahara.

Grundbegriffe
- die Hochkultur
- der Fremdlingsfluss
- die Nilschwelle

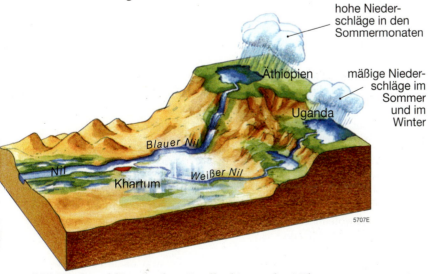

M5 *Niederschläge in den Quellgebieten des Nils*

Der Nil – Lebensader Ägyptens

M1 *Ein Nilbauer bewässert die Felder mit einem Schaduf. (Wandmalerei aus einem 4000 Jahre alten Grab)*

Ackerbau am Nil vor 5000 Jahren

Nach den jährlichen Überschwemmungen mussten die Felder neu vermessen werden, da der Schlamm die Grenzsteine bedeckte. Diese Arbeit verrichteten die Seilspanner. Anschließend wurde der Boden für die Aussaat vorbereitet. Die Bauern benutzten hierfür einen Pflug aus Holz. Das Saatgut erhielten sie aus den königlichen Vorratslagern. Nach dem Pflügen säten sie die Körner direkt in den Nilschlamm.

Wenn der Wasserstand des Nils zurückgegangen war, mussten die Felder bewässert werden. Dies erfolgte über Kanäle. Schwierig war die **Bewässerungslandwirtschaft** auf den höher gelegenen Feldern. Das Wasser wurde in Tonkrügen herangeschafft. Erst in der Zeit um 2300 v. Chr. erfand man einen Hebebaum, den Schaduf. Zur Erntezeit erschienen die Steuereintreiber. Sie ließen die Felder erneut vermessen, um die Ernteerträge zu berechnen.

Probierstein des Geistes

7 Menschen besitzen je 7 Katzen.
Jede Katze frisst 7 Mäuse.
Jede Maus frisst 7 Ähren Gerste.
Aus jeder Gerstenähre können 7 Maß Getreidekörner entstehen.
Wie viele Maß Getreide sind der Nützlichkeit der Katzen zu verdanken?

M2

M3 *Ein Nilbauer beim Pflügen (Wandmalerei aus einem Grab)*

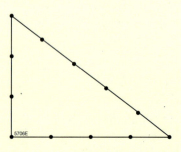

Zur Vermessung der Felder wurde in Ägypten ein einfaches Verfahren entwickelt. In einem längeren Seil wurden in gleichen Abständen 13 Knoten angebracht, sodass zwölf gleich lange Seilstrecken entstanden. Der 1. und 13. Knoten wurden miteinander verbunden. Mithilfe von Pflöcken, die in die Erde gerammt wurden, wurde das Seil gespannt – und zwar in einem Dreieck mit drei, mit vier und mit fünf Seilstrecken. Die alten Ägypterinnen und Ägypter wussten, dass dort, wo die beiden kurzen Seiten eines solchen Dreiecks zusammenstießen, ein rechter Winkel entstand. Mithilfe der Knotenschnur konnten die Seilspanner daher genaue Rechtecke vermessen.

Das Verfahren des Seilspannens mit der Knotenschnur nutzten die Menschen auch beim Bau von Tempeln und Pyramiden – immer dann, wenn ein rechter Winkel festzulegen war.

M4 *Die Technik des Seilspannens*

Ägypten – ein Geschenk des Nils

M5 *Seilspanner beim Vermessen der Felder (Wandmalerei aus einem Grab)*

Was bauten die Ägypter an?

Auf den großen Bewässerungsflächen bauten die Ägypter hauptsächlich Gerste und Weizen an. Die Aussaat erfolgte nach dem Abklingen der Nilschwelle von Mitte Oktober bis Anfang November, die Ernte im Frühjahr. Bekannt waren außerdem: Wein, Obst und Gemüse (Zwiebeln, Lauch, Knoblauch, Lattich, Bohnen, Linsen, Kürbisse, Melonen) sowie verschiedene Gewürze (Kümmel, Koriander, Wacholderbeeren). Auch Blumen wurden gezüchtet. Man dressierte Affen zum Ernten von Feigen und Datteln von den recht hohen Bäumen.

M6 *Bewässerung mit dem Schaduf heute*

Aufgaben

1 Die Menschen in Ägypten entwickelten eine meisterhafte Technik der Landvermessung (M4). Begründe und erläutere an einem Beispiel.

2 Stellt eine Knotenschnur her, wie es sie im alten Ägypten gab. Der Abstand zwischen den Knoten soll 50 cm betragen. Vermesst mithilfe der Knotenschnur auf dem Schulhof vier Rechtecke und zeichnet sie mit Kreide nach. Nun zerstört die „Nilschwelle" (zwei Eimer Wasser und Schrubber) eure „Felder". Vermesst erneut.

3 Erläutere die Bedeutung der Landwirtschaft vor über 4000 Jahren.

4 Die Ägypter liebten verzwickte Rechenrätsel. Sie nannten sie „Probiersteine des Geistes". Löse das Rätsel in M2.

5 Vergleiche die Landwirtschaft in Ägypten mit der Landwirtschaft bei uns (Seiten 162/163).

Merke
Nach den jährlichen Überschwemmungen wurden die Felder neu vermessen, bestellt und bewässert. Zur Erntezeit erschienen die Steuereintreiber. Die Bauern ernteten Gerste, Weizen, Wein, Obst, Gemüse, Gewürze und Blumen.

Grundbegriff
- die Bewässerungslandwirtschaft

Leben unter der Herrschaft der Pharaonen

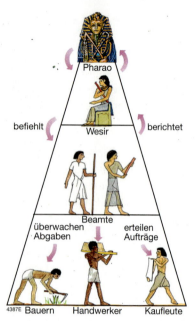

M1 *Der Aufbau der ägyptischen Gesellschaft*

Der Pharao – Macht ohne Grenzen

Der **Pharao** war als Gottkönig der oberste Herrscher in Ägypten. Stellvertreter des Pharaos war der Wesir. Er überwachte die Einhaltung der Gesetze, die der Pharao erließ. Ihm unterstanden die Beamten. Sie konnten lesen und schreiben. Sie lenkten und überwachten die großen Arbeiten wie zum Beispiel den Bau der Pyramiden. Spezielle Schreiber unter ihnen berechneten die **Steuern**, die die Bauern zahlen mussten – je nach der Höhe der Ernte, die wiederum von der Nilschwelle abhing. Der größte Teil der Bevölkerung bestand aus Bauern. Sie arbeiteten auf den Feldern des Pharaos und mussten mehr als die Hälfte ihrer Ernte als Steuern abgeben. Obwohl die Bauern die Grundlage für den Reichtum des Pharaos schufen, galten sie in der Gesellschaft nicht viel.

Handwerker arbeiteten in den Städten und Dörfern sowie am Hof des Pharaos. Insbesondere Maler, Bildhauer, Goldschmiede und Tischler waren geschätzte Spezialisten. Auch Frauen waren als Handwerkerinnen, Bäuerinnen und Beamtinnen tätig. Eine Armee schützte das Land vor Eindringlingen.

Aufgaben

1 Beschreibe M1 mithilfe des Textes.

2 Erkläre, welche Probleme in der Quelle angesprochen werden.

3 In den Abbildungen erkennst du, dass einige Menschen in Ägypten einflussreicher waren als andere. Ordne die Personen in M2, M3 und der Quelle in die Gesellschaftspyramide (M1) ein und beschreibe ihre Aufgaben.

4 Schreibe einen Text zu den Aufgaben des Pharaos.

5 a) Nenne die Zeichen der Macht des Pharaos (M2).
b) Auch heute gibt es „Zeichen der Macht". Nenne drei Beispiele.

6 „Einer muss sagen, wo es langgeht." Nimm Stellung zu diesem Ausspruch, den sinngemäß schon die alten Ägypter kannten.

Quelle

Her mit dem Korn
Der Wurm hat die eine Hälfte des Korns geraubt, das Nilpferd hat die andere gefressen. Viele Mäuse gibt es auf dem Felde, die Heuschrecke ist niedergefallen, das Vieh hat gefressen, die Sperlinge stehlen. Oh, wehe dem Bauern! Der Rest, der auf der Tenne liegt, dem haben die Diebe ein Ende gemacht. Das Gespann ist umgekommen vom Dreschen und Pflügen.
Da landet der Schreiber (siehe M4 Mitte) am Uferdamm und will die Ernte eintreiben. Die Beamten tragen Stöcke. Sie sagen: „Gib Korn her!" Ist keins da, so schlagen sie den Bauern.
(Nach A. Erman: Ägypten und ägyptisches Leben im Altertum. Hildesheim 1987, S. 532)

Die Zeichen der Macht auf der Totenmaske des Pharaos Tutenchamun (1352–1325 v. Chr.)

Der Krummstab zeigt, dass der Pharao der Anführer des Volkes ist.
Der geflochtene Götterbart, der Geier über der Stirn und das gold-blau gestreifte königliche Kopftuch zeigen, dass der Pharao der Herrscher des Volkes ist.
Der Wedel zeigt, dass der Pharao ein Gott ist.
Die Kobraschlange über dem Kopf des Pharaos zeigt, dass der Pharao jeden Feind töten kann.

M2

Ägypten – ein Geschenk des Nils

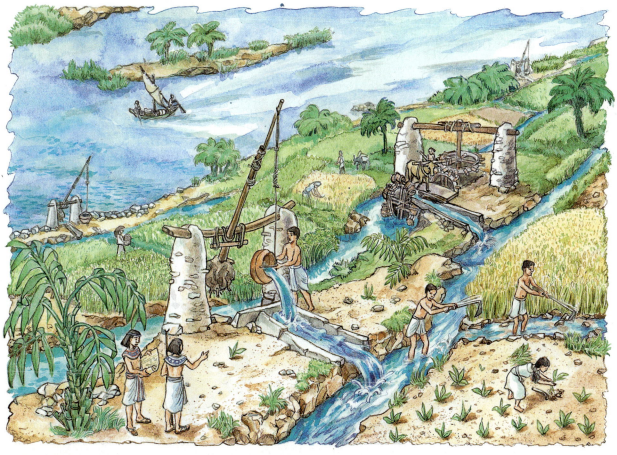

M3 *Bewässerungstechnik am Nil – Jahrtausende war sie unverändert (heutige Zeichnung)*

M4 *Wer macht was?*

Info

Gesellschaftspyramide

Die Menschen in Ägypten hatten alle eine bestimmte Stellung innerhalb der Gesellschaft.
Sie hatten wenig Möglichkeiten, diese Stellung zu verbessern. Sie waren der Meinung, dass die Götter ihnen ihren Platz zugewiesen hätten. So wurden die Kinder einer Bauernfamilie auch Bauern. Nur manchmal gelang es einzelnen Männern, über den Beruf des Schreibers in der Gesellschaft aufzusteigen.

Merke
Der Pharao war Gott, König und Herrscher in einer Person. Der größte Teil der Bevölkerung bestand aus Bauern, Handwerkern und Kaufleuten.

Grundbegriffe
- der Pharao
- die Steuer

Die Schrift der alten Ägypter

Aufgaben

1 Beschreibe die Herstellung von Papier.

2 Schreibe deinen Namen in Hieroglyphen. Benutze auch ein Deutzeichen.

3 Beantworte die Frage unter M2.

4 Schreibe folgende Zahlen als Hieroglyphen:
a) 1099; b) 30 533; c) 19; d) 1941; e) 4444.

5 Erarbeite für welche Aufgaben die Schrift im alten Ägypten wahrscheinlich eine große Hilfe war. Stelle eine Liste zusammen.

6 Schreiber hatten mehr Einfluss und Macht als die meisten anderen Menschen. Begründe.

Wissen ist Macht

Die ägyptische Schrift wurde vor über 5000 Jahren entwickelt. Sie war notwendig, um das große Reich zu verwalten. Die Schreiber mussten aufschreiben, welche Abgaben die Bauern gemacht hatten; Listen über Vorräte mussten geführt werden. Befehle des Pharaos wurden aufgeschrieben und in entfernte Gegenden gebracht. Nur wenige Menschen konnten lesen und schreiben. Vor allem die Schreiber beherrschten diese Kunst. Die Ausbildung zum Schreiber dauerte zehn bis fünfzehn Jahre. Schreiber waren in der Gesellschaft sehr angesehen und hatten viel Macht und Einfluss.
Da viele Texte auf Grabstätten eingemeißelt waren, nannte man sie **Hieroglyphen**, das heißt „heilige Eingrabungen". Daneben schrieben die Menschen mit Pinsel und Tinte auf Papyrus.

Info

Papyrus
Papyrus ist eine Pflanze, die in stehenden Gewässern (Seen, Teichen) wächst. Sie wird etwa sechs Meter hoch. Die Menschen nutzten Papyrus, um Boote, Segelbespannungen, Matten, Seile, Sandalen und Körbe anzufertigen. Vor allem aber stellten sie aus Papyrus „Papier" her.

① Der Papyrus wird mit einem Messer abgeschnitten. ② Die Blätter und die grüne Rinde werden entfernt.
③ Das Innere wird in dünne Streifen geschnitten und in Wasser gelegt, um es geschmeidig zu machen. ④ Die Streifen werden nebeneinander auf ein Brett gelegt. Dann wird die Fläche mit einer Flüssigkeit aus den Früchten der weißen Lotosblüte bestrichen, die wie Klebstoff wirkt. Darüber wird im rechten Winkel eine zweite Streifenschicht aufgelegt. Beide Schichten werden gepresst, getrocknet und mit einem glatten Stab poliert. ⑤ Die fertige Papyrusrolle wird mit Hieroglyphen beschrieben. Dazu stellt man Tinte aus natürlichen Farbstoffen her.

M1 *Die Herstellung von Papier*

Die ägyptische Schrift

Die ägyptische Schrift bestand aus sogenannten **Bildzeichen**. Zunächst bedeutete zum Beispiel das Bild „Mund" auch Mund. Später erhielt es eine weitere Bedeutung: reden, essen, lachen. Schließlich wurde es auch für den Buchstaben „R" benutzt. Schreibregeln gab es nicht. Die Schreibrichtung war nicht festgelegt. Vokale (Selbstlaute) wurden oft weggelassen. **Deutzeichen** erleichterten das Verständnis.

Es gab etwa 700 verschiedene Bildzeichen. Die Forscherinnen und Forscher konnten sie zunächst nicht entziffern. Erst 1822 gelang dies dem Franzosen Champollion. Er wusste, dass die Namen der Pharaonen mit einer **Kartusche** eingerahmt waren. Er verglich zwei Texte auf einer Steintafel. Der eine Text bestand aus ägyptischen Hieroglyphen, der andere Text war die Übersetzung genau dieses Textes ins Griechische. In beiden Texten erkannte er den Namen des Pharaos „Ptolemaios". So gelang ihm Schritt für Schritt die Entzifferung der Hieroglyphen.

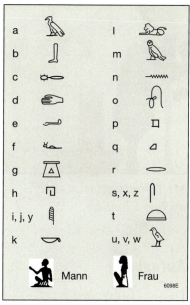

M4 *Ägyptisches Alphabet*

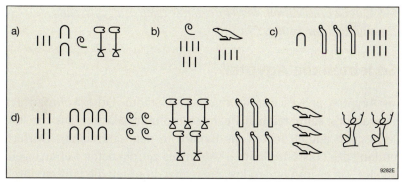

M2 *Welche Zahlen zeigen die Hieroglyphen?*

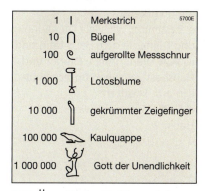

M5 *Ägyptische Zahlenzeichen*

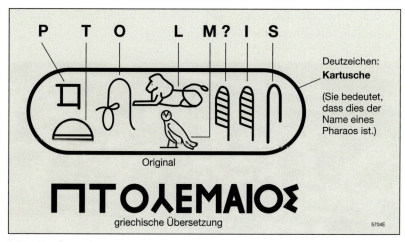

M3 *„Ptolemaios"*

> **Merke**
> Die Ägypter erfanden eine Bilderschrift aus Hieroglyphen. Sie wurde erst 1822 entziffert. Aus der Papyruspflanze machten die Ägypter „Papier".
>
> **Grundbegriffe**
> - die Hieroglyphe
> - das Bildzeichen
> - das Deutzeichen
> - die Kartusche

Alltagsleben der alten Ägypter

M1 *Lehmziegelhaus einer reichen Familie*

M3 *Querschnitt durch das Haus eines reichen ägyptischen Ehepaares (um 1400 v.Chr.)*

Aufgabe

1 Betrachte M3.
a) Schreibe die Gegenstände auf, die du erkennst.
b) Schreibe die Tätigkeiten auf, die du erkennst.
c) Bestimme, wie viele Dienerinnen und Diener in dem Haus tätig sind.
d) ↝ Dienerinnen, Diener und Hausbesitzer sehen unterschiedlich aus. Erläutere.
e) ↝ Wer macht was in dem Haus?

So lebten die Ägypter

In Ägypten gab es nur wenige große Städte. Dort wohnten der Pharao und seine reichen Beamten in ihren Palästen. Die meisten Menschen jedoch lebten als Bauern in den zahlreichen Dörfern entlang des Nils. Ihre Hütten waren aus getrockneten Lehmziegeln gebaut. Da es in Ägypten fast nie regnet, konnten die Hütten durch den Regen auch nicht zerstört werden. Die Häuser der Beamten auf dem Land waren viel größer als die Hütten der Bauern. Außerdem hatten sie zusätzliche Ställe, Gärten und große Vorratsräume. In den Innenräumen waren die Wände farbig angemalt und die Fußböden mit gebrannten Fliesen ausgelegt.

Süßspeise der alten Ägypter: Himmlische Pharaobällchen

Zutaten:
250 Gramm Datteln
ein Teelöffel Zimt
ein Teelöffel Kardamom
100 Gramm Walnüsse
Puderzucker

Zubereitung:
Die Datteln mit dem Pürierstab zu einer sämigen Masse verrühren, Zimt und Kardamom untermischen, die grob gehackten Walnüsse drunterkneten, kleine Kugeln formen und in Puderzucker wälzen.

M2 *Guten Appetit!*

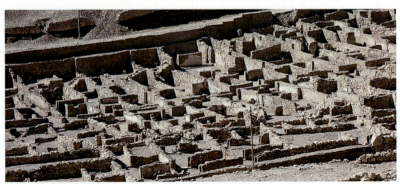

M4 *Überreste einer Arbeiterwohnsiedlung von 1500 v.Chr.*

Ägypten – ein Geschenk des Nils

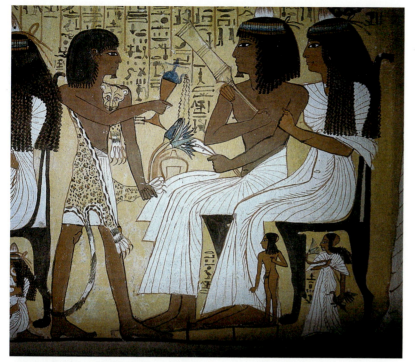

M5 *Wandmalerei einer Familie*

Aufgaben

2 Beschreibe M5. Gehe auf Kleidung, Schminke und Frisur ein. Unterscheide Mann und Frau.

3 Ordne die Gegenstände in M6:
a) Werkzeuge zur Körperpflege,
b) Gegenstände zum Aufbewahren von Pflegemitteln,
c) Schmuck, um zu gefallen.

Merke
Die Pharaonen und reichen Beamten wohnten in Palästen und großen Häusern. Die meisten Menschen im alten Ägypten waren Bauern, die in einfachen Hütten aus getrockneten Lehmziegeln lebten. Kleidung und Schmuck zeigten, welcher Schicht eine Person angehörte.

Kleidung und Schmuck

Kleidung und Schmuck zeigten, welcher Schicht eine Person angehörte. Die Bauern und Handwerker trugen grobes Leinen. Reiche Beamte kleideten sich kostbarer. Sie machten sich schön und wollten den Göttern gefallen. Sie trugen kurze Haare, weil es in Ägypten so heiß ist. Bei festlichen Anlässen setzten Männer und Frauen schwarze Perücken auf. Sie färbten die Haare mit dem Blut von Tieren. Nicht nur Frauen, auch Männer schminkten sich vor allem die Augen und Augenbrauen. Dazu benutzten sie Salben aus dem Fett von Katzen, Nilpferden und Krokodilen. Sie vermischten es mit zerriebenen Metallen oder Steinen. Schmuck war teuer und ein Zeichen von Reichtum, Macht und Ansehen. Manche Schmuckstücke wurden auch als Glücksbringer getragen, wie zum Beispiel der Skarabäus, die Darstellung eines Käfers.

Rasiermesser

Haarschere

Halskragen

Salbengefäß
Spiegel

M6 *Ausgrabungsfunde*

Die Bedeutung der Pyramiden

Zeugnisse der Hochkultur

Eindrucksvolle Zeugen der ägyptischen Hochkultur sind die **Pyramiden**, die gewaltigen Grabstätten der ägyptischen Königinnen und Könige. Die Ägypterinnen und Ägypter verehrten die Pharaonen als Götter und glaubten an ein Weiterleben nach dem Tod. Durch die prächtige Ausstattung der Grabstätten und kostbare Grabbeigaben sollten die Pharaonen gnädig gestimmt werden und im Jenseits weiter für ihr Volk sorgen.

Die Pyramiden liegen am Rand der Niloase, dort wo die Felder aufhören und die Wüste beginnt. In Ägypten gibt es heute noch etwa 30 Pyramiden. Die größte ist die Cheops-Pyramide. Sie liegt am westlichen Stadtrand von Gizeh in der Nähe von Kairo. Sie wurde etwa um 2500 v. Chr. für den Pharao Cheops gebaut.

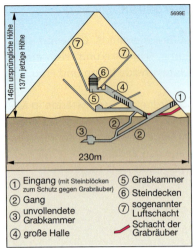

M1 *Schemazeichnung der Cheops-Pyramide: Obwohl die Baumeister „blinde" Gänge in die Pyramide einbauten und den Eingang durch riesige Steinblöcke verschlossen, plünderten Räuber die Grabkammern aus. Die Höhe der Pyramide hat sich durch die Verwitterung im Lauf der Jahrtausende verringert.*

Info

Die Cheops-Pyramide

Die Cheops-Pyramide besteht aus über 2 300 000 Kalksteinen. Aneinandergelegt ergibt dies eine Steinreihe von Mainz bis Athen. Jeder Stein wiegt etwa 2500 Kilogramm, so viel wie drei Kleinwagen. Die Steine waren so genau behauen, dass sie ohne Fugen aneinander- und aufeinanderpassten. Die Steine wurden auf Holzschlitten transportiert, denn in Ägypten war das Rad nicht bekannt. Über 20 000 Arbeiter waren täglich zehn Stunden im Einsatz. Der Bau dauerte 23 Jahre.

M2 *Die Pyramiden von Gizeh: Rechts die Pyramide des Pharaos Cheops, links daneben die seines Sohnes, des Pharaos Chefren, und links davor die seines Enkels, des Pharaos Mykerinos. Die drei Pharaonen wurden hier vor etwa 4500 Jahren nacheinander bestattet.*
Die Cheops-Pyramide ist die höchste, wirkt jedoch kleiner, da sie sich im Hintergrund des Bildes befindet.

Ägypten – ein Geschenk des Nils

Quelle

Interview mit einem Pyramidenforscher

Frage: Warum haben die Ägypter die Pyramiden gebaut?
Antwort: Die Pyramide ist die Wohnung des Königs, der nun aus dem Reich der Toten die Menschen regiert. Der gestorbene Pharao lebt als Gott weiter und herrscht in einer für alle sichtbaren Pyramide. Sie ist das Sinnbild einer künftigen neuen Welt.
Frage: War die Oberschicht auch für die Organisation der Bauarbeiten zuständig?
Antwort: Solch ein Bauwerk konnte nur von hoch angesehenen Spezialisten geplant werden. In den alten ägyptischen Schriften findet man keine Beschreibungen über den Bau der Pyramiden. Die Mithilfe am Pyramidenbau war für die Ägypter eine Art Gottesdienst – einmalig und unwiederholbar. Und für etwas Einmaliges verbot sich jede Beschreibung.
Frage: Wie viele Menschen haben an einer Pyramide gebaut?
Antwort: Rund 25 000 – etwa einer von hundert Menschen der damaligen ägyptischen Bevölkerung. Mit dem Bau selbst waren 15 000 Mann beschäftigt, davon 5 000 Mann auf der Baustelle und 10 000 Mann in den Steinbrüchen der Umgebung. Etwa 1 000 Mann davon waren ausschließlich für die Herstellung und Instandhaltung der Werkzeuge zuständig. Um den Transport der Steinblöcke kümmerten sich weitere 5 000 Mann. Zwar wurden die meisten Steine von Ochsen herbei- und heraufgeschleppt, aber manche auch von Menschen. Wir haben nachgewiesen, dass 18 Mann einen Steinklotz eine steile Böschung hochbringen können. Und noch einmal rund 5 000 Leuten – etwa Bäckern und Köchen – oblag die Versorgung.

(Nach R. Stadelmann, in: GEO Epoche, 2000)

Aufgaben

1 Beschreibe die Tätigkeiten und nenne die Hilfsmittel der Pyramidenbauer in M3.

2 Du führst eine Touristengruppe zu den Pyramiden von Gizeh. Erkläre ihnen die Forschungsergebnisse über den Pyramidenbau und die Bedeutung der Pyramiden (Quelle).

3 Pyramiden gibt es auch in anderen Ländern und in anderen Fächern, zum Beispiel in der Mathematik. Schreibe drei Beispiele auf. Benutze auch ein Lexikon und das Internet.

Merke
Die Pyramiden sind gewaltige Grabstätten der ägyptischen Pharaonen. Sie liegen am Rand der Niloase. Die größte Pyramide ist die Cheops-Pyramide. Sie ist heute noch 137 Meter hoch.

Grundbegriff
- die Pyramide

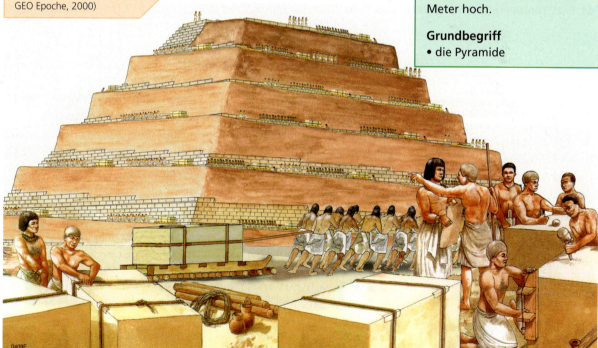

M3 *Die Ägypter bauten die Pyramiden ohne moderne Technik. Wie sie genau bauten, weiß bis heute niemand. So könnte es gewesen sein.*

Die ägyptischen Götter

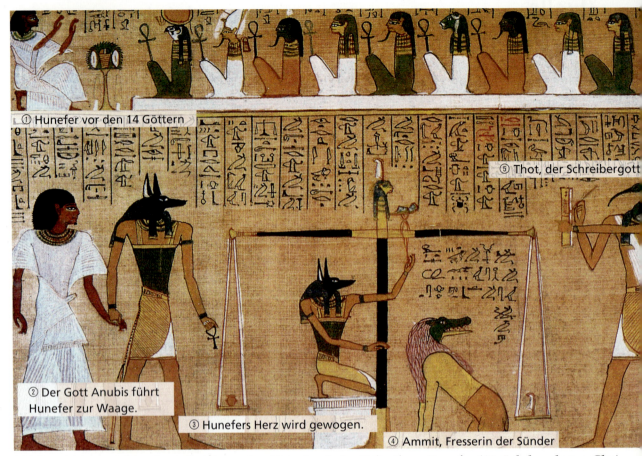

① Hunefer vor den 14 Göttern
⑤ Thot, der Schreibergott
② Der Gott Anubis führt Hunefer zur Waage.
③ Hunefers Herz wird gewogen.
④ Ammit, Fresserin der Sünder

M1 Das Totengericht – Ausschnitt aus dem Totenbuch des Schreibers Hunefer (13. Jahrhundert v. Chr.)

Die ägyptische Götterwelt

Die Ägypter verehrten über 40 Götter. Der oberste Gott war der Sonnengott Amun-Re. Viele Götter sehen aus wie Menschen mit Tierköpfen. Andere haben die Gestalt von Katzen, Krokodilen oder Affen. Bestimmten Tieren wurden göttliche Kräfte zugeschrieben. Sie wurden feierlich beerdigt.

Ich habe nichts Schlechtes getan!
Ich habe nicht hungern lassen!
Ich habe nicht zum Weinen gebracht!
Ich habe nicht getötet!
Ich habe nicht zu töten befohlen!
Ich habe niemandem Böses zugefügt!
Ich habe die Opferspeisen in den Tempeln nicht verringert!
Ich habe nicht Ehebruch begangen!
Ich habe das Kornmaß nicht vergrößert oder verkleinert!
Ich habe die Gewichte der Handwaage nicht vergrößert!
Ich habe das Kleinvieh nicht von seinem Futter vertrieben!
Ich habe keinen Gott bei seinen Prozessionen gehindert!

M2 Aus Hunefers Totenbuch

Osiris wird von seinem eifersüchtigen Bruder Set ermordet. Dieser zerstückelt die Leiche und verteilt sie in alle Himmelsrichtungen.
Isis ist die Frau von Osiris. Sie trauert um ihren Mann und macht sich auf die Suche nach den Leichenteilen. Sie findet sie mithilfe von Anubis und fügt sie wieder zusammen. Mit ihrem toten Mann zeugt sie einen Sohn, den Gott Horus. Dieser rächt seinen Vater und erweckt ihn so zu neuem Leben. Osiris herrscht darauf als Richter über die Verstorbenen in der Unterwelt. Sein Sohn Horus führt die Toten vor seinen Richterstuhl.

M3 Die Sage von Osiris und Isis

Ägypten – ein Geschenk des Nils

⑦ Horus, der Sohn von Osiris
⑨ Isis (Frau von Osiris) und ihre Schwester Nephtys
⑥ Hunefer wird zu Osiris geführt.
⑧ Osiris ist der Herrscher des Jenseits.

Das Totengericht des Hunefer

Der Schreiber Hunefer lebte als hoher Beamter um 1300 v. Chr. Wie viele andere hoffte er, nach dem Tod im Jenseits weiterzuleben. Dies wird vor einem Totengericht verhandelt. M1 zeigt das **Totengericht**, vor das Hunefer tritt. Es stammt aus dem sogenannten Totenbuch des Hunefer. Das ist kein richtiges Buch, sondern eine Wandmalerei. Nur reiche Leute konnten sich solche „Totenbücher" leisten. Die Malereien berichten vom Leben der Verstorbenen und sollten die Seelen der Toten ins Jenseits begleiten.

Das Bild enthält vier Szenen. In der Hauptszene wird Hunefers Herz auf die linke Waagschale gelegt und gegen die Feder in der rechten Waagschale aufgewogen. Für die Ägypter war das Herz die „Mitte" des Menschen. Hat der Verstorbene gesündigt, sinkt die Waagschale mit dem Herzen und es wird von Ammit verschlungen. Das wäre der endgültige Tod. Anubis prüft und stellt fest, dass Hunefer nicht gesündigt hat. Die Waage bleibt im Gleichgewicht. Thot schreibt das Ergebnis auf und Horus geleitet Hunefer zu Osiris. Nun ist der Weg frei für ein Weiterleben im Jenseits.

Aufgaben

1 Spielt die Sage von Osiris und Isis in der Klasse (M3).

2 Beschreibe die vier Szenen in M1. Nenne dabei die Namen und das Aussehen der Götter und erläutere die Handlung.

Merke
Die Ägypter verehrten viele Götter. Sie glaubten an ein Weiterleben nach dem Tod, wenn der Verstorbene ein „gutes" Leben geführt hatte. Darüber wurde in einem Totengericht entschieden.

Grundbegriff
- das Totengericht

Leben in Ägypten heute

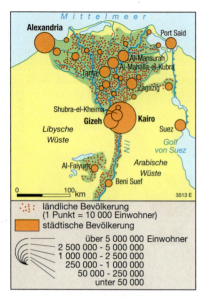

M1 *Bevölkerungsverteilung*

Eine Zeitbombe tickt

Ägypten ist fast dreimal so groß wie Deutschland. Es umfasst eine Fläche von einer Million Quadratkilometern. Davon sind jedoch nur 30 000 km² landwirtschaftlich nutzbar. Daraus ergeben sich große Schwierigkeiten für die Beschaffung von Nahrungsmitteln. Obwohl in der Flussoase des Nils durch den Bau des Assuan-Staudamms zwei- bis dreimal im Jahr geerntet wird, reichen die Erträge nicht aus. Die Bevölkerung wächst zu schnell. Ägypten leidet unter einer **Bevölkerungsexplosion**. Vor allem fehlt Getreide.

> Die Hauptstadt Ägyptens ist Kairo. Es ist gleichzeitig die größte Stadt Afrikas. Ihre genaue Einwohnerzahl kennt man nicht. Die Schätzungen schwanken zwischen 15 und 20 Millionen. Jeden Tag kommen Hunderte Menschen hinzu. Sie strömen aus den Dörfern des Landes in die Hauptstadt. Neue Wohngebiete entstehen am Stadtrand. Inzwischen ist Kairo mit der benachbarten Stadt Gizeh zusammengewachsen. Die Stadtgrenzen sind nicht mehr erkennbar. Durch die Bebauung geht wertvolles Bewässerungsland verloren. Die Stadtverwaltung bemüht sich, diesen Verlust möglichst gering zu halten: Die Wohnhäuser werden eng aneinandergebaut und haben viele Stockwerke.

M4 *Stadtentwicklung von Kairo*

M2 *Die Flussoase des Nils (Satellitenaufnahme aus 915 km Höhe)*

Jahr	Bevölkerung
1800	3 000 000
1882	7 000 000
1907	11 000 000
1947	19 000 000
1966	30 000 000
1980	41 000 000
1990	52 000 000
2000	68 000 000
2012	83 000 000

M3 *Bevölkerungsentwicklung in Ägypten*

M5 *Vor einem Markt in Kairo*

Ägypten – ein Geschenk des Nils

M6 *Luftbild des Assuan-Staudamms. Er ist etwa fünf Kilometer lang und 110 Meter hoch.*

Quelle

Ein großer Irrtum unserer Zeit

„Es handelt sich bei dem Bau des Staudamms um einen der großen Irrtümer unserer Zeit. Es wäre die beste Lösung, den Damm schrittweise wieder abzutragen."

(Nach F. Ibrahim: Der Assuan-Staudamm. In: Geographische Rundschau, 5/1984, S. 236)

Info

Der Assuan-Staudamm

Um die Versorgung der Bevölkerung mit Nahrungsmitteln zu verbessern, baute die ägyptische Regierung den **Assuan-Staudamm**. Er wurde 1971 fertiggestellt. Der Damm verhindert den unkontrollierten Abfluss des Nilhochwassers. Die Felder können das ganze Jahr über bewässert werden. Zwei bis drei Ernten im Jahr sind möglich. Die Erträge der Landwirtschaft sind gestiegen. In einem Wasserkraftwerk wird Strom erzeugt. Neue Fabriken wurden gebaut. Viele Dörfer am Nil wurden an das Stromnetz angeschlossen.

Aufgaben

1 a) Berichte über das Wachstum der Bevölkerung (M3, M4).
b) Erkläre, welche Probleme sich dadurch für die Nahrungsmittelversorgung des Landes ergeben.

2 „Eine Zeitbombe tickt." Erkläre die Überschrift von Seite 226.

3 Erläutere, welche Ziele Ägypten mit dem Bau des Assuan-Staudamms erreichen wollte (Info).

4 a) Stelle mithilfe der Info und M7 Vorteile und Nachteile des Assuan-Staudamms in einer Tabelle dar.
b) Schreibe auf, welche der Nachteile beseitigt werden könnten.

5 Lies die Quelle. Beurteile die Auffassung von F. Ibrahim.

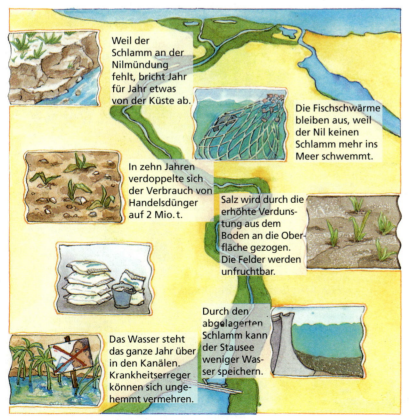

M7 *Nachteile des Assuan-Staudamms*

Merke

Die Bevölkerung in Ägypten wächst sehr schnell. Zur Sicherung der Ernährung wurde der Assuan-Staudamm gebaut. Er bietet Vorteile, hat aber auch viele Nachteile.

Grundbegriffe
- die Bevölkerungsexplosion
- der Assuan-Staudamm

Alles klar?

Ägypten – ein Geschenk des Nils

Orientierungskompetenz

1. Grundbegriffe

Hier sind die wichtigsten Begriffe dieses Kapitels noch einmal zusammengestellt. Wähle fünf Begriffe aus, erkläre sie und ergänze sie mit einfachen Zeichnungen.

- Trockenwüste
- Wadi
- Sandwüste
- Kieswüste
- Felswüste
- Oase
- Grundwasseroase
- Stockwerk-Anbau
- Flussoase
- Hochkultur
- Fremdlingsfluss
- Nilschwelle
- Bewässerungslandwirtschaft
- Pharao
- Steuer
- Hieroglyphe
- Bildzeichen
- Deutzeichen
- Kartusche
- Pyramide
- Totengericht
- Bevölkerungsexplosion
- Assuan-Staudamm

Fachkompetenz

2. Stockwerk-Anbau in einer Oase

a) Übertrage die Abbildung in deine Mappe oder dein Heft und beschrifte sie.
b) Erkläre, warum der Stockwerk-Anbau in einer Oase von Vorteil ist.
c) Beschreibe, wie die Wasserverteilung geregelt wird.

Stockwerk-Anbau

3. Der Aufbau der ägyptischen Gesellschaft

Zeichne den Aufbau der Gesellschaft im alten Ägypten.

Die Mitglieder der ägyptischen Gesellschaft

4. Das Totengericht

a) Beschreibe, wie sich die Ägypter das Totengericht vorstellten. Verwende dabei folgende Begriffe: Herz, Waagschale.

b) Erkläre, wer die Mitwirkenden beim Totengericht waren und welche Aufgaben sie hatten.

Anubis · Horus · Thot · Ammit · Osiris

Mitwirkende beim Totengericht der alten Ägypter

Alles klar?

Methodenkompetenz

5. Die Nilschwelle

Ein Loblied auf den Nil
Heil Dir, o Nil, der Du der Erde entspringst und nach Ägypten kommst, um es am Leben zu erhalten. Wenn Dein Wasser über die Ufer tritt, wird Dir geopfert, und große Geschenke werden Dir dargebracht. Grün bist Du, der Du es möglich machst, dass Mensch und Tier leben.
(In: Adolf Ermann: Die Literatur der Ägypter. Leipzig 1923, S. 193f)

Textquelle

a) Erschließe die Textquelle.

b) Werte das Diagramm aus: Welche Informationen erhältst du über die Situation am Nil früher und heute.

c) Vergleiche die Textquelle mit dem Diagramm.

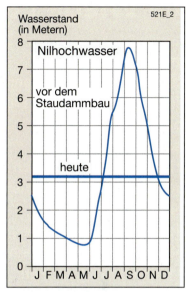

Der Wasserstand des Nils früher und heute

Beurteilungs- und Handlungskompetenz

6. Veränderungen in der Niloase

a) Die Bilder a – g zeigen drei Vorteile und vier Nachteile des Assuan-Staudamms. Schreibe auf, um welche es sich jeweils handelt.

b) Bewerte den Dammbau, indem du Vorteile und Nachteile abwägst.

Griechenland – die Wiege Europas

Am Mittelmeer	232
Das Klima am Mittelmeer	234
Oliven und Orangen – Früchte vom Mittelmeer	236
Das griechische Erbe	238
Griechische Stadtstaaten	240
Anfänge der Demokratie in Athen	242
Leben in der Polis	244
Die Olympischen Spiele	246
Die Olympischen Spiele heute	248
Frauenleben im antiken Griechenland	250
„Väter" der Wissenschaften	252
Alles klar?	254

Am Ende des Kapitels kannst du:
- Staaten rund um das Mittelmeer bestimmen,
- Merkmale des Mittelmeerklimas beschreiben,
- erklären, warum Orangen und Oliven am Mittelmeer wachsen,
- die Lage der griechischen Poleis erklären,
- über die Götterwelt der Griechen berichten,
- die Anfänge der Demokratie in Athen erklären,
- das Leben in Athen zur Zeit des Perikles darstellen,
- die Olympischen Spiele damals und heute vergleichen,
- die Bedeutung des „griechischen Erbes" für die heutige Zeit beurteilen.

M1 *Eine feierliche Zeremonie in Olympia: Das olympische Feuer wird entzündet.*

Gewusst wo — Am Mittelmeer

Aufgaben

1 Ordne die folgenden Hauptstädte Ländern zu: Ankara, Athen, Kairo, Rabat, Rom (Atlas, Karte: Erde – politische Übersicht).

2 Ermittle, zu welchen Ländern die Inseln Korsika, Sardinien, Sizilien und Kreta gehören (M3 und Atlas, Karte: Europa – Staaten).

3 Bearbeite die Übungskarte M3.

4 Finde mithilfe von M3 heraus, welche beiden Städte und welcher Vulkan in M1, M2 und M5 abgebildet sind (Atlas, Karte: Europa – physisch).

5 Ermittle, welche Flagge zu welchem Land (M4) gehört. Die Länder heißen: Griechenland, Marokko, Libyen, Israel, Türkei, und Spanien (Lexikon).

6 Drei Kontinente grenzen an das Mittelmeer. Erstelle eine Liste mit den dazugehörigen Ländern (M3):

Kontinent	Land am Mittelmeer
Europa	Spanien, …
Asien	Türkei, …
Afrika	Marokko, …

Der Mittelmeerraum – mehr als Sonne, Meer und Strand

Strahlender Sonnenschein, tiefblaues Meer, weiße Sandstrände … Daran denken viele Menschen, wenn vom Mittelmeerraum gesprochen wird. Doch die Landschaften am Mittelmeer sind viel abwechslungsreicher, als man zunächst glaubt. Es gibt zum Beispiel steile und flache Küsten, Vulkane und sogar Wüsten.

Manche Küstenabschnitte sind heute dicht besiedelt, andere Gebiete wiederum dünn besiedelt. Auch auf den großen und den vielen kleineren Inseln gibt es Dörfer und Städte. Viele Einwohner sind wie ihre Vorfahren Fischer oder Bauern, andere verdienen mittlerweile ihr Geld im Fremdenverkehr.

Drei Kontinente mit zahlreichen Ländern grenzen an das Mittelmeer. Nur über eine Meerenge, die Straße von Gibraltar, ist das Mittelmeer mit dem Atlantischen Ozean verbunden.

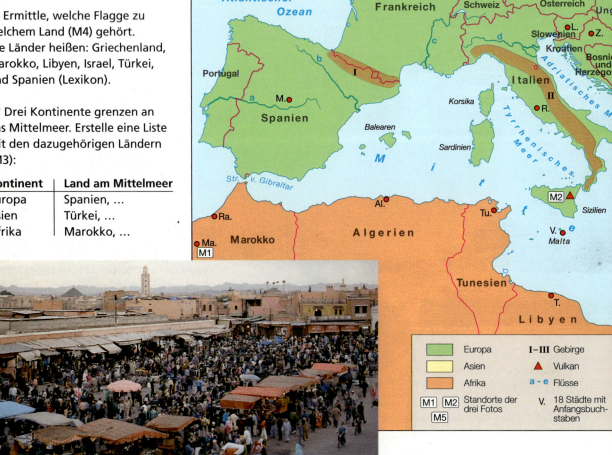

M1 Marktplatz in einer Stadt in Marokko

Griechenland – die Wiege Europas

Gewusst wo

M2 *Vulkan auf Sizilien*

ⓐ ⓑ ⓒ ⓓ ⓔ ⓕ

M4 *Flaggen ausgewählter Mittelmeerländer*

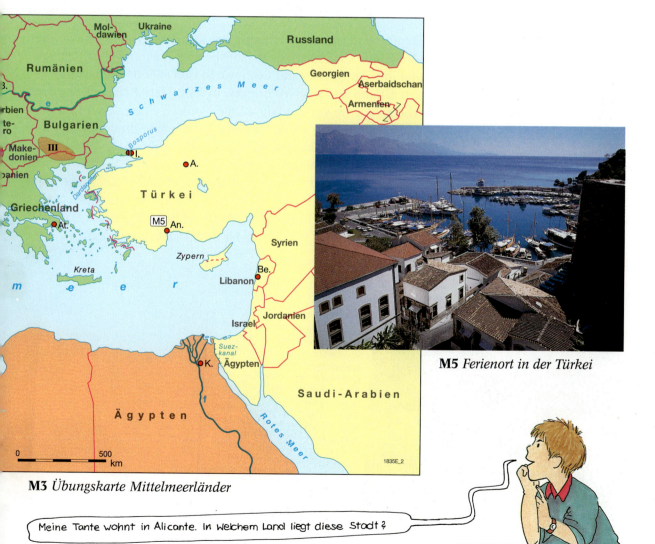

M3 *Übungskarte Mittelmeerländer*

M5 *Ferienort in der Türkei*

Meine Tante wohnt in Alicante. In welchem Land liegt diese Stadt?

233

Das Klima am Mittelmeer

M1 *Lage von Málaga in Spanien*

M3 *Ferienhäuser an der Costa del Sol*

Aufgaben

1 Lokalisiere mindestens drei bedeutende Fremdenverkehrsregionen am Mittelmeer (Atlas, Karte: Europa – Tourismus).

2 Arbeitet in Gruppen.
a) Sucht im Internet Informationen (z. B. Städte, Sehenswürdigkeiten) zu fünf Fremdenverkehrsregionen am Mittelmeer.
b) Erstellt mithilfe der Informationen ein Plakat zu jeder Fremdenverkehrsregion.

Urlaub machen am Meer – Nordsee oder Mittelmeer?

Familie Reimann aus Homburg hat lange überlegt, wo sie in diesem Jahr im Sommer Urlaub machen will. Frau und Herr Reimann und ihre Kinder Lea und Leon waren sich allerdings einig, dass sie den Urlaub am Meer verbringen wollen. Herr Reimann und Lea wollten wie im vorigen Jahr an die Nordsee fahren. Frau Reimann und Leon dagegen waren für einen Urlaub am Mittelmeer.

Herr Reimann hat aus Reisebüros Prospekte geholt und seine Frau hat im Internet nach Informationen gesucht. Schließlich hat sich die Familie für einen Urlaub am Mittelmeer entschieden. Frau Reimann hat eine Pauschalreise nach Málaga in Spanien gebucht. Die Stadt Málaga liegt an der Costa del Sol („Küste der Sonne"). Dort haben sie ein Ferienhaus für zwei Wochen gemietet.

M2 *Urlaubsgrüße aus Málaga*

> Liebe Oma, lieber Opa,
> unser Urlaub am Mittelmeer ist echt klasse. Jeden Morgen gehen wir zu Fuß zum Strand. Wir schwimmen im warmen Meer und spielen am Strand. Es scheint immer die Sonne. Gestern haben wir Herrn und Frau Heinemann am Strand getroffen. Sie lebten früher in Saarlouis. Jetzt sind beide im Ruhestand und haben sich in Málaga eine kleine Wohnung gekauft. Sie haben gesagt, dass es nur im Sommer so schön ist und so warm wird. Im Winter regnet es am Mittelmeer auch.
> Liebe Grüße, auch von Mama und Papa,
> Eure Lea und Leon

Griechenland – die Wiege Europas

Monate	Jan.	Feb.	März	April	Mai	Juni	Juli	Aug.	Sept.	Okt.	Nov.	Dez.
Sonnenscheinstunden am Tag												
Málaga	6	6	6	8	10	11	11	11	9	7	6	5
List	2	3	4	7	8	9	8	7	6	3	2	1
Tage mit Niederschlag												
Málaga	6	6	7	6	4	1	0	1	2	5	7	7
List	17	13	12	12	10	11	13	15	16	17	18	18
Wassertemperatur in °C												
Málaga	15	14	14	15	17	18	21	22	21	19	17	16
List	4	3	4	6	10	13	17	17	15	13	9	6

M4 *Daten zum Klima von Málaga und List (Stadt auf der Nordseeinsel Sylt)*

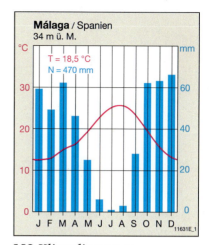

M6 *Klimadiagramm von Málaga*

Prima Klima

Millionen von Touristen verbringen im Sommer ihren Urlaub in Spanien und in anderen Mittelmeerländern. Die Urlauber genießen die Landschaft, das Essen und die Gastfreundschaft der Einheimischen, vor allem aber auch das **Mittelmeerklima**.

Im Sommer scheint die Sonne von morgens bis abends. Um die Mittagszeit kann es sehr heiß werden. Die Lufttemperatur steigt manchmal bis auf 40 °C an. Abends ist es noch so warm, dass man im Freien sitzen kann. Nur selten fällt Regen.

Im Winter dagegen transportiert Westwind feuchte Luft vom Atlantischen Ozean bis zum Mittelmeer. Es regnet häufiger und manchmal auch stark. Dann steht das Wasser auf den Straßen bis zu zehn Zentimeter hoch, weil es nicht schnell abfließen kann.

M5 *Gerüstet für Sommer und Winter*

Aufgaben

3 Familie Reimann hat sich wegen des Klimas für einen Urlaub am Mittelmeer entschieden. Erkläre (M2, M4).

4 a) Was brauchst du, wenn du im Sommer an die Costa del Sol fährst? Was brauchst du im Winter? Erstelle aus M5 eine Tabelle.
b) Ergänze die Tabelle mit weiteren Kleidungsstücken und Gegenständen.

5 Beschreibe das Mittelmeerklima am Beispiel von Málaga (M6).

6 Das Mittelmeerklima wird auch Winterregenklima genannt. Begründe (M6).

> **Merke**
> Die Mittelmeerländer sind beliebte Reiseziele, weil es im Sommer warm ist und selten regnet. Die meisten Niederschläge fallen im Winter.
>
> **Grundbegriff**
> • das Mittelmeerklima

Oliven und Orangen – Früchte vom Mittelmeer

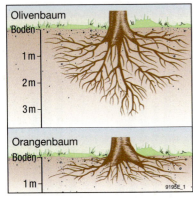

M1 *Die Wurzeln eines Olivenbaums (oben) und eines Orangenbaums (unten)*

Aufgaben

1 „Herr Aragones fährt mit dem Traktor auf sein Feld, um die Oliven zu ernten. Zuerst ..." Schreibe die Geschichte mithilfe von M3 weiter.

2 Erkläre, wofür die Oliven und die Bestandteile des Olivenbaums verwendet werden (M2).

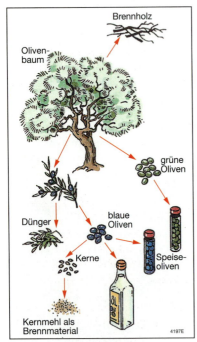

M2 *Oliven werden vielfältig genutzt.*

M3 *Bei der Olivenernte*

Olivenbäume sind „Überlebenskünstler"

Felipe Aragones ist 38 Jahre alt. Er wohnt mit seiner Frau und seinem Sohn am Stadtrand von Valencia (siehe Seite 234 M1) auf einem Bauernhof. Herr Aragones pflanzt auf den Feldern vor allem Oliven- und Orangenbäume an. Oliven haben auch schon sein Vater und sein Großvater angebaut. Diese **Kulturpflanze** wird einmal gepflanzt und kann dann viele Jahre lang abgeerntet werden. Manche Bäume werden über 1000 Jahre alt. Die Olivenernte findet im Herbst und Winter statt. Wenn die Früchte reif sind, werden unter den Bäumen Netze ausgelegt. Die Oliven werden mit einem langstieligen Kamm von den Ästen gefegt. Manchmal werden sie auch von Hand gepflückt; dazu klettern Erntehelfer mit Leitern in die Bäume.

Der Olivenbaum hat sich an das Mittelmeerklima besonders gut angepasst. Der Baum gedeiht, obwohl es im Sommer nur selten regnet. Er hat Wurzeln, die weit verzweigt sind. Wenn die obere Schicht des Bodens ausgetrocknet ist, versorgen die tief reichenden Wurzeln die Pflanze immer noch mit Wasser. Olivenbäume kommen mit dem Regen aus, der während des Jahres fällt. Sie werden im **Regenfeldbau** angebaut.

Auch die Hitze macht dem Olivenbaum nichts aus. Im Gegenteil! Die Oliven brauchen hohe Temperaturen, damit sie reif werden. Im Herbst werden zuerst die grünen Früchte geerntet, später dann die dunkelblauen bis schwarzen Oliven. Die Blätter sind schmal und lederartig und haben sich damit der Hitze angepasst.

Griechenland – die Wiege Europas

Orangen haben großen Durst

„Um meine Orangenbäume muss ich mich mehr kümmern als um die Olivenbäume", erzählt Herr Aragones. „Sie brauchen nicht nur doppelt so viel Wasser wie die Olivenbäume, sie brauchen vor allem in jedem Monat genügend Wasser. Die Bäume würden im Sommer vertrocknen, weil es ja kaum regnet. Deshalb muss ich sie bewässern. Außerdem haben Orangenbäume nur flache Wurzeln, die bloß einen Meter tief in den Boden reichen."

Herr Aragones und viele andere Bauern in der Region Valencia bauen Orangen im Bewässerungsfeldbau an. Herr Aragones verkauft alle Früchte an seinen Freund Pedro Sanchez. Dieser hat einen Betrieb, in dem die geernteten Orangen zunächst sortiert werden. Früchte, die bei der Ernte oder beim Transport zur Firma Sanchez beschädigt wurden, werden zu Fruchtsaft verarbeitet. Die anderen Orangen werden gewaschen und anschließend eingewachst. Dann werden sie in Holzkisten oder Plastiknetze verpackt. Herr Sanchez verkauft die Früchte an einen Händler in Deutschland und an einen Händler in der spanischen Hauptstadt Madrid. Dieser kauft die Orangenernte von 40 Bauern der Region auf.

M7 *Felipe Aragones vor einem Orangenbaum*

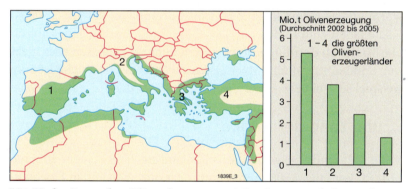

M4 *Verbreitung des Olivenbaums am Mittelmeer und die größten Erzeugerländer von Oliven*

Aufgaben

3 Nenne die größten Olivenerzeugerländer (M4 und Atlas, Karte: Europa – Staaten).

4 Der Olivenbaum ist besser an das Mittelmeerklima angepasst als der Orangenbaum. Erkläre.

5 Bei uns in Deutschland werden Oliven und Orangen verkauft. Erkundet in Gruppen, aus welchen Ländern diese Früchte kommen.

M5 *Oliven*

M6 *Orangen*

Merke
Am Mittelmeer werden Oliven und Orangen angebaut. Olivenbäume sind besser an das Mittelmeerklima angepasst; sie brauchen weniger Wasser als Orangenbäume.

Grundbegriffe
- die Kulturpflanze
- der Regenfeldbau

Das griechische Erbe

M1 *Aus einem Reiseprospekt*

M2 *Die Lage von Griechenland in Europa*

Urlaubsland ...

Dafür ist Griechenland heute bekannt: Im Sommer ist es dort sehr warm und es regnet kaum. Die vielen Strände an der griechischen Küste laden zum Baden ein. Deshalb fahren Jahr für Jahr zahlreiche Touristen dorthin, um sich zu erholen. Sie genießen aber nicht nur Sonne, Strand und Meer. Auch die griechische Küche ist zum Beispiel sehr beliebt.

... und Land der Antike

Viele Menschen besuchen Griechenland noch aus einem anderen Grund. Vor etwa 3000 Jahren hatte sich dort eine antike Hochkultur entwickelt. Heute noch finden sich in Griechenland Zeugnisse dieser Zeit, die wir als griechische Antike bezeichnen. Auch die Olympischen Spiele stammen ursprünglich aus Griechenland. Und der Ort, an dem sie früher abgehalten wurden, kann noch heute besichtigt werden (siehe Foto S. 230/231).

Info

Antike (Altertum)

Die Begriffe **Antike** und **Altertum** bezeichnen das Gleiche – und zwar einen geschichtlichen Zeitraum, der von etwa 1000 v. Chr. bis 500 n. Chr. dauerte. Die Zeit davor nennt man Ur- und Frühgeschichte, die Zeit danach Mittelalter. Zur Antike rechnet man die Zeit der griechischen Stadtstaaten (z.B. Athen) und das römische Reich.

M3 *Griechische Speisen*

Griechenland – die Wiege Europas

„Herzlich willkommen, meine Herrschaften hier in Athen – der aufregenden Hauptstadt Griechenlands. Der Tempel hier ist die Akropolis. Ursprünglich war es eine Burg zum Schutz der Bürger von Athen. Deshalb wurde sie auf diesem 150 m hohen Felsen im Zentrum der Stadt gebaut. Die Überreste, die sie hier sehen, sind etwa 2500 Jahre alt."

M4 *Ein Reiseführer berichtet.*

Aufgaben

1 Nenne Gründe, warum viele Menschen in Griechenland ihren Urlaub verbringen (M1, Text).

2 Gestalte mit Prospekten und Bildern aus dem Reisebüro ein Plakat zum Thema „Das antike Griechenland".

3 Schreibe einen Sachtext über die Götterwelt der Griechen.

4 Besorge dir in der Bücherei ein Buch über „Griechische Sagen". Suche dir eine Sage aus und berichte in der Klasse darüber.

5 Beschreibe mithilfe der Himmelsrichtungen die Lage der vier Gebiete in Griechenland (M1; Atlas, Karte: Südosteuropa/Türkei – physisch).

Zeus, Gottvater, Oberhaupt   Artemis, Göttin der Jagd   Poseidon, Gott des Meeres

Die Griechen der Antike verehrten nicht einen Gott, sondern glaubten an viele Götter. Sie hatten eine ganze „Götterwelt". Es gab männliche und weibliche Götter. Das Oberhaupt der Götter war Zeus. Seine Frau hieß Hera. Alle Götter lebten auf einem hohen Berg im Norden Griechenlands: dem Olymp. Jeder Gott hatte eine andere Aufgabe. So war zum Beispiel Apollon der Gott der Kunst und Aphrodite die Göttin der Schönheit. Die Griechen der Antike meinten, dass ihre Götter wie Menschen aussahen und auch die gleichen Gefühle wie Menschen empfanden, etwa Liebe, Hass, Freude und Eifersucht.

M5 *Die Götter der Griechen in der Antike*

Merke
Die Antike dauerte von 1500 v.Chr. bis 500 n.Chr. In Griechenland hat sich vor etwa 3000 Jahren eine Hochkultur entwickelt, die wir griechische Antike nennen. Noch im heutigen Griechenland gibt es viele Zeugnisse aus der Antike.

Grundbegriff
- die Antike (das Altertum)

Griechische Stadtstaaten

Info

Polis

Die Griechen im Altertum lebten in Stadtstaaten, griechisch: Poleis (Singular: Polis). Die Polis war für die Griechen ihre Heimat, ihr Bezugspunkt. Sie war ein selbstständiger Staat, obwohl häufig nur einige Tausend Menschen in ihr lebten.

Es gab aber auch sehr große Poleis wie zum Beispiel Athen. Diese hatten wiederum andere Poleis unter sich.

Viele heutige Bezeichnungen wie Politik und Polizei stammen von dem griechischen Wort Polis ab.

A	α	Alpha	a	N	ν	Ny	n
B	β	Beta	b	Ξ	ξ	Xi	x
Γ	γ	Gamma	g	O	ο	Omikron	o
Δ	δ	Delta	d	Π	π	Pi	p
E	ε	Epsilon	e	P	ρ	Rho	r
Z	ξ	Zeta	z	Σ	σ	Sigma	s
H	η	Eta	ä	T	τ	Tau	t
Θ	ϑ	Theta	t (th)	Y	υ	Ypsilon	ü, u
I	ι	Jota	i, j	Φ	φ	Phi	f (ph)
K	κ	Kappa	k	X	χ	Chi	ch
Λ	λ	Lambda	l	Ψ	ψ	Psi	ps
M	μ	My	m	Ω	ω	Omega	o

M1 Das griechische Alphabet

Die Welt der Polis

Zu jeder **Polis** gehörten außer der eigentlichen Stadt auch die Dörfer der näheren Umgebung. Dort arbeiteten die Menschen zumeist in der Landwirtschaft. Ihre Erzeugnisse konnten sie auf dem Markt der Stadt verkaufen.

Die einzelnen Poleis lagen teilweise weit voneinander entfernt. Dennoch herrschte unter allen Griechen ein starkes Gemeinschaftsgefühl. Das rührte zum einen von der gemeinsamen Sprache her. Die Menschen konnten sich trotz ihrer verschiedenen Herkunftsorte gut miteinander verständigen. Zum anderen hatten sie eine einheitliche Schrift mit dem griechischen Alphabet, das es bis heute noch in Griechenland gibt. Darüber hinaus verehrten sie die gleichen Götter. Schließlich gab es gemeinsame Feste wie die sportlichen Wettkämpfe in Olympia.

Aufgaben

1 Zähle auf, was die Einwohner der verschiedenen griechischen Poleis miteinander verband.

2 Ermittle, welche der antiken Poleis es heute noch als Orte in Griechenland gibt (M2 und Atlas, Karte: Südosteuropa/Türkei – physisch).

3 a) ΤΕΧΝΗ, b) ΛΟΓΟΣ, c) ΠΑΤΗΡ, d) ΑΘΛΗΤΗΣ, e) ΜΗΤΗΡ
Diese Wörter bedeuten: 1) Athlet, Wettkämpfer, 2) Technik, 3) Logik, Vernunft, 4) Mutter, 5) Vater. Ordne den Buchstaben a) bis e) die richtigen Zahlen 1) bis 5) zu (M1).

4 Bestimme mithilfe von M1, was dieses Wort bedeutet: ΓΡΙΕΧΕΝΛΑΝΔ

5 Gestalte ein schönes Namensschild von dir in griechischen Buchstaben. Gibt es einen Buchstaben nicht in M1, nimm einen ähnlichen.

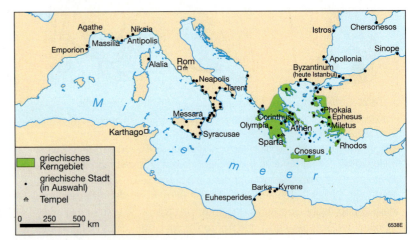

M2 Die griechischen Poleis. Athen, heute die Hauptstadt Griechenlands mit etwa 750 000 Einwohnern, war eine der größten Städte im Altertum. Die griechischen Städte am Mittelmeer saßen „wie Frösche um den Teich".

Griechenland – die Wiege Europas

Die Polis Athen

Athen war die größte griechische Polis. Sie umfasste die Halbinsel Attika und die Insel Salamis. In dieser Polis lebten im fünften Jahrhundert v. Chr. etwa 380 000 Menschen: ein Drittel in Athen und der Hafenstadt Piräus, die übrigen in den umliegenden Dörfern.

Aufgrund seiner Flotte war Athen eine sehr mächtige Polis. Mithilfe dieser Flotte konnten die Athener im Jahr 470 v. Chr. einen Angriff der Perser bei der Insel Salamis zurückschlagen. Die Perser hatten versucht, Griechenland von Kleinasien aus anzugreifen. Seit der Schlacht bei Salamis übten die Athener eine Vorherrschaft gegenüber anderen griechischen Poleis aus. Diese mussten den Athenern für den Schutz gegen die Perser oder andere Angreifer eine Schutzsteuer (Tribut) bezahlen.

Von 431–404 v. Chr. führten Athen und die Polis Sparta gegeneinander Krieg. Athen unterlag Sparta schließlich und verlor dadurch seine Vorherrschaft gegenüber den anderen Poleis.

> **Merke**
> Die Griechen der Antike lebten in einzelnen Stadtstaaten (Poleis). Sie hatten eine gemeinsame Sprache, verehrten dieselben Götter und feierten dieselben Feste.
>
> **Grundbegriff**
> - die Polis (Plural: die Poleis)

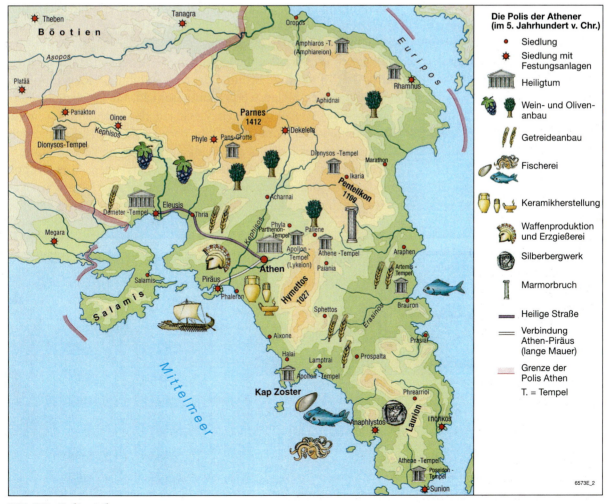

M3 *Die Polis Athen*

Anfänge der Demokratie in Athen

M1 *Statue des Perikles: Perikles war ein Politiker in Athen. Er lebte von 500 bis 429 v. Chr. Die Bürger wählten ihn von 443 v. Chr. an 15-mal hintereinander zum Regierungschef. Damit war er der wichtigste Politiker in Athen. Außerdem war er ein hervorragender Redner.*

Aufgaben

1 Erkläre, wofür die Gegenstände von M3 bei einer Volksversammlung verwendet wurden.

2 Spielt den Ablauf einer Volksversammlung in der Klasse nach.

3 In Athen hatten nur die freien Bürger politische Rechte. Wie viele Menschen durften abstimmen? Vergleiche ihre Zahl mit der Gesamtbevölkerung (M4).

4 Erläutere, warum Perikles jemanden, der nicht an der Volksversammlung teilnimmt, als unnütz bezeichnet (Quelle).

M2 *So könnte die Volksversammlung in Athen stattgefunden haben.*

Die Mehrheit entscheidet

Auf dem Versammlungshügel hatten sich mehrere Tausend Männer eingefunden. Sie warteten gespannt auf den Beginn der **Volksversammlung**. Es war die dritte in diesem Monat. Ob Perikles sich wieder durchsetzen wird? Er will noch mehr Geld aus der Staatskasse für Prunkbauten ausgeben.

Plötzlich verstummen die Gespräche. Alle blicken zur Rednertribüne. Der Vorsitzende eröffnet die Versammlung. Sklaven mit rot eingeschmierten Seilen werden ausgeschickt, um Nachzügler herbeizutreiben. Wer einen roten Fleck auf der Kleidung hat, muss Strafe zahlen. Der Vorsitzende gibt Perikles das Wort. Er setzt den Myrtenkranz des Redners auf. Dann spricht er zur Versammlung. Doch so leicht sind die Männer nicht zu überzeugen. Eine Gruppe hat einen besonders begabten Redner bezahlt, der jetzt gegen Perikles spricht. Eine hitzige Redeschlacht beginnt. Jeder Redner hat nur eine bestimmte Redezeit. Sie wird mit einer Wasseruhr kontrolliert. Schließlich ruft der Vorsitzende zur Abstimmung auf. Jeder Bürger wirft einen roten oder schwarzen Stein in eine Urne.

Info

Demokratie

Die Athener wurden bis ins 5. Jahrhundert v. Chr. hinein von einem König oder einer Gruppe Adliger regiert. Doch die Menschen wurden immer unzufriedener mit der ungerechten Verteilung von Besitz und Macht. Politiker gaben daher einem Teil des Volkes mehr Mitspracherecht. Jeder männliche freie Bürger über 18 Jahre durfte an der Volksversammlung teilnehmen und hatte das gleiche Stimmrecht. Eine neue Staatsform war entstanden: die **Demokratie**. Übersetzt heißt das Volksherrschaft. Auch unsere heutige Staatsform stammt ursprünglich von der in Athen entwickelten Demokratie ab.

Griechenland – die Wiege Europas

M3 *Gegenstände, die bei einer Volksversammlung wichtig waren*

Bürger bestimmen die Politik

Die Volksversammlung bildet das Zentrum des politischen Lebens in Athen. Hier entscheiden die freien Bürger der Stadt über die Ausgaben des Staates und über Krieg und Frieden. Jeder hat das Recht, selbst einen Antrag zu stellen und vor der Volksversammlung zu reden.

Nach einer ausgiebigen Beratschlagung stimmen die Athener ab. Dabei wird der Vorschlag angenommen, der die meisten Stimmen erhält.

Quelle

Gedenkrede des Perikles
Unsere Staatsform heißt Demokratie (Herrschaft des Volkes), weil bei uns nicht einer bestimmt, sondern die Mehrheit des Volkes entscheidet. Bei uns nennt man jemanden, der nicht an der Volksversammlung teilnimmt, nicht untätig, sondern unnütz.
(Nach: Thukydides: Der Peloponnesische Krieg)

M4 *Die Bevölkerung in der Polis Athen um 500 v. Chr.*

Scherbengericht

Die Volksversammlung kann auch ein **Scherbengericht** durchführen. Es droht besonders ehrgeizigen Politikern, die die Alleinherrschaft anstreben.

Die Bürger ritzen dazu den Namen eines Politikers, den sie für gefährlich halten, auf eine Tonscherbe. Es sind Bruchstücke von Tongefäßen, die als Stimmzettel benutzt werden. Werden mindestens 6000 Tonscherben abgegeben, muss derjenige, dessen Name mindestens 3001-mal auftaucht, die Stadt für zehn Jahre verlassen. Der Politiker verliert allerdings nicht sein Ansehen und sein Vermögen. Das Scherbengericht dient dazu, die Macht von einzelnen Politikern einzuschränken.

Merke
In Athen wurde im 5. Jahrhundert v. Chr. die Demokratie eingeführt. Jeder freie männliche Bürger hatte eine Stimme. Die Mehrheit der Stimmen entschied über die Politik. Mit einem Scherbengericht konnte die Macht einzelner Politiker eingeschränkt werden.

Grundbegriffe
- die Volksversammlung
- die Demokratie
- das Scherbengericht

Leben in der Polis

M1 *Sklaven in der Silbermine*

Menschen als Besitz

Die Mehrheit der Bevölkerung in Athen bestand aus **Sklavinnen** und **Sklaven.** Sie waren meistens Kriegsgefangene, das heißt die „Beute" von Kriegszügen. Ihre Kinder wurden als Sklaven geboren. Sklaven waren von ihren Besitzern vollkommen abhängig. Zu den meisten athenischen Haushalten gehörten ein oder zwei Sklaven.

Die Lage der Haussklaven war noch verhältnismäßig günstig. Schlimmer lebten die Sklaven, die in den Silberminen südöstlich von Athen arbeiten mussten (siehe S. 241 M3). Unter Tage mussten sie silberhaltiges Gestein mit einem Hammer aus dem Fels schlagen. Dann wurde es mühsam nach oben geschleppt (M1) und in einer Steinmühle gemahlen (M2). Anschließend wurde das Silber ausgewaschen und schließlich in Schmelzöfen weiterverarbeitet.

Sklavenarbeit gab es nicht nur in Athen, sondern auch in den anderen griechischen Stadtstaaten.

M2 *Sklaven mahlen das geförderte Silber-Gestein.*

Aufgabe

1 Erstelle eine Liste mit Tätigkeiten, die Sklavinnen und Sklaven ausübten.

Quelle 1

Ein Sklavenhändler verkaufte Sklaven von Alexandrien in Afrika nach Athen und beschrieb sie so: Haimos, etwa 10 Jahre, dunkelhäutig, kraushaarig, schwarzäugig, ziemlich große Kinnlade und Muttermale ... Okaimos, etwa 7 Jahre, rundgesichtig, stupsnasig, blauäugig, rötliche Hautfarbe, schlank, Narbe auf der Stirn ...

(Aus J. Hengstl (Hrsg.): Griechische Papyri aus Ägypten. Düsseldorf, Zürich 1978, S. 296)

Quelle 2

„Die Natur hat die Körper der Sklaven und der Freien verschieden gestaltet: die einen kräftig für die schwere Handarbeit, die anderen aufgerichtet und ungeeignet für derartige Arbeiten, doch brauchbar für das politische Leben. Es gibt also von Natur aus Sklaven und Freie."

(Der Philosoph Aristoteles über die Sklaven)

Quelle 3

„Wie viel besser ist es doch, einen anständigen Herren zu bekommen, als niedrig und schlecht als freier Mann zu leben."

(Der Grieche Philemon über die Sklaverei)

Griechenland – die Wiege Europas

Athen – Handelszentrum am Mittelmeer

Die Bauern der Polis Athen bauten vor allem Getreide, Wein und Oliven an. Die Ernten reichten jedoch nicht aus, um alle 380 000 Menschen zu ernähren. Getreide und andere lebenswichtige Güter mussten eingeführt werden.

In Athen gab es viele selbstständige Handwerker. Sie verkauften ihre Produkte auf dem Markt oder an Großhändler. Diese betrieben mit den Produkten Handel im ganzen Mittelmeerraum. Einige von ihnen wurden dabei sehr reich, denn durch die Ausfuhr von Handwerkserzeugnissen konnten hohe Gewinne erzielt werden. Viele athenische Bürger aber waren arm. Sie arbeiteten als Tagelöhner, je nachdem, wo es gerade etwas zu tun gab: Als Helfer in der Erntezeit konnten sie auf dem Land arbeiten; sie waren als Lastenträger im Hafen beschäftigt; sie waren als Hilfsarbeiter beim Bau oder als Ruderer auf den Schiffen tätig.

Quelle 4

Rindsleder und Arzneisaft holen wir aus Kyrene, Makrelen und Salzfische besorgen wir uns vom Hellespont, ebenso Rippenstücke vom Rind und Gerste. Aus Syrakus bekommen wir Schweine und Käse, aus Ägypten Tauwerk, Segel und Papyrus. Den Weihrauch beziehen wir aus Syrien, Zypressenholz von der Insel Kreta.
Libyen verkauft uns Feigen, Rhodos Rosinen und Feigen. Birnen und Äpfel kommen aus Euböa und die Sklaven holen wir aus Phrygien. Paphlagonien führt Mandeln aus, Cypern Datteln und feinstes Mehl. Karthago schickt uns Teppiche und bunte Kissen.

(Nach: Geschichte in Quellen Bd. 1. München 1975, S. 192)

Aufgaben

2 Stelle dar, was mit der Beschreibung der Sklaven in Quelle 1 bezweckt werden sollte?

3 Stell dir vor, du lebst im antiken Athen: Beurteile, ob du den Aussagen in den Quellen 2 und 3 zustimmst.

4 Demetrios lässt für ein Gastmahl Makrelen, Schweinefleisch, Feigen, Mandeln und Datteln einkaufen. Trage in eine Liste die Herkunft dieser Delikatessen ein (Quelle 4, M3).

Merke
Die Mehrheit der Bevölkerung in Athen bestand aus Sklaven. Durch die Ausfuhr von Handwerkserzeugnissen wurden die Kaufleute reich. Es gab aber auch viele arme Tagelöhner und Hilfsarbeiter.

Grundbegriff
- die Sklavin / der Sklave

M3 *Athenische Handelsbeziehungen: Athen führte die Erzeugnisse der Handwerker in andere Länder aus und erzielte hohe Gewinne. Dadurch wurde die athenische Polis reich und mächtig.*

Die Olympischen Spiele

M1 *Ringkämpfer*

M2 *Göttervater Zeus als Blitzschleuderer*

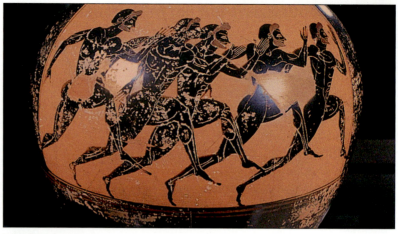

M4 *Wettläufer*

Griechische Wettkämpfe

Die ersten überlieferten Wettkämpfe fanden 776 v. Chr. in Olympia statt. An den Wettkämpfen durften nur Männer der griechischen Poleis teilnehmen. Alle anderen waren von den Wettkämpfen ausgeschlossen. Während der Spiele durften in Griechenland keine Kriege geführt werden. Die Spiele hatten auch eine religiöse Bedeutung. Die Wettkämpfe wurden zu Ehren des Göttervaters Zeus abgehalten. Die **Olympischen Spiele** dauerten fünf Tage.

Aufgabe

1 Schau dir die Sportarten an, die auf den antiken Vasen zu sehen sind (M1, M3, M4 und M6).
a) Vergleiche sie mit heutigen Sportarten.
b) Überlege: Aus welchem Bereich könnten die Sportarten ursprünglich stammen?

So liefen die Spiele ab

Erster Tag
Die Athleten bringen dem Göttervater Zeus ein Opfer. Anschließend schwören sie vor dem Altar des Zeus, dass sie die olympischen Kampfregeln einhalten. Dann werden die Wettkampf-Paarungen ausgelost. Nun finden die Wettkämpfe der 12- bis 18-jährigen Knaben im Wettlauf, Ringen und Faustkampf statt.

M3 *Streitwagenrennen*

Griechenland – die Wiege Europas

Zweiter Tag
Der Wettkampftag beginnt mit dem Wagenrennen. Danach erfolgt der Fünfkampf: Die Athleten kämpfen in den Disziplinen Diskuswerfen, Weitsprung, Speerwerfen, Ringen und im Stadionlauf über 192 Meter.

Dritter Tag
An diesem Tag finden keine Wettkämpfe statt. Der Tag ist religiösen Handlungen vorbehalten: Die Athleten, Kampfrichter, Trompeter und Gesandten der teilnehmenden Poleis schreiten in einem langen Festzug zum Altar des Zeus. Dort wird dem Göttervater ein Opfer von 100 Ochsen dargebracht. Abends wird ein großes Festmahl abgehalten.

Vierter Tag
Heute finden Wettkämpfe für Kampfsportarten statt: Ringen, Faustkampf, Pankration (eine Mischung zwischen Faustkampf und Ringen), Streitwagenrennen sowie Waffenlauf über 400 Meter.

Fünfter Tag
Am letzten Tag der Festspiele werden alle Sieger mit einem Zweig vom heiligen Ölbaum geehrt. Nach den Dankopfern zu Ehren des Zeus gibt es im Rathaus von Olympia ein feierliches Mahl. Am Abend laden dann die Sieger ihre Freunde zu einem Festessen ein.

M6 *Waffenlauf (Wettrennen mit Waffen)*

Merke
Die ersten Olympischen Spiele fanden 776 v.Chr. in Olympia in Griechenland statt.

Grundbegriff
• die Olympischen Spiele

Quelle

Und die Frauen?
In Olympia gab es für Frauen gesonderte Wettkämpfe. Sie wurden alle vier Jahre zu Ehren der Göttin Hera, der Gemahlin des Zeus, durchführt. Diese Wettkämpfe bestanden jedoch nur aus einer einzigen Sportart, dem Wettlauf. Er wurde für drei Altersklassen durchgeführt: Zuerst kamen die jüngsten, dann die mittleren und schließlich die älteren Mädchen.
Nach der Vorschrift liefen sie in einem hemdartigen Kleid, das bis zu den Knien reichte.
Die Siegerinnen erhielten wie die Männer einen Zweig vom heiligen Ölbaum. Außerdem bekamen sie einen Teil von der Kuh, die zu Ehren der Göttin Hera geopfert wurde.

(Nach F. Mezö: Geschichte der Olympischen Spiele, München 1930).

M5 *Wettlauf der Frauen*

Die Olympischen Spiele heute

M1 *Bei der Eröffnungsfeier der Olympischen Spiele 2008 in Peking*

Aufgaben

1 Notiere, welche Unterschiede zwischen den Olympischen Spielen zur Zeit der Griechen und heute bestehen.

2 Beschreibe, wie und wo das Olympische Feuer entzündet wird und wie es an den Austragungsort der Olympischen Spiele gelangt (Quelle).

3 Überlege: Welche fünf Erdteile werden in der Olympischen Fahne dargestellt?

Ein olympischer Neuanfang

Im Jahr 393 n.Chr. regierte in Athen der christliche Kaiser Theodosius. Er ließ die Olympischen Spiele als heidnisches Fest verbieten. Jahrhundertelang wurden sie deshalb nicht mehr durchgeführt.

Erst 1894 hatte der Franzose Pierre Coubertin die Idee, die Spiele wieder auszutragen. 1896 fanden dann die ersten Olympischen Spiele der Neuzeit in Athen statt. Seitdem werden sie alle vier Jahre veranstaltet, mit Ausnahme der Zeiten während des Ersten Weltkriegs (1914–1918) und des Zweiten Weltkriegs (1939–1945). Seit 1924 gibt es auch alle vier Jahre Olympische Winterspiele.

Heute nehmen Sportlerinnen und Sportler aus fast allen Ländern der Erde an den Olympischen Spielen teil. Die Wettkämpfe werden von Millionen von Zuschauern auf der ganzen Welt im Fernsehen verfolgt. Die Siegerinnen und Sieger sowie die Plätze 2 und 3 erhalten eine Medaille (Gold, Silber, Bronze).

Griechenland – die Wiege Europas

Quelle

Das Olympische Feuer

Zur Erinnerung an den Ursprung der Olympischen Spiele wird das Olympische Feuer jeweils mehrere Monate vor der Eröffnungsfeier der Spiele in Olympia entzündet. Als Zündquelle dienen ausschließlich die Sonnenstrahlen.

Das Feuer wird dann auf dem Weg von Olympia bis ins Olympiastadion der jeweiligen Stadt von Fackelläufern getragen. Dabei durchquert es zum Teil Kontinente, Länder und verschiedene Regionen der Welt und lenkt den Blick auf die Bewohner, ihre Kultur und Sitten. Der Fackellauf lädt ein zum Entdecken, schärft die Neugierde und den Wunsch nach Öffnung zu den Mitmenschen. Am Eröffnungstag der Spiele hält das Feuer Einzug im Stadion. Der letzte Läufer entfacht damit das Olympische Feuer in der Schale, wo es bis zum Ende der Spiele brennt. Es wird am letzten Tag während der Schlusszeremonie gelöscht.

(Nach: Die Olympischen Symbole. In: Olympisches Museum und Studienzentrum. Lausanne 2002)

M2 *Carl Lewis (*1961) beim Weitsprung (8,67 m). Als neunfacher Olympiasieger und achtfacher Weltmeister im Weitsprung und verschiedenen Sprintdisziplinen ist er der erfolgreichste Leichtathlet aller Zeiten.*

Der Ablauf der XXIX. Olympischen Sommerspiele in Peking 2008

Erster Tag: Eröffnungsfeier. Das Olympische Feuer wird entzündet; fast vier Milliarden Menschen schauen am Fernseher zu.

Zweiter bis sechzehnter Tag: Wettkämpfe in den Disziplinen Bogenschießen, Leichtathletik, Triathlon, Boxen, Badminton, Basketball, Kanu, Kajak, Radsport, Reiten, Fechten, Fußball, Turnen, Handball, moderner Fünfkampf, Hockey, Judo, Taekwondo, Rudern, Schwimmen, Turmspringen, Schießen, Tennis, Wasserball, Volleyball, Gewichtheben, Ringen, Segeln, Tischtennis, Wildwasserkanu.

Siebzehnter Tag: Abschlussfeier. Das Olympische Feuer wird gelöscht.

Die Olympische Fahne

Fünf ineinander verflochtene Ringe sind das Symbol (Kennzeichen) der Olympischen Spiele der Neuzeit. „Die Olympische Fahne ist ganz weiß; die Ringe in der Mitte haben die Farben Blau, Gelb, Schwarz, Grün und Rot. Ihre Gestalt ist symbolisch zu verstehen: Sie stellen die fünf Erdteile dar, die in der Olympischen Bewegung vereint sind. Die sechs Farben in der Fahne entsprechen denen sämtlicher Nationalflaggen der Welt."
(Pierre de Coubertin, 1931)

Merke
1896 fanden die ersten Olympischen Spiele der Neuzeit in Athen statt. Sie werden alle vier Jahre ausgetragen.

Frauenleben im antiken Griechenland

Athen – Lysias heiratet Agariste

Die Hochzeit der 13-jährigen Agariste und des 30-jährigen Lysias steht bevor.
Der Hochzeitstag wird vorbereitet. Es wird Musik und Gesang, ein Festmahl und Opferungen geben. Agariste erzählt am Abend vor der Hochzeit der ägyptischen Sklavin Leona, wie sie sich ihr Leben als Ehefrau in Athen vorstellt:

„Ich werde in den Frauenräumen leben, zu denen Männer keinen Zutritt haben. Genauso wie bisher werde ich nur ganz selten und dann in Lysias Begleitung das Haus verlassen. Ich hoffe, dass mein Vater mit Lysias eine gute Wahl getroffen hat und er mich gut behandeln wird. Im Haus werde ich die Herrin sein über die Sklavinnen und Sklaven und dafür sorgen, dass der Haushalt funktioniert. Ach weißt du, wenn die Kinder erst da sind, werde ich mich vor allem um sie kümmern. Mit den Söhnen werde ich nicht viel Arbeit haben, denn sie werden ab dem siebten Geburtstag von Lehrern erzogen und unterrichtet. Aber die Mädchen werden im Haus sein, bis sie etwa 15 Jahre alt sind."

M1

M2 *Braut und Bräutigam fahren mit ihrem Hochzeitsgespann vom Elternhaus der Braut zum Haus des Bräutigams.*

Die Hochzeitsfeierlichkeiten

Eine Hochzeit wurde in Athen mit einem dreitägigen Fest begangen. Zunächst brachte man den Göttern Opfergaben. Dann war es Sitte, dass sowohl die Braut als auch der Bräutigam reinigende Hochzeitsbäder nahmen. Am Tag danach fand ein üppiges Festmahl statt, wobei die Männer getrennt von den Frauen saßen. Höhepunkt war die Heimführung der Braut in die Familie des Mannes. In einem Festzug mit Fackeln und Flötenspielern wurde das Paar zum Haus des Bräutigams gebracht, wo es seine Mutter in Empfang nahm.

M3 *Griechische Mutter mit Kind*

Quelle 1

Ein junger Grieche der Antike berichtet:
„Nachdem ich mich entschlossen hatte, zu heiraten und eine Frau in mein Haus geführt hatte, benahm ich mich gegen sie zuerst so, dass ich ihr weder etwas zu Leide tat, noch ihr zu sehr freie Hand ließ, zu tun, was sie wollte. Ich bewachte sie so viel wie möglich und hielt, wie es sich gehörte, mein Auge auf sie gerichtet. Nachdem ich ein Kind von ihr hatte, schenkte ich ihr mein Vertrauen. Ich überließ ihr alles, was ich hatte, in der Überzeugung, dieses sei das festeste Band der häuslichen Gemeinschaft."
(Nach: Pomeroy, S.: Frauenleben im klassischen Altertum. Stuttgart 1985)

Griechenland – die Wiege Europas

Alltag der Frauen

Das Leben der Frauen im antiken Griechenland spielte sich vor allem im Haus ab. Hier mussten sie sich um die Erziehung der Kinder kümmern sowie Küche und Haushalt führen. Ihr Ehemann oder – wenn sie nicht verheiratet waren – ihr Vater oder Bruder bestimmte über sie und vertrat sie vor Gericht: Die Männer hatten die **Vormundschaft** über die Frauen.

Frauen aus armen Familien mussten neben ihrer häuslichen Arbeit noch einer anderen Tätigkeit nachgehen, um Geld zu verdienen, zum Beispiel als Hebamme, Händlerin oder Textilarbeiterin.

Quelle 2

Sokrates sagte:
„Da beide Arten von Arbeit nötig sind, die draußen und drinnen, schuf Gott die Natur des Weibes für die Arbeiten im Hause, die des Mannes für die Arbeiten außerhalb des Hauses. Der Mann ist mehr dazu geschaffen, Kälte und Wärme, Märsche und Feldzüge zu ertragen. Daher trug der Gott ihm die Arbeiten außerhalb des Hauses auf. Der Körper der Frau ist weniger widerstandsfähig, deshalb ist sie besser für die Arbeiten im Hause geeignet. Da sie aber mehr dazu befähigt ist, die kleinen Kinder aufzuziehen, gaben ihr die Götter die größere Liebe."
(Nach Xenophon: Die Sokratischen Schriften. Herausgegeben von Ernst Bux, Stuttgart 1956)

M5 *Griechische Frauen beim Wasserholen. Frauen aus armen Familien mussten das Wasser, das ein Haushalt benötigte, vom Brunnen oder Fluss herantragen. Sie verrichteten alle Tätigkeiten im Haus selbst, denn sie hatten keine Sklaven.*

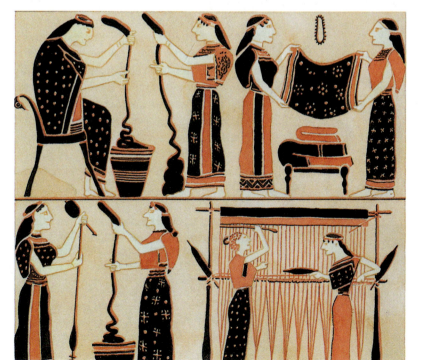

M4 *Griechische Frauen stellen Kleidung und Tücher in einer Spinnerei her.*

Aufgabe

1 Männer und Frauen hatten in der griechischen Antike unterschiedliche Aufgaben.
a) Beschreibe sie.
b) Nimm Stellung dazu.

Merke

In der griechischen Antike gab es eine klare Arbeitsteilung: Der Mann war für die Tätigkeiten außerhalb und die Frau für die Arbeiten innerhalb des Hauses zuständig. Die Frauen waren nicht gleichberechtigt, die Männer bestimmten über sie.

Grundbegriff
- die Vormundschaft

„Väter" der Wissenschaften

M1 *Hippokrates (460–377 v. Chr.)*

Beginn der wissenschaftlichen Forschung

Die Griechen der Antike begründeten die wissenschaftliche Forschung: Nun wurden erstmals geheimnisvoll erscheinende Dinge der Natur auf ihre Ursachen hin geprüft. So fragte beispielsweise der griechische Arzt Hippokrates nach den Ursachen von Krankheiten. Werden diese Ursachen erkannt, so kann der Arzt Heilmittel gegen sie einsetzen und der Kranke kann wieder gesund werden.

Hippokrates hat auch einen Eid für die damals tätigen Heilkundigen aufgestellt. Dieser Eid gilt für die Ärzte noch heute.

Quelle 1

Der Eid des Hippokrates

„Ich werde die Kenntnisse des Lebens nach bestem Wissen und Können zum Heil der Kranken anwenden, nie aber zu ihrem Schaden. Ich werde niemandem eine Arznei geben, die den Tod herbeiführt, auch nicht, wenn ich darum gebeten werde. Über alles, was ich bei meiner Tätigkeit als Arzt erfahre, werde ich Stillschweigen bewahren."

Info

Asklepios

Der Gott Asklepios war bei den Griechen des Altertums für die Heilung von Krankheiten zuständig. Das heilige Tier des Asklepios war eine Schlange. Sie ist auch heute noch in Darstellungen aus dem medizinischen Bereich üblich.

Aufgaben

1 Benenne die drei Hauptaussagen, die der Eid des Hippokrates beinhaltet (Quelle 1).

2 Auch heutige medizinische Berufe zeigen in ihren Symbolen, dass ihr Ursprung in der griechischen Antike liegt. Erkläre (M3).

M2 *Statue des Asklepios*

M3 *Heilberufe heute*

Griechenland – die Wiege Europas

◁ **M4** *Platon (links) und Aristoteles (rechts). Ausschnitt aus dem Bild „Die Schule von Athen" des italienischen Malers Raffael (um 1510). Um diese beiden großen Philosophen hat der Maler andere griechische Denker gruppiert.*

M5 *Marmorstatue des Sokrates (nach einem Original aus dem 2. Jahrhundert v. Chr.)*

Freunde der Weisheit

In der griechischen Antike machten sich einige Menschen tiefere Gedanken über den Sinn des Lebens. Man bezeichnete sie deshalb als **Philosophen**, das heißt Freunde der Weisheit. Ein berühmter Philosoph war Sokrates (470–399 v. Chr.). Er war zumeist auf dem Marktplatz von Athen zu finden. Dort stellte er seinen Gesprächspartnern geschickte Fragen und erreichte so, dass diese Menschen nachdachten.

Sein Schüler Platon (427–347 v. Chr.) hat diese Gespräche aufgeschrieben. Platon machte sich genauso wie sein Schüler Aristoteles (384–322 v. Chr.) Gedanken darüber, welcher Staat für die Bürger am besten ist und wie die Menschen der Polis zusammenleben sollten.

Aufgabe

3 Erläutere, womit sich Philosophen beschäftigen.

Quelle 2

Sokrates war wegen seiner kritischen Gedanken vor Gericht gestellt worden. In der entscheidenden Verhandlung sagte er zu den Athenern:
„Wenn ihr zu mir sagt, wir lassen dich frei unter der Bedingung, dass du nicht mehr philosophierst, dann würde ich zu euch sagen: Ihr Männer von Athen, ich danke euch herzlich. Gehorchen aber werde ich mehr dem Gott als euch. Solange ich atme und Kraft habe, will ich nicht aufhören zu philosophieren. Ich werde jedem von euch immer wieder klarmachen: Mein Bester, du bist ein Athener aus der größten und berühmtesten Stadt! Schämst du dich nicht, dich nur darum zu kümmern, möglichst viel Geld zu verdienen und möglichst angesehen zu sein? Du solltest viel mehr über dein Handeln nachdenken! Kümmere dich um die Wahrheit und darum, dass deine Seele möglichst gut wird!"
Sokrates wurde schließlich zum Tode verurteilt. Seine Anhänger versuchten ihn zu retten, aber er lehnte die Gnadengesuche ab.
(Nach Platon: Apologie des Sokrates)

Merke
Die Griechen begründeten die wissenschaftliche Forschung. Die Philosophen machten sich Gedanken über den Sinn des Lebens und das Handeln der Menschen.

Grundbegriff
• der Philosoph

Alles klar?
Griechenland – die Wiege Europas

Orientierungskompetenz

1. Grundbegriffe

Hier sind die wichtigsten Begriffe dieses Kapitels noch einmal zusammengestellt. Wähle fünf Begriffe aus, erkläre sie und ergänze sie mit einfachen Zeichnungen.

- Mittelmeerklima
- Kulturpflanze
- Regenfeldbau
- Antike (Altertum)
- Polis (Plural: Poleis)
- Volksversammlung
- Demokratie
- Scherbengericht
- Sklavin / Sklave
- Olympische Spiele
- Vormundschaft
- Philosoph

Sachkompetenz

2. Die Volksversammlung

a) Erläutere die Bedeutung der Volksversammlung bei den Griechen.
b) Benenne die Teilnehmer an der Volksversammlung.
c) Liste auf, wer Anträge stellen durfte.
d) Berichte über die Redezeit.
e) Erläutere die Durchführung einer Abstimmung.
f) Benenne die Gegenstände a–d im Bild oben.
g) Erkläre, was in der Zeichnung rechts dargestellt ist.

3. Am Mittelmeer

Du hast die Landschaft auf dem Foto auf S. 233 kennengelernt. Fertige einen Steckbrief nach folgenden Stichpunkten an:

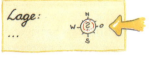

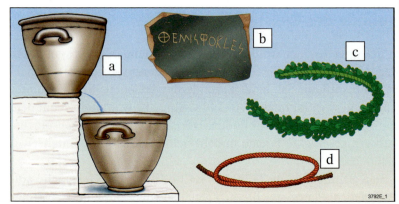
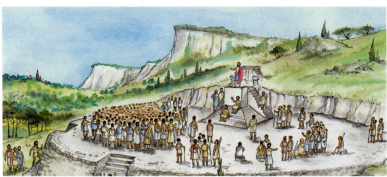

Alles klar?

Methodenkompetenz

4. Die Zeitleiste

Übertrage die Zeitleiste in deine Mappe oder dein Heft und ergänze weitere wichtige Ereignisse.

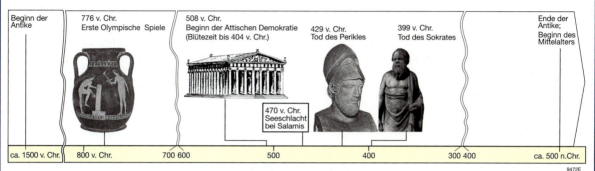

5. Die Handelsbeziehungen

Zeichne mithilfe der abgebildeten Karte eine Kartenskizze, in der du die Handelsbeziehungen der Athener verdeutlichst.

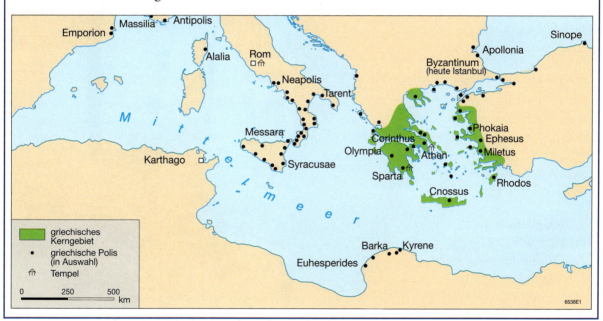

Beurteilungs- und Handlungskompetenz

6. Arbeit mit Quellen

a) Beurteile das Menschenbild, das in der Quelle 2 auf Seite 244 dargestellt ist.

b) Beurteile die Meinung des Griechen Philomon über die Sklaverei in Quelle 3 auf Seite 244.

c) Quelle 2 auf Seite 251 begründet eine Arbeitsteilung zwischen Männern und Frauen. Nimm Stellung dazu.

Römer und Kelten

2000 Jahre sind kein Alter	258
Vom Stadtstaat zum Weltreich	260
Quellentexte untersuchen	261
Der Limes als Grenzbefestigung	262
Wirtschaft und Handel am Limes	264
Wirtschaft und Handel	266
Der Kaiser regiert	268
Leben in Rom	270
Die Kelten bei uns	274
Rom im Klassenzimmer	276
Alles klar?	278

Am Ende des Kapitels kannst du:
- die Bedeutung des römischen Erbes für die heutige Zeit erklären,
- die Sage über die Gründung Roms mit der tatsächlichen Entwicklung vergleichen,
- die Entwicklung Roms vom Dorf zum Weltreich anhand von Karten darlegen,
- erklären, was der Limes war,
- über den Warenaustausch am Limes berichten,
- Wirtschaft und Handel im Römischen Reich erläutern,
- über die römische Gesellschaft berichten,
- berichten, wie die Römer und Kelten gelebt haben.

M1 *Die Porta Nigra (lateinisch: „schwarzes Tor") in Trier ist ein ehemaliges römisches Stadttor. Es gehört zum Weltkulturerbe der UNESCO und ist das Wahrzeichen der Stadt. Von den Einwohnern Triers wird die Porta Nigra meist nur „Porta" genannt.*

2000 Jahre sind kein Alter

M1 *Italien heute und die Ausdehnung des römischen Reichs im 3. Jahrhundert nach Christus*

M2 *Das Römische Weltreich*

M3 *Die Sage von der Gründung Roms*

Als Baby wurde Romulus zusammen mit seinem Bruder Remus in einem Korb auf dem Fluss Tiber ausgesetzt. Der Korb trieb ans Ufer. Eine Wölfin fand die Kinder und säugte sie. Später wurde Romulus König, gründete eine Stadt und benannte sie nach seinem Namen.

Aufgabe

1 a) Ordne die Fotos in M4 den richtigen roten Punkten in M2 zu. (Tipp: Die Buchstaben in den Fotos sind die Anfangsbuchstaben der heutigen Städtenamen.)
b) Ermittle, in welchen heutigen Staaten die Städte liegen (Atlas).

Info 1

Römertopf

Der „Römertopf" wurde vor über 2000 Jahren erfunden. Damals haben die Römerinnen in einem solchen Gefäß zum Beispiel Geflügel zubereitet. Sie legten das fertig gewürzte Huhn auf eine Steinplatte, deckten es mit einem Tontopf ab und überschichteten es auf einer offenen Feuerstelle mit glühender Holzkohle. So blieben die Nährstoffe erhalten und wurden nicht mit dem überschüssigen Kochwasser weggegossen.

Rom wurde nicht an einem Tag erbaut

Rom ist heute die Hauptstadt von Italien. Vor 2800 Jahren entstand hier ein Bauerndorf. Allmählich entwickelte sich die einflussreiche Stadt Rom, die Hauptstadt des römischen Weltreichs, das 476 n. Chr. zusammenbrach. Um Christi Geburt lebten in Rom fast eine Million Menschen.

Die **Römer** bauten ihre Macht immer weiter aus. Auch im heutigen Deutschland eroberten sie Gebiete. Hier haben sie viele Spuren hinterlassen. Römische Münzen, Vasen oder Grabsteine sind in Museen ausgestellt.

Die Römer entwickelten eine antike Hochkultur. Sie waren technisch gebildet. Sie bauten Häuser, Straßen und Brücken. Die Sprache der Römer war Latein. Viele Schriftsteller berichteten über das Alltagsleben und die zahlreichen Kriege. Römische Zahlen werden noch heute, zum Beispiel als Zifferblätter von Uhren, verwendet. Lateinische Wörter wurden als **Lehnwörter** unter anderem ins Deutsche übernommen.

Römer und Kelten

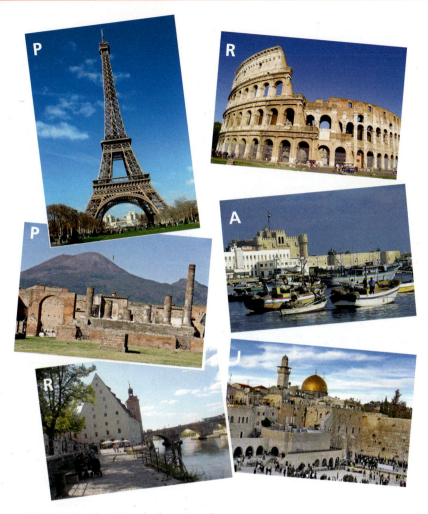

I	= 1	XX	= 20
II	= 2	XXX	= 30
III	= 3	XL	= 40
IV	= 4	L	= 50
V	= 5	LX	= 60
VI	= 6	LXX	= 70
VII	= 7	LXXX	= 80
VIII	= 8	XC	= 90
IX	= 9	XCIX	= 99
X	= 10	C	= 100
CC	= 200	DCC	= 700
CCC	= 300	DCCC	= 800
CD	= 400	CM	= 900
D	= 500	CMXC	= 990
DC	= 600	M	= 1000

M5 *Römische Zahlen*

M4 *Städte des Römischen Reiches*

Info 2

Lehnwörter
Die Sprache der Römer war Latein. Viele lateinische Wörter sind später als Lehnwörter ins Deutsche übernommen worden. Manche veränderten sich dabei bis heute kaum. Aus „strata" wurde zum Beispiel Straße.

Aufgabe

2 Ordne den deutschen Wörtern die richtigen Lehnwörter zu:
a) fenestra   b) carrus   c) corpus   d) cellarium   e) pirata
f) tabula   g) novus   h) discus   i) falsus   j) familia
k) longus   l) schola   m) medicina   n) cista   o) clarus
p) murus   q) feriae

klar – Medizin – Kiste – Mauer – Fenster – Ferien – Körper – Karren – Seeräuber – Scheibe – Schule – Familie – neu – falsch – lang – Tisch – Keller

Aufgaben

3 Erkläre, warum die Wölfin das Wahrzeichen Roms ist (M3).

4 Erläutere folgende Sprichwörter:
a) „Rom wurde nicht an einem Tag erbaut."
b) „Lasst euch kein X für ein U vormachen." (U = V; M5)

5 Schreibe folgende Zahlen in römischer Schreibweise (M5): 1099, 1580, 1800, 1999.

Merke
Rom entwickelte sich von 800 v.Chr. vom Bauerndorf zum Mittelpunkt des römischen Weltreichs. Die Römer eroberten auch Gebiete im heutigen Deutschland. Das Weltreich bestand bis 476 n.Chr.

Grundbegriffe
• die Römer
• das Lehnwort

Vom Stadtstaat zum Weltreich

M1 *Rom: Vom Stadtstaat über die Land- und Seemacht zum Weltreich*

M2 *Aussagen über Rom zu verschiedenen Zeiten*

A Die Römer hörten nicht auf zu kämpfen. Sie drangen bis nach Germanien und Britannien vor. Sie wurden eine Weltmacht.

B Die Römer lernten den Bau von Kriegsschiffen. Sie eroberten viele Gebiete rund ums Mittelmeer.

C Auf sieben Hügeln in einem Sumpfgebiet am Fluss Tiber siedelten sich die Menschen an. Sie errichteten Dörfer und wurden Bauern. Später zogen sie eine Steinmauer um die Dörfer. So gründeten sie die Stadt Rom.

D Die Römer eroberten Gebiete im heutigen Italien. Schließlich beherrschten sie den ganzen „Stiefel". Sie unterwarfen auch Sizilien.

1. Stadtstaat um 700 v. Chr.
2. Landmacht um 300 v. Chr.
3. Seemacht um 150 v. Chr.
4. Weltreich um 150 n. Chr.

Aufgaben

1 Beschreibe die Lage der Stadt Rom im römischen Weltreich.

2 Ordne den Texten A–D in M2 die entsprechenden Karten in M1 zu.

3 Ermittle die größte Ausdehnung des römischen Reiches: Nord-Süd und West-Ost (Atlas, Karte: Römisches Reich und Germanien; Handel und Wirtschaft im Römischen Reich).

Aufstieg und Fall des römischen Reiches

Um 300 v. Chr. hatten die Römer einen großen Teil des heutigen Italiens erobert. Die besiegten Völker durften weitgehend selbstständig bleiben. Viele der ehemaligen Gegner wurden so allmählich zu Verbündeten. In den folgenden Jahrhunderten unterwarfen die Römer Gebiete im übrigen Europa, in Afrika und Asien. Im Rahmen dieser **Romanisierung** gliederten sie diese Gebiete als **Provinzen** in ihr Reich ein. Als Grenzbefestigung bauten sie den **Limes** (siehe Seiten 240/241). Die Römer machten Kriegsgefangene zu Sklaven und verwüsteten viele Länder.

Schließlich war das römische Reich so groß geworden, dass nicht mehr alle Grenzen gesichert werden konnten. Dies nutzten germanische Stämme für Eroberungen, wie zum Beispiel die Alemannen. Um 260 n. Chr. übernahmen germanische Stämme Schritt für Schritt die von den Römern besetzten Gebiete. Um 476 n. Chr. war das römische Reich so geschwächt, dass es zusammenbrach.

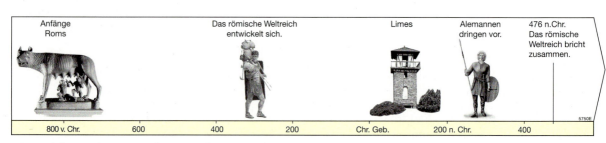

M3 *Zeitleiste des römischen Reiches*

Quellentexte untersuchen

Gewusst wie

So arbeitest du mit einem geschichtlichen Quellentext

Die Römer verwendeten eine Schrift (Latein) und haben vieles aufgeschrieben. Es gibt zahlreiche schriftliche Quellen aus dieser Zeit.

Lies den Inhalt eines Quellentextes langsam und mehrmals durch. Suche unbekannte Wörter im Lexikon. Beantworte dann die fünf W-Fragen:

Welche Art von Quellentext liegt vor?
(Ist es eine Urkunde, ein Gesetz oder der Bericht über ein Ereignis oder eine Sachlage?)

Wer hat ihn geschrieben?
(Ist er mit der Person in dem Quellentext bekannt, befreundet, verfeindet?)

Wann wurde er geschrieben?
(Entstand er zum Zeitpunkt des Geschehens oder viel später?)

Was berichtet der Quellentext?
(Was ist das Thema oder die wichtigste Aussage des Textes?)

Wie wird berichtet?
(War der Schreiber ein Augenzeuge oder berichtet er vom Hörensagen, berichtet er sachlich oder ergreift er Partei?)

Info

Quelle
Quellen berichten über Ereignisse aus der Gegenwart oder Vergangenheit. Quellen aus der Vergangenheit nennt man geschichtliche Quellen.
Es gibt:
- *Quellentexte* und *Bildquellen* aus Büchern, Zeitschriften, Zeitungen oder dem Internet.
- *Filme* und *Tonträger*, zum Beispiel aus Fernseh- und Rundfunksendungen.
- *Sachquellen* wie Gebäude, Werkzeuge, Münzen, Tonscherben und Kleidungsstücke.

Primärquellen sind Quellen, die von Zeitzeugen verfasst wurden.
Wenn du einen geschichtlichen Quellentext auswertest, kannst du die Darstellung geschichtlicher Ereignisse überprüfen und einordnen.

Quelle 1

Die Räuber der Welt
„Als Räuber der Welt durchwühlen die Römer nun auch das Meer, nachdem sich ihren Verwüstungen kein Land mehr bietet. Stehlen, Morden, Rauben bezeichnen sie als „Herrschaft". Die von ihnen geschaffene Wüste bezeichnen sie als „Frieden". Unsere Kinder werden zum Sklavendienst herangezogen. Vermögen werden als Steuern, die Erträge der Felder als Ernteabgaben weggenommen. Unsere Leiber und Hände werden unter Schlägen gebraucht, um durch Wälder und Sümpfe Straßen zu bauen."
(Nach Tacitus (98 n. Chr.): Rede eines britannischen, von den Römern besiegten Fürsten.
In: Boris von Borries: Römische Republik. Weltstaat ohne Frieden und Freiheit. Stuttgart 1980, S. 27)

Quelle 2

Ein tapferes Volk
„Die Römer errichteten ihre Weltherrschaft durch die Tapferkeit ihrer Heere und die anständige Behandlung der Unterworfenen. Sie behandelten die Unterworfenen ohne Grausamkeit und Rachsucht, sodass man glauben könnte, sie kämen nicht wie zu Feinden, sondern zu Freunden."
(Nach Diodor (50 v.Chr.), Anhänger der Römerherrschaft. In: W. Arendt: Altertum, Geschichte in Quellen, Bd. 1. München 1965, S. 456)

Aufgabe

4 Lies die Quellentexte 1 und 2 und bearbeite sie mithilfe der fünf W-Fragen.

Merke
Die Römer schufen ein Weltreich. In den eroberten Gebieten wurden Provinzen errichtet. Kriegsgefangene wurden zu Sklaven. Die Hauptstadt war Rom.

Grundbegriffe
- die Romanisierung
- die Provinz
- der Limes
- die Primärquelle

Der Limes als Grenzbefestigung

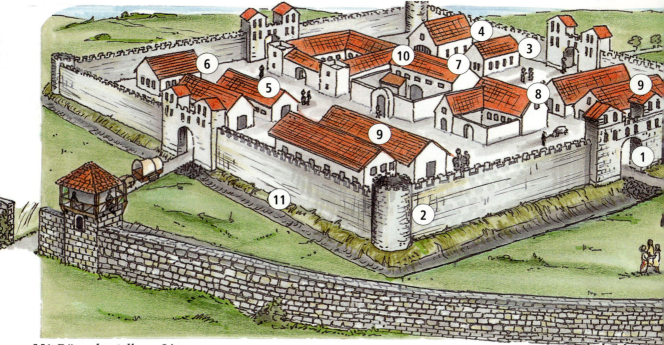

M1 *Römerkastell am Limes – So könnte es ausgesehen haben.*

Der Limes – die Grenze der römischen Macht

Im 1. Jahrhundert nach Christus griffen Germanen immer wieder das Römerreich an. Deswegen schützten die Römer vor allem ihre Nordgrenze. Berge und Flüsse bildeten dabei eine natürliche Grenze. In den offenen Gebieten zwischen dem Rhein und der Donau bauten sie eine bewachte Grenzmauer, den Limes, und sicherten ihn durch **Kastelle**, die dahinter errichtet wurden.

Quelle

Tagesablauf im Militärlager
6.00 Uhr: Aufstehen
6.30 Uhr: Appell, Verteilung der Aufgaben
7.00 Uhr: Frühstück
7.30 Uhr: Wachdienste, Arbeitsdienste im Lager oder außerhalb
12.00 Uhr: Mittagessen
ab 12.30 Uhr: Waffenübungen, Übungsmärsche, Reittraining
18.00 Uhr: Abendessen, Freizeit (Besuch einer nahe gelegenen Stadt, Badevergnügen in den Lagerthermen, Pferderennen, Kampfspiele, Jagd)
21.30 Uhr: Zapfenstreich
22.00 Uhr: absolute Ruhe

(Nach C. Kotitschke: Auf die Plätze … Römer los! Köngen 1993, S. 12f)

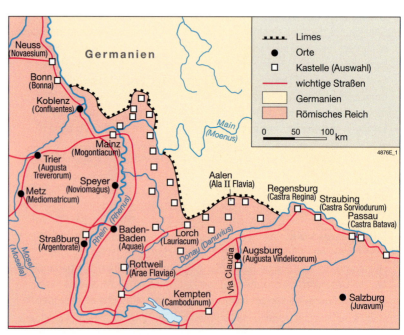

M2 *Die Römer in Süddeutschland um 200 n.Chr.*

Römer und Kelten

1 Haupttor	9 Unterkünfte für Soldaten
2 Wachturm	
3 Krankenhaus	10 Badehaus
4 Kornspeicher	11 Verteidigungsgraben
5 Ställe	12 Limes
6 Werkstatt	13 Wachturm am Limes
7 Leitung des Kastells	14 Germanische Händler
8 Wohnhaus des Leiters des Kastells	15 Rauchsignal

In Süddeutschland gab es in den Kastellen (Militärlagern) viele römische Soldaten. Sie sollten die Grenze zu Germanien sichern. Der Limes war 550 km lang und etwa drei Meter hoch. Er bestand teilweise aus Stein, teilweise aus Holz.

Auf Sichtweite waren Wachtürme eingebaut. Von den Türmen aus kontrollierten Wachposten die Grenze. Um bei Gefahr Nachrichten von Turm zu Turm weitergeben zu können, benutzten die Wachposten Feuer- oder Rauchsignale.

Aufgaben

1 Versetze dich in die Rolle eines römischen Soldaten in einem Kastell. Schreibe einen Brief an einen Verwandten (Quelle, M1, M3). Beachte folgende Punkte: fern der Heimat, strenge Vorschriften, Leben im Kastell, verpflichtet für Jahrzehnte, Feinde in der Nähe, Ausrüstung.

2 Erläutere, welche Aufgaben der Limes hatte.

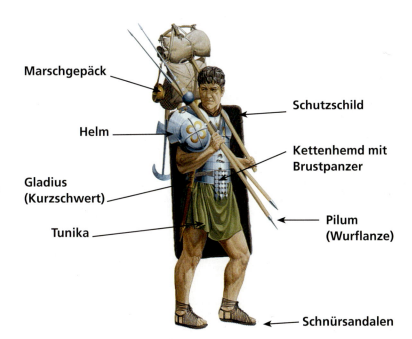

M3 *Römischer Soldat und seine Ausrüstung*

Merke
Die Römer schützten ihr Reich durch den Limes. Die Soldaten waren in Kastellen untergebracht.

Grundbegriff
• das Kastell

Wirtschaft und Handel am Limes

M1 *Handel am Limes*

Aufgabe

1 M1 zeigt eine Szene am Limes zu Friedenszeiten.
a) Beschreibe die Menchen, die du auf dem Bild erkennst.
b) Liste auf, womit sie beschäftigt sind.

M2 *Diese römischen Dinge sind in Gräbern von reichen Germanen gefunden worden (2. Jahrhundert n.Chr.).*

Warenaustausch am Limes

Am Limes begegneten sich germanische Händler und römische Soldaten. Römische Kaufleute brachten Schmuck, Töpfe, Glasbecher und Silbergeschirr nach Germanien und erhielten dafür Honig, Wachs und Felle von den Germanen.

Um den **Handel** zu fördern, hatten die Römer ein dichtes Straßennetz angelegt. Dadurch konnten sie mit den verschiedensten Waren aus allen Gegenden des römischen Reichs handeln. Personenreisewagen legten zur Römerzeit etwa 40 Kilometer am Tag zurück.

Häufig gingen römische Soldaten nach dem Militärdienst nicht nach Rom zurück, sondern blieben in Germanien. Sie bekamen dort ein Stück Land und heirateten germanische Frauen. Die Völker vermischten sich. Die Germanen konnten Soldaten in römischen Hilfstruppen werden und mussten dann den Limes gegen andere Germanen verteidigen. Einige Germanen lernten Latein. Im 2. und 3. Jahrhundert nach Christus besaßen diese Germanen hohe öffentliche Ämter und hatten viel Einfluss.

Quelle

Germanen passen sich an
Die Römer errichteten in Germanien einige Städte. Dort nahmen die Germanen allmählich römische Sitten an, besuchten die Märkte und lebten in friedlichem Verkehr mit den Römern. Früher hatten die Germanen ein ungebundeneres Leben geführt. Aber solange sie mit großer Behutsamkeit an das Neue gewöhnt wurden, empfanden sie das nicht als Last und merkten nicht, wie sie sich änderten.

(Nach: Cassius Dio (230 n.Chr.). In H. Reichardt: Die Germanen. Nürnberg 1978, S. 46)

Römer und Kelten

M3 *Bau einer Römerstraße*

Info

Römische Straßen

Die **Römerstraßen** gelten als technische Meisterleistung. Sie waren genau vermessen und verliefen schnurgerade. Mithilfe von Brücken wurde hügeliges Gelände auf geradem Wege überwunden. Die Straßen waren geschottert oder gepflastert. So kamen Soldaten, Boten, Händler und andere Reisende auch bei schlechtem Wetter schnell vorwärts. Das war für die Sicherung des römischen Reiches sehr wichtig. Wie ein Netz verbanden die Straßen Kastelle und Städte.

Hier kannst du etwas tun!
Rollenspiel zum Handel am Limes

Vier Mitschülerinnen oder Mitschüler wählen sich je eine Rollenkarte als Römer oder Germane aus. Lest die Rollenkarten genau durch und spielt die Szene „Handel am Limes". (Weitere Informationen zum Rollenspiel siehe Seite 275).

Rollenkarte Flavius (römischer Händler)

Er möchte gerne eine größere Menge an Fellen eintauschen, denn im kalten Germanien hat er viele Käufer dafür. Er handelt auch mit Schmuck sowie Töpfen und Krügen. Er hat einige schöne Ketten und Broschen sowie große und kleine Tongefäße dabei.

Rollenkarte Gunhild (Germanin)

Sie möchte unbedingt ein Kleid wie eine Römerin haben. Sie braucht deshalb ein Tuch, aus dem sie ein Kleid näht. Zur Verzierung des Kleides sucht sie passenden Schmuck. Sie hat verschiedenes Obst dabei, das sie selbst geerntet hat und eintauschen möchte.

Rollenkarte Aldemar (Germane)

Er hat eine große Auswahl an verschiedenen Fellen. Er sucht dringend Töpfe und Krüge, die seine Frau zum Kochen braucht.

Rollenkarte Titus (römischer Soldat)

Titus möchte seinen Speisezettel gerne durch Obst bereichern, denn die Verpflegung im Kastell ist sehr eintönig. Nach seinem letzten Kampf hat er einige schöne Seidentücher erbeutet, für die er keine Verwendung hat.

Aufgaben

2 Prüfe ob du als Germane bei den Römern Soldat geworden wärest. Begründe deine Entscheidung.

3 Der Limes war teilweise weniger eine Grenze als vielmehr ein Kontaktpunkt und eine Austauschstelle. Belege diese Aussage mit Beispielen.

4 Eines der Fundstücke in M2 soll für eine Ausstellung erläutert werden. Schreibe einen Erklärungstext.

Merke
Am Limes fand ein reger Handel zwischen Germanen und Römern statt. Ein dichtes Straßennetz sorgte für schnelle Verbindungen.

Grundbegriffe
- der Handel
- die Römerstraße

Spiel

Wirtschaft und Handel

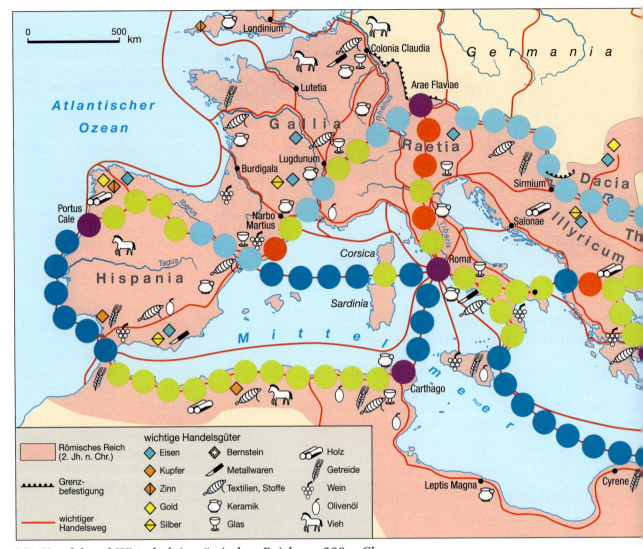

M1 *Handel und Wirtschaft im römischen Reich um 200 n. Chr.*

M2 *Römisches Seefrachtschiff*

Grundlagen: Das gut ausgebaute Verkehrssystem des römischen Reichs lässt den Handel aufblühen und sichert die Versorgung der Bevölkerung mit Dingen des täglichen Bedarfs und mit Luxusgütern. Als Händler verdienst du viel Geld, wenn du deine Waren schnell transportierst. Auf dem Weg der Waren gibt es Schwierigkeiten und Zwischenfälle. Die Beförderung erfolgt über die Verkehrswege Straße (gelb), Fluss (hellblau), Meer (dunkelblau). Beim Wechsel der Transportmittel und beim Überqueren von Gebirgen (rot) kommt es zu Verzögerungen. Große Römerstädte sind mit lila Farbe gekennzeichnet.

Spielregeln: Spielzeit: 2 Spieler ca. 10 Minuten; 5 Spieler ca. 25 Minuten. Gespielt wird mit einem Würfel und bunten Spielfiguren. 2 bis 5 Spieler können teilnehmen. Der jüngste Spieler wählt seinen Spielstein zuerst. Damit sind sein Ausgangsort und seine Waren bestimmt. Den zu gehenden Weg darf jeder selbst festlegen.

Römer und Kelten

Info

Wirtschaft und Handel

Die meisten Menschen im römischen Reich lebten auf dem Land und waren Bauern. Sie bauten Getreide, Wein, Oliven, Obst und Gemüse an; sie züchteten Schafe, Rinder, Pferde und Geflügel. Daneben gab es ein reichhaltiges Warenangebot aus Handwerk und Handel. Ein großer Teil der Waren wurde gegen andere Waren eingetauscht. Münzgeld wurde hauptsächlich im Fernhandel verwendet. Metalle gewann man in den Provinzen.
Ein dichtes Netz von Fernstraßen, Schifffahrtswegen, Häfen und Handelsplätzen bildete die Voraussetzung für einen regen Handel.
Für Reisende standen gut ausgebaute Land- und Wasserwege zur Verfügung. Allerdings gab es auch Räuber, die ihnen auflauerten, um ihnen Geld und Waren abzunehmen.

Das Spiel besteht aus drei Runden.
1. Runde: Von deinem Ausgangsort sollst du so schnell wie möglich Waren in die Hauptstadt Rom bringen.
2. Runde: Von Rom aus bringst du Waren an deinen Ausgangsort mit, die dort dringend benötigt werden.
3. Runde: Bringe jetzt neue Handelsgüter so schnell wie möglich an den Ausgangsort eines deiner Mitspieler.
Wer als erster sein Ziel erreicht, ist Sieger und bekommt 3 Punkte.

Folgende Ereignisse bremsen oder beschleunigen das Spiel:
Wenn du eine 1 würfelst: Piraten/Räuber haben den Weg versperrt. Du musst ausweichen und eine andere Route wählen.
Wenn du eine 6 würfelst: Deine Handelsware wird knapp in Rom. Du darfst noch einmal würfeln. **Farbwechsel:** Wechsel des Verkehrsmittels oder Gebirge! Eine Runde aussetzen!

Spielstein	Ausgangsort	Name	Waren
(gelb)	Alexandria	Gaius	Gewürze, Weihrauch, Edelsteine
(grün)	Byzantium	Severin	Seide, Gewürze, Elfenbein, Edelsteine
(rot)	Arae Flaviae (Rottweil)	Aurelius	Vieh, Pelze, Häute, Honig, Wachs
(weiß)	Portus Cale	Octavian	Holz, Eisen, Zinn
(blau)	Carthago	Marcus	Edelsteine, Elfenbein

M3 *Beschreibung der Spielsteine*

Der Kaiser regiert

Aufgabe

1 Vergleiche das Leben von Livius mit dem von Marcus.

Ich heiße Octavian. Man nennt mich **Kaiser** Augustus. Ich bin der alleinige Herrscher im römischen Reich. Viele Soldaten hören auf meine Befehle. Ich verwalte Steuereinnahmen und ernenne Senatoren. Ich wohne in den Kaiserpalästen, die sehr groß und luxuriös ausgestattet sind. Hier fehlt es mir an nichts!

Ich heiße Gaius und komme aus einer angesehenen Familie, die in der Nähe des Kaiserpalastes lebt. Seit zwei Jahren bin ich **Heerführer** an der Ostgrenze des römischen Reiches. Ich achte mit meinen Soldaten darauf, dass auch in weit entfernten Provinzen Friede herrscht. Meine Befehle erhalte ich vom Kaiser.

Mein Name ist Livius. Ich bin ein **Senator** und berate den Kaiser. Außerdem kümmere ich mich um eine Provinz am Limes. Ich wohne in einer Villa mit eigenen Toiletten und einem Anschluss an die Wasserleitung. Zu meinem Haushalt gehören ungefähr 500 Sklaven.

Man nennt mich Marcus. Ich betreibe mit meiner Frau einen kleinen Metzgerladen. Von den Einnahmen können wir unsere Miete und das Schulgeld für unsere vier Kinder bezahlen. Wir leben in einem einzigen Zimmer zusammen. Toiletten gibt es nicht. Wasser holen wir aus einem Brunnen. Der Besuch von Gladiatorenkämpfen bringt uns Abwechslung in unser Leben. Wir sind frei und damit **römische Bürger**.

Aufgabe

2 Teilt euch in der Klasse in Gruppen auf. Jede Gruppe beschäftigt sich mit einer Sprechblase und schreibt Stichworte zu der jeweiligen Person auf ein Wandplakat. Nach ca. 20 Minuten stellen sich die Gruppen gegenseitig ihre erarbeiteten Wandplakate vor.

M1 *Die römische Gesellschaft zur Kaiserzeit*

Ich bin eine **Sklavin** und komme aus Germanien. Nach einem Kampf gegen die Römer wurde ich gefangen genommen und auf einem Sklavenmarkt in Rom an einen reichen Bürger verkauft. Ich bin unfrei und habe keine Rechte. Das Töten einer Sklavin oder eines Sklaven gilt dem Gesetz nach als Sachbeschädigung. Ich helfe meiner Herrin beim Ankleiden und im Haushalt. Sie ist sehr nett zu mir, sodass es mir gut geht. Andere Sklaven werden in Bergwerken zu Tode geschunden oder müssen als Gladiatoren zum Vergnügen der Römer um Leben und Tod kämpfen. Hoffentlich werde ich einmal freigelassen wie Odoaker. Das ist ein Freund von mir. Er hat jetzt eine kleine Schuhmacher-Werkstatt in Rom.

Römer und Kelten

Monarchie – Republik – Monarchie

Rom wurde um 800 vor Christus gegründet. Zunächst regierten dort Könige. Das heißt, Rom war eine **Monarchie**. Im Jahr 509 v. Chr. wurde der letzte König vertrieben. Die Menschen wollten nicht mehr von nur einer Person regiert werden, sondern die politische Führung gemeinschaftlich in die Hand nehmen. Rom wurde eine **Republik**.

Im 2. Jahrhundert vor Christus gab es heftigen Streit um die richtige Politik in Rom. Einige Politiker wollten den **Plebejern** wieder Land geben. Dieses Land hätten die **Patrizier** abgeben müssen. Dagegen wehrten sie sich. Die Auseinandersetzungen führten schließlich im ersten Jahrhundert vor Christus zu einem Bürgerkrieg. Der Feldherr Julius Caesar ging als Sieger aus diesen Kämpfen hervor. Mithilfe einer Armee aus Soldaten, die ihm treu ergeben waren, konnte er die Macht im Staat an sich reißen. Caesar erklärte sich zum Alleinherrscher. Seine Feinde befürchteten, dass er sich zum König machen wollte. Deshalb wurde er im Jahr 44 vor Christus von einer Gruppe von Senatoren ermordet. Erneut brachen Bürgerkriege aus. Sie endeten erst, als Augustus, der Großneffe Caesars, im Jahr 31 vor Christus die Macht im Staat erlangte. Mit ihm begann die römische Kaiserzeit. Rom war wieder eine Monarchie.

Kaiser Augustus (deutsch: „der Erhabene") nahm die Bevölkerung für sich ein, indem er die Getreideversorgung für das Volk sicherte und prächtige Wagenrennen, Kämpfe und Schauspiele ausrichten ließ. Unter seiner Herrschaft gab es eine lang anhaltende Zeit inneren Friedens im römischen Reich.

Info 1

Patrizier und Plebejer
In Rom wurden die Mitglieder vornehmer Familien Patrizier genannt. Nur sie durften Staatsämter und Priesterstellen annehmen. Sie waren sehr reich und besaßen Viehherden und viel Land.
Zu den Plebejern gehörten Handwerker, Kaufleute, Bauern und Tagelöhner. Sie waren keine Sklaven, sondern freie Leute. Obwohl sie die Mehrheit der Bevölkerung bildeten, konnten sie keine Ämter annehmen.

Quelle

Octavian (Augustus): Mein Leben und meine Taten
„Nachdem ich die Bürgerkriege beendet hatte, hielt ich nach Zustimmung aller Bürger die politische Macht in den Händen. Trotzdem habe ich die mir zugefallene Macht an den Senat und das römische Volk abgetreten. Bei diesen beiden lag damit wieder die freie Entscheidung über die Zukunft der römischen Republik. Für diesen Verdienst wurde ich auf Senatsbeschluss Augustus genannt. Seit dieser Zeit habe ich an Ansehen und persönlichem Einfluss alle übertroffen. Mehr Macht als die anderen, die ich als Kollegen im Amt hatte, besaß ich jedoch nie."
(Nach: Octavian 13 n.Chr. In: Monumentum ancyranum 34, 1 und 3, übersetzt von E. Wagner)

Info 2

Monarchie
Wenn Könige oder Kaiser in einem Staat herrschen, spricht man von „Monarchie".

Republik
Nach der Vertreibung der Könige nannten die Römer ihren Staat „res publica". Das heißt „öffentliche Sache". Die politische Macht war auf den Senat, die Volksversammlung und die Beamten verteilt. Heute versteht man unter einer Republik einen Staat, in dem das Volk die Macht hat (Demokratie). Das findet seinen Ausdruck zum Beispiel in der Wahl des Parlaments (das die Gesetze beschließt) und in Abstimmungen.

Aufgaben

3 Analysiere, ob der römische Kaiser mächtig ist oder nicht. Begründe deine Antwort (Quelle, M1, M2).

4 Erläutere, was es bedeutete, eine Sklavin oder ein Sklave zu sein.

Merke
Ein mächtiger Kaiser und Senatoren regierten das römische Reich zur Kaiserzeit. Bürger konnten zum Teil mithilfe der Sklaven einen hohen Lebensstandard erreichen. Heerführer sicherten die Provinzen.

Grundbegriffe
- die Monarchie
- die Republik
- die Plebejer
- die Patrizier

Leben in Rom

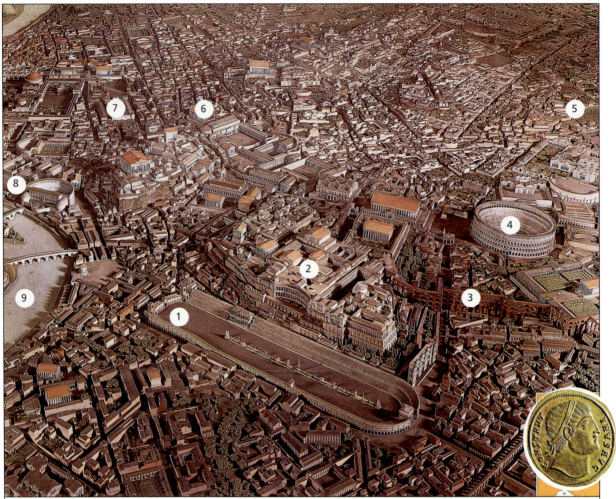

1 Circus Maximus: Stadion für Wagenrennen (250 000 Zuschauer!)
2 Kaiserpaläste: Von hier aus regierten Kaiser das Römerreich.
3 Wasserleitung (Aquädukt): Versorgte einen Teil der Häuser und Thermen (Badehäuser) mit frischem Quellwasser. Dieses floss durch einen Kanal auf der Spitze des Bauwerkes.
4 Colosseum (Amphitheater): Hier fanden Aufführungen statt, auch kämpften hier die Gladiatoren.
5 Thermen: Öffentlicher Ort der Reinigung, Erholung und Treffpunkt, eine Art Freizeitbad
6 Forum Romanum: Fest- und Marktplatz, Tempelbezirk
7 Jupitertempel: Jupiter war der höchste Gott der Römer. Kaiser verglichen sich gerne mit ihm.
8 Marcellus-Theater: 20 000 Sitzplätze, Aufführung von lustigen und traurigen Theaterstücken
9 Tiber: Fluss, Verbindung zum Mittelmeer, wichtiger Verkehrsweg

M1 *So könnte zur Kaiserzeit die Millionenstadt Rom einmal ausgesehen haben.*

M2 *Szene aus dem Film „Ben Hur" (Wagenrennen im Circus Maximus)*

Römer und Kelten

Das Leben in Rom – Brot und Spiele

Im 1. Jahrhundert n. Chr. war Rom die größte Stadt der Welt. Hier lebten etwa eine Million Menschen. Viele von ihnen waren arm und hatten keine Arbeit. Um die Einwohner zu unterhalten, gab es zahlreiche Einrichtungen, zum Beispiel die **Thermen**. Dies waren große Bade- und Freizeitzentren. Die größten konnten bis zu 5000 Leute aufnehmen. Schauspiele und Konzerte gehörten ebenfalls zu den Vergnügungen der Bewohner Roms.

Besonders beliebt waren Wagenrennen und die Kämpfe zwischen den **Gladiatoren** im **Amphitheater**. Es waren in der Regel Sklaven, die für die Kämpfe um Leben oder Tod besonders ausgebildet wurden. Um die Kämpfe blutrünstig zu gestalten, waren die Gladiatoren unterschiedlich ausgerüstet.

M3 Diocles war der Star unter den römischen Wagenlenkern. Als er sich mit 42 Jahren aus dem Renngeschäft zurückzog, hatte er an 4257 Wagenrennen teilgenommen (1462 davon siegreich). Er war mehrfacher Millionär. Das Mosaik aus dem 1. Jahrhundert n. Chr. zeigt ihn in der rot-schwarzen Kleidung seines Rennstalls.

Quelle

Wagenrennen im Circus Maximus
„Das Wagenrennen ging über fünf Runden mit insgesamt 2 840 Metern. Beim Umfahren der Wendemarken gab es immer wieder schwere Stürze. Es war erlaubt, dem Gegner „an die Karre zu fahren" und ihn am Überholen zu hindern. Die hoch aufsteigenden Sitzreihen waren voller Menschen. Sie klatschten und schrien, sprangen auf, schwenkten Tücher und Gewänder. Der Gewinner erhielt donnernden Jubel."
(Nach: Die Zeit vom 19.07.1994)

Aufgabe

1 Gestalte einen geschichtlichen Stadtführer über die Stadt Rom. Benutze dazu M1. Gehe folgendermaßen vor:
a) Lege Transparentpapier auf M1 und zeichne wichtige Sehenswürdigkeiten so ab, dass man sie gut erkennen kann.
b) Beschrifte sie mit ihrem Namen.
c) Straßen verbinden die Sehenswürdigkeiten miteinander. Ergänze diese auf dem Transparentpapier.
d) Plane nun einen möglichen Stadtrundgang. Entscheide dich für Sehenswürdigkeiten, die man deiner Meinung nach unbedingt ansehen müsste. Notiere die Reihenfolge der Sehenswürdigkeiten für die Besichtigung auf einem Notizblock.
e) Entwirf nun einen Text. Es soll eine kurze Wegbeschreibung sein und sie soll wichtige Informationen zu den Sehenswürdigkeiten enthalten. Achte auf die richtige Reihenfolge!

Merke
Rom war zur Kaiserzeit die größte Stadt der Welt. Die reichen Bewohner Roms besuchten Unterhaltungen wie Wagenrennen oder reinigten und unterhielten sich in großen Thermen.

Viele Bewohner waren allerdings sehr arm und konnten sich solche Vergnügungen nicht leisten.

Grundbegriffe
- die Therme
- der Gladiator
- das Amphitheater

Leben in Rom

① Eingang, ② Laden, ③ Innenhof, ④ Regenbecken, ⑤ Hausaltar, ⑥ Empfangsraum, ⑦ Wohn-, Schlaf- und Wirtschaftsräume, ⑧ Speiseraum, ⑨ Garten mit Säulenhalle, ⑩ Keller, ⑪ Presse.

M1 *Villa einer vornehmen römischen Familie. Diese Häuser sahen von außen unscheinbarer aus, als sie von innen gestaltet und eingerichtet waren. Der Platzmangel in Rom nötigte allerdings auch die reichen Römer dazu, „Reihenhäuser" zu bauen.*

Wohnen in der Stadt Rom – Armut und Luxus

Die ersten Häuser in Rom waren einfache aus Flechtwerk und Lehm erbaute Behausungen. Als Rom sich zur Stadt und schließlich zur Millionenstadt entwickelte, brauchte man Wohnraum für die schnell wachsende Bevölkerung. Die meisten Römerinnen und Römer lebten in Mietshäusern. Meist waren es drei- bis fünfgeschossige Miethäuser, in denen bis zu 400 Menschen lebten. Wenn der Platz nicht mehr reichte, wurde einfach ein Geschoss draufgebaut. Klar, dass diese Gebäude oft einstürzten. Zum Teil gab es große Risse in den Wänden, durch die man durchsehen konnte. Außerdem bestand eine andauernde Feuergefahr, denn die Häuser wurden bis zum 1. Jahrhundert n. Chr. aus Holz gebaut. Die Bewohner dieser Häuser waren daher in ständiger Lebensgefahr.

Oft lebte eine gesamte römische Familie in nur einem dunklen Raum ohne Frischluft, Küche, Heizung oder Toilette. Zum Kochen und als Wärmequelle wurde offenes Feuer in tragbaren Holzkohlebecken verwendet.

Einige wenige Römer konnten es sich leisten, in luxuriösen Einfamilienhäusern, den **Villen**, zu wohnen. In diesen Häusern gab es fließendes Wasser, Fußboden- oder Wandheizung.

Aufgabe

1 Ein Germane berichtet seinen Kindern von einem vornehmen Haus einer römischen Familie. Beschreibe,
a) wie das Haus aussieht (M1);
b) wie das Abendessen abläuft (Seite 273).

Römer und Kelten

M2 *Männer und Frauen „liegen" um einen kleinen Tisch. Diese Art des Zusammenseins kam im 1. Jh. v. Chr. in Mode. Vorher saßen die Menschen auf Stühlen, meistens die Frauen neben ihren Ehemännern.*

Im Liegen essen? Na klar!

Die reichen Römer aßen und tranken morgens und mittags nur wenig: Brot, Käse, Wasser; mittags vielleicht noch kaltes Fleisch und verdünnten Wein. Abends hingegen wurde üppig gespeist mit Vorspeise, Hauptgang und Nachspeise. Eine römische Redensart lautete: „Von den Eiern bis zu den Äpfeln"; das heißt so viel wie „Von Anfang bis Ende". Und so war es auch.

Das Abendessen begann mit Eiern, Oliven, Datteln und anderem und es endete mit Früchten. Dazwischen gab es gefülltes Huhn, in Milch gekochten Hasen, einen Thunfisch oder auch ein gebratenes Reh. Allgegenwärtig war neben den Eiern als Vorspeise auch die Fischsoße „garum". Ohne sie war ein römisches Mahl nicht komplett.

Im Speiseraum standen drei Sofas um einen viereckigen Tisch herum. Es wurde im Liegen gegessen. Bei der Zuordnung der Plätze musste eine bestimmte Rangfolge eingehalten werden, die sich nach der gesellschaftlichen Stellung der Gäste richtete.

Die Römer, die nicht zu den Vornehmen gehörten, mussten sich mit viel weniger zufrieden geben. Neben Brot, Wasser und ab und zu auch Wein war das Hauptnahrungsmittel ein Mehlbrei, der mit Öl angerührt und mit Kräutern gewürzt war.

Brot wurde in Rom meist aus Weizenmehl gebacken. Man nahm ein Treibmittel zu Hilfe, meist Sauerteig oder Hefe. Man backte Fladenbrot in Pfannen sowie Brotlaibe und Brötchen im Backofen. In Rom gab es Bäckereien; auf dem Land backte man selbst.

M3 *Römisches Brot*

M4 *Rezept aus einem römischen Kochbuch (übersetzt von Robert Maier)*

Merke

Nur die reichen Römer lebten in luxuriösen Villen. Die vielen armen Römer wohnten in mehrstöckigen Mietshäusern und oft hatten Familien nur ein Zimmer. Die Römer aßen in der Regel im Liegen um einen Tisch herum.

Grundbegriff
• die Villa

Die Kelten bei uns

Info 1

Keltisch-römische Götter
Nantosuelta war die Schutzgöttin von Haus und Hof, aber auch der Unterwelt. Sie hält in der Hand einen Pfahl mit einem Häuschen. Dieser soll die Verbindung der guten Geister unter der Erde mit der Menschenwelt darstellen.
Vulcanus war der Gott der Bergleute und Schmiede, der Meister des Feuers. Er trägt einen schweren Eisenhammer bei sich.
Sucellus schwingt einen Holzhammer und hält oft auch einen Becher in der Hand. Er ist der Schutzpatron der Fassbinder, Böttcher, Küfer.
Sirona, die Quellgöttin der „Dhron" (im Hunsrück), wurde für gute Gesundheit, Heilwasser und Arzneien angerufen.

Aufgaben

1 Suche auf einer Saarland-Karte die in den Texten angegebenen Orte. Bestimme, wie weit sie voneinander entfernt sind.

2 Vergleiche die Lebensbedingungen in einem keltischen Hüttendorf mit denen im römischen Kastell (M2, M3).

Info 2

Kelten
Neben den Germanen waren die **Kelten** das andere große Volk, das in Europa lebte. Um 500 n. Chr. siedelten Kelten im heutigen Frankreich, im Süden Deutschlands, in Norditalien, Spanien, Großbritannien und Irland. Die Kelten beherrschten die Technik der Eisenherstellung. Sie galten als geschickte Handwerker. Der Handel mit Eisenwaffen, Streitwagen, Eisenwerkzeugen, Keramik und Glasperlen machte die Kelten reich und mächtig.

M2 *Keltische Siedlung, rekonstruiert (Reinheim)*

Vom Berg ins Tal

Der keltische Schmied Reimar überlegt, ob er mit seiner Familie vom Limberg (bei Wallerfangen) hinunter an den Saravus (die Saar) ziehen soll. Dort könnte er sich in der „Reihenhaussiedlung" im römischen Handwerkerdorf Contiomagus (Pachten) niederlassen. Im Schutz des Römerkastells leben dort schon viele andere **Kelten**. Sie alle hatten einst im „Blauloch" (bei St. Barbara) gearbeitet. Dort hatten sie aus den Stollen mühsam Azurit und Malachit geschürft, um es dann zu Kupfer zu verarbeiten oder aber als blaue Schmink- und Wandfarben zu verkaufen – eine zu schwere Arbeit.

Reimar und seine Frau holen sich Rat an einem „heiligen Ort". Hier befinden sich die in eine Felswand gemeißelten Götterbilder, die schon ihren Vorfahren Hilfe, Schutz und Segen versprachen.

M3 *Modell des Römerkastells Contiomagus (im Museum Pachten)*

Römer und Kelten

M4 *Nantosuelta und Sucellus (bzw. Vulcanus) im Wald bei Wallerfangen (fälschlich „Die drei Kapuziner")*

An heiligen Orten in der Natur

Heute ist bei den Reimars Verwandtschaft von der Sura (Sauer) angereist: Treverix und Rosamerta. Rosa ist froh, in Contiomagus zu sein, auch weil sie sich eine „Medizin" von der Sirona-Quelle am „Sudelfels" holen will. Ein Standbild zeigt die Göttin mit einer Schlange, die nach drei Eiern in einer Schale züngelt. Die Schlange bedeutet todbringendes Schlangengift, das aber auch als Beimischung für Arzneien heilend wirkt, und die Eier sind ein Bild für neues Leben. Das heißt: sterben, leben und wiedergeboren werden.

Auch in Griechenland setzte man zu dieser Zeit Schlangengift zur Mischung von Arzneien ein. Der griechische Gott Äskulap (Asklepios) trägt auf Standbildern einen Stab mit der darumgewundenen Schlange. Dieser ist noch heute das Symbol der Ärzte und der Apotheker.

Merke
Kelten und Römer lebten in unserem Raum friedlich miteinander. Sie verehrten die gleichen Gottheiten, denen sie unterschiedliche Namen gaben.

Grundbegriff
- die Kelten

M5 *Sirona-Quelle bei Wallerfangen-Ihn*

M6 *Sirona-Statue vom Idarwald (Museum Trier)*

Lernen im Team

Rom im Klassenzimmer

M1 *Römische Kleidung: Tunika und darüber bei Frauen Stola und Palla, bei Männern die Toga.*

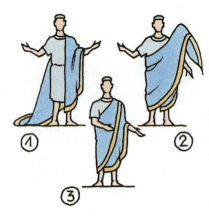

M2 *So legst du eine Toga an.*

M3 *Schüler beim Anlegen einer Toga*

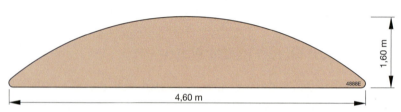

M4 *Schnittmuster einer Toga*

Rom in der Klasse

Entwickelt ein Projekt mit dem Thema: „Rom in der Klasse". Ihr seid Römerinnen und Römer, kleidet euch wie die Menschen in Rom, besucht römische Spiele, und natürlich gehört auch das Essen dazu.
Für eine Tunika eignet sich ein Bettlaken und für die Toga, Stola oder Palla nehmt ihr am besten alte Gardinen. Versucht auch, eine kunstvolle Frisur herzustellen.
Ihr könnt auch Gruppen bilden. Vielleicht entwickelt eine Gruppe eine römische Olympiade.
Beim römischen Essen müssen Eier und Äpfel dabei sein. Auch Fladenbrot sowie Wasser und Käse gehören dazu. Vielleicht haben einige von euch Lust, „Mostbrötchen" zu backen (siehe Seite 273 M4).
Eurer Fantasie sind keine Grenzen gesetzt. Nur „echt römisch" muss es sein.

Die Kleidung der Römerinnen und Römer: Tunika, Toga, Stola und Palla

Modische Kleidung, aufwendige Frisuren und kostbaren Schmuck zu besitzen, war für die Römerinnen und Römer sehr wichtig. Besonders die Reichen konnten sich dies leisten. Schon am Äußeren konnte man erkennen, welcher Bevölkerungsschicht eine Frau oder ein Mann angehörte.

Römische Männer, Frauen und Kinder trugen eine Tunika (ein knielanges, ärmelloses oder kurzärmeliges Hemd) aus Wolle oder Leinen mit einem um die Taille geschlungenen Gürtel. Die Tunika war das einzige Kleidungsstück, das sowohl Arme als auch Reiche trugen. Bei den Männern reichte die Tunika nur bis kurz unter die Knie, die der Frauen war etwas länger.

Römische Männer trugen in der Öffentlichkeit eine Toga (ein mantelartiges Obergewand). Reiche Leute trugen eine weiße Toga, Trauernde oder arme Leute eine dunkle Toga. Waren Tunika und Toga mit einem roten Saum versehen, so gehörten die Träger zu den „oberen Zehntausend".

Römerinnen trugen eine Tunika, darüber ein fußlanges Kleid, die Stola, und darüber einen togaartigen Überwurf, die Palla.

Frauen und Männer schützten ihre Füße in der Regel mit farbigen Ledersandalen.

Römer und Kelten — Lernen im Team

Sandalen herstellen

Zur Herstellung brauchst du:
braunes Packpapier, einen Stift, eine Schere, Klebeband und dickere Wolle.

Gehe folgendermaßen vor:

1. Wenn möglich, vergrößere die Abbildung M5 auf einem Kopierer, sodass sie der Größe deiner Füße entspricht. Oder zeichne sie in der richtigen Größe ab.

2. Schneide nun die Form aus, lege sie auf das Packpapier und zeichne die Umrisse nach.

3. Lege die Papierform noch einmal seitenverkehrt für den anderen Fuß auf einen anderen Teil des Packpapiers und zeichne die Umrisse nach.

4. Nun kannst du beide Formen ausschneiden und auch die Löcher hineinschneiden.

5. Klebe mit Klebeband an beiden Schuhen die Teile an der Ferse zusammen.

6. Stelle dich jeweils in die Mitte der Sandale. Ziehe einen langen Wollfaden durch die Löcher, bis die Sandale fest am Fuß sitzt.

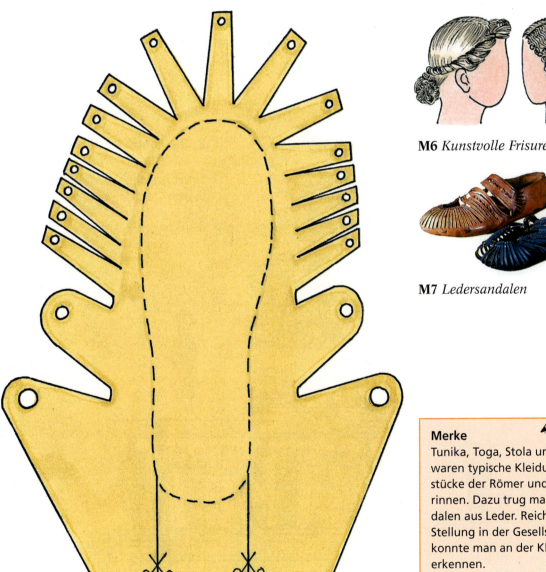

M5 *Schnittmuster einer römischen Sandale (linker Schuh)*

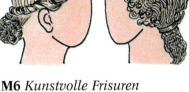

M6 *Kunstvolle Frisuren*

M7 *Ledersandalen*

Merke

Tunika, Toga, Stola und Palla waren typische Kleidungsstücke der Römer und Römerinnen. Dazu trug man Sandalen aus Leder. Reichtum und Stellung in der Gesellschaft konnte man an der Kleidung erkennen.

Alles klar?

Römer und Kelten

Fachkompetenz

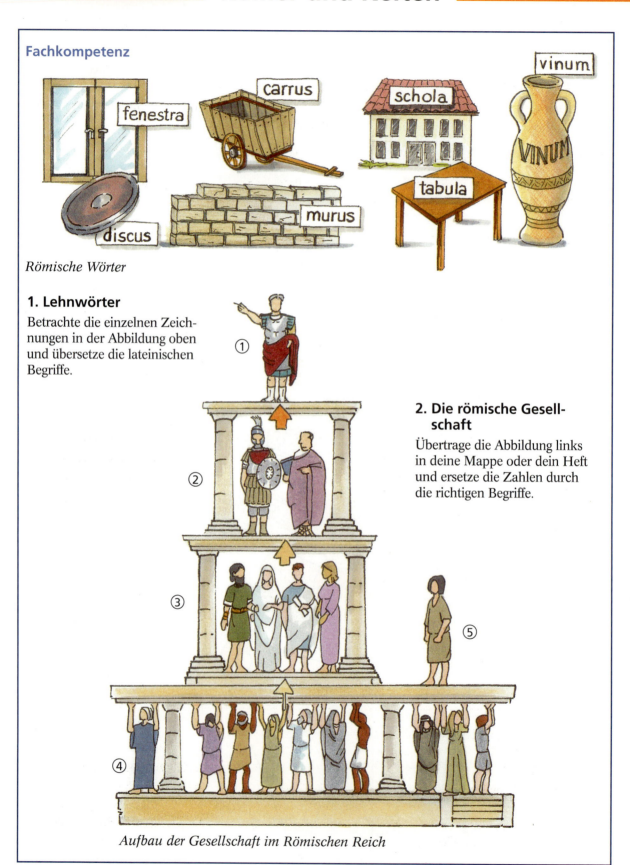

Römische Wörter

1. Lehnwörter

Betrachte die einzelnen Zeichnungen in der Abbildung oben und übersetze die lateinischen Begriffe.

2. Die römische Gesellschaft

Übertrage die Abbildung links in deine Mappe oder dein Heft und ersetze die Zahlen durch die richtigen Begriffe.

Aufbau der Gesellschaft im Römischen Reich

Alles klar?

Orientierungskompetenz

3. Grundbegriffe

Hier sind die wichtigsten Begriffe dieses Kapitels noch einmal zusammengestellt. Wähle fünf Begriffe aus, erkläre sie und ergänze sie mit einfachen Zeichnungen.

- Römer
- Lehnwort
- Romanisierung
- Provinz
- Limes
- Primärquelle
- Kastell
- Handel
- Römerstraße
- Monarchie
- Republik
- Plebejer
- Patrizier
- Therme
- Gladiator
- Amphitheater
- Villa
- Kelten

Methodenkompetenz

4. Die Entwicklung des Römischen Reiches

Die Entstehung des Römischen Reiches

a) Erkläre mithilfe der Karte die Entwicklung des Römischen Reiches in zwei Schritten.

b) Zeichne eine Skizze über die Entwicklung des Römischen Reiches und beschrifte sie.

Beurteilungs- und Handlungskompetenz

5. Quellenarbeit

a) Die Quellen 1 und 2 auf Seite 261 kommen zu unterschiedlichen Urteilen über die Römer. Erkläre und beurteile.

b) Vergleiche die Quelle auf Seite 271 mit einem Bericht über ein heutiges Sportereignis.

6. Kelten und Römer

Entscheide, ob du das Leben der Kelten oder das der Römer damals bevorzugen würdest. Begründe.

Minilexikon

A

Ackerbau (Seite 160)
Beim Ackerbau wird der Boden zum Anbau von → Kulturpflanzen (z. B. Getreide, Gemüse) genutzt. Die Landwirte legen Felder an, um Ernteerträge zu gewinnen.

Alpen (Seite 39)
Bezeichnung für das größte und höchste Gebirge in Europa (Montblanc 4807 m). Die Alpen erstrecken sich von der Mittelmeerküste (Monaco) über 1500 km bis nach Wien. Frankreich, Italien, Österreich, Liechtenstein, Schweiz, Deutschland und Slowenien haben daran Anteil.

Alpenvorland (Seite 39)
Zwischen der Donau und den Alpen gelegenes Hügelland. Es steigt von 300 m südlich der Donau auf 800 m am Alpenrand an.

Altsteinzeit (Seite 138)
Der früheste und längste Abschnitt der → Steinzeit heißt Altsteinzeit. Sie begann vor etwa 3 Mio. Jahren und dauerte bis etwa 10 000 v. Chr. Die Menschen der Altsteinzeit lebten als → Jäger und Sammler in Horden zusammen.

Amphitheater (Seite 271)
Rundtheater bei den → Römern ohne Dach, in dem sportliche Wettkämpfe und Theateraufführungen, aber auch → Gladiatoren- und Tierkämpfe stattfanden.

Antarktis (Seite 122)
von Inlandeis bedeckter Kontinent am → Südpol einschließlich der angrenzenden Meeresgebiete.

Antike (Altertum) (Seite 238)
Die Antike ist die Bezeichnung für das griechisch-römische Altertum von ca. 1000 v. Chr. bis zum Untergang des römischen Kaiserreichs (ca. 500 n.Chr.). Es war die Blütezeit der griechischen und römischen → Hochkultur.

Äquator (Seite 26)
Der Äquator ist eine Linie auf Karten und Globen, welche die Erde in eine → Nord- und eine → Südhalbkugel teilt. Der Äquator ist 40 077 km lang.

Archäologe (Seite 150)
Ein Archäologe ist ein Wissenschaftler, der aufgrund von Bodenfunden und Ausgrabungen alte Kulturen erforscht.

Arktis (Seite 122)
Die zwischen nördlichem Polarkreis und Nordpol liegenden Land- und Meeresgebiete.

Assuan-Staudamm (Seite 227)
In der Nähe der ägyptischen Stadt Assuan wurde 1971 der Assuan-Staudamm fertiggestellt. Er speichert das Nilhochwasser, das in Trockenzeiten zur Bewässerung der Felder genutzt wird. Der Staudamm ist 5 000 m lang und 111 m hoch. Der Stausee umfasst etwa 5000 Quadratkilometer. Das Kraftwerk des Staudammes liefert elektrische Energie.

Atmosphäre (Seite 108)
Lufthülle der Erde. Sie besteht aus verschiedenen Gasen.

Ausschuss (Seite 178)
Wenn der Landtag oder der Gemeinderat zu groß ist um eine Aufgabe zu erledigen, wird ein Ausschuss gebildet. Hierbei handelt es sich um eine kleine Gruppe von Personen, die den Fachverstand haben, um die Entscheidungen für das größere Gremium vorzubereiten. Das Ergebnis der Arbeit im Ausschuss wird dem Landtag oder dem Gemeinderat zur Abstimmung vorgelegt.

B

Bergwerk (Seite 152)
Ein Bergwerk ist eine Anlage, um tief unter der Erde liegende Bodenschätze abzubauen.

Bevölkerungsexplosion (Seite 226)
Ausdruck für das starke Wachstum der Bevölkerung.

Bewässerungslandwirtschaft (Seite 214)
Dieser Feldbau ist nur mit der Zuführung von Wasser möglich. Er kommt in Gebieten vor, in denen die Niederschläge für eine landwirtschaftliche Nutzung zu gering sind.

Bewölkung (Seite 106)
Ausdruck für die Dichte der sichtbaren Wolken. Je mehr Wolken am Himmel zu sehen sind, desto stärker ist die Bewölkung.

Bildzeichen (Seite 219)
Die Schrift der alten Ägypter besteht aus etwa 700 Bildzeichen. Dies sind Zeichen für Tiere, Pflanzen und Gegenstände. Später wurden diese auch zur Bezeichnung einzelner Buchstaben benutzt.

Börde (Seite 161)
Landschaft am Nordrand der deutschen Mittelgebirge, die aufgrund ihres guten Bodens (Löss) und ihres milden Klimas besonders fruchtbar ist (Weizen-, Zuckerrübenanbau).

Breitengrad (Seite 26)
Teil des → Gradnetzes der Erde. Breitengrade werden vom → Äquator aus nach Norden und Süden von 0° bis 90° gezählt. Sie verlaufen immer parallel zum Äquator und verbinden die Punkte auf der Erde, die die gleiche geographische Breite haben.

Bürgermeisterin/Bürgermeister (Seite 172)
Die Bürgermeisterin oder der Bürgermeister steht einer Gemeinde vor. Stellung und Aufgaben werden in der Gemeindeordnung geregelt. Der Bürgermeister leitet z. B. die Gemeinderatssitzungen und vertritt die Gemeinde nach außen.

C

Clique (Seite 62)
Anderes Wort für Freundeskreis.

D

Demokratie (Seite 242)
Demokratie heißt Volksherrschaft. Im Gegensatz zur Monarchie gibt es nicht nur einen Herrscher, sondern das ganze Volk entscheidet mit, wenn auch in der Regel nicht direkt. Es werden Vertreterinnen und Vertreter gewählt, die z. B. die Gesetze verabschieden.

Deutzeichen (Seite 219)
Die ägyptische Schrift hatte neben den → Bildzeichen zusätzliche Deutzeichen. Sie erleichterten das Verständnis. Ein solches Deutzeichen war z. B. eine → Kartusche. Sie stand für den → Pharao. Weitere Deutzeichen, die den Eigennamen ergänzt haben, waren die für Frau und Mann.

E

Ein-Kind-Familie (Seite 71)
Bezeichnung für eine Familie, bei dem die Eltern ein Einzelkind aufziehen.

Eiszeit (Seite 141)
Abschnitte der Erdgeschichte, in denen es durch weltweiten Rückgang der Temperaturen zum Vorrücken von Gletschern im Norden Europas und in den Hochgebirgen kommt. Die letzte Eiszeit endete vor etwa 10 000 Jahren.

Erdachse (Seite 92)
gedachte Verbindungslinie zwischen → Nordpol und → Südpol.

Erdrevolution (Seite 95)
Innerhalb eines Jahres umkreist die Erde einmal die Sonne auf einer elliptischen Bahn. Dies ist die Erdrevolution.

Erdrotation (Seite 93)
Innerhalb von 24 Stunden dreht sich die Erde einmal um ihre eigene Achse. Dies ist die Erdrotation.

Erschließung (Seite 130)
Maßnahmen, durch die z. B. der → tropische Regenwald zugänglich gemacht wird. Zur Erschließung gehören der Bau von Straßen und Siedlungen, aber auch das Roden des Waldes, um Anbauflächen zu schaffen.

Eurasien (Seite 188)
Seit mehr als 250 Mio. Jahren hängen die Kontinente Europa und Asien zusammen. Deshalb nennt man diesen „Doppelkontinent" Eurasien.

F

Familie (Seiten 62, 71)
Eine Familie ist die häufigste Form des Zusammenlebens in einer Gruppe. Die Familie besteht meistens aus der Mutter, dem Vater und mindestens einem Kind. Die Mitglieder sorgen in der Regel füreinander und finden Geborgenheit, Hilfe und Verständnis.

Faustkeil (Seite 138)
Der Faustkeil war das wichtigste Werkzeug der → Steinzeit. Er wurde aus behauenem Feuerstein hergestellt und hatte eine Mandelform. Die Menschen benutzten ihn zum Schneiden, Schlagen, Hacken, Schaben usw. (Allzweckgerät).

Felswüste (Seite 207)
In der Felswüste ist die Landschaft von kantigen Steinen übersät, aus denen einzelne Berge herausragen. Durch die Temperaturgegensätze zwischen Tag und Nacht zerbrechen selbst riesige Felsbrocken.

Fernreise (Seite 190)
Eine Reise über eine große Entfernung, meist auf einen anderen Kontinent.

Fleischwirtschaft (Seite 163)
Zur Fleischwirtschaft zählen alle Betriebe, die an der Fleischproduktion beteiligt sind (Landwirt, Schlachthof, Metzger, Transportunternehmen usw.).

Flussoase (Seite 209)
Durch einen → Fremdlingsfluss bewässerte Oase.

freiwillige Aufgabe (Seite 172)
Die Kommune erfüllt neben den → Pflichtaufgaben auch freiwillige Aufgaben. Dazu gehören die Einrichtung und der Unterhalt von Spiel- und Sportplätzen, Museen, Theatern, Jugendzentren und Altenheimen.

Fremdlingsfluss (Seite 213)
Ein Fluss kommt aus einem Gebiet mit hohen Niederschlägen. Wenn er dann durch ein Trockengebiet fließt, ohne dass sein Wasser verdunstet, nennt man ihn Fremdlingsfluss.

Fruchtbarer Halbmond (Seite 144)
Ein sehr altes und wichtiges Landwirtschaftsgebiet der Erde. Es liegt halbkreisförmig westlich, nördlich und nordöstlich um die Syrische Wüste.

G
Gäulandschaft (Seite 161)
Süddeutsches Wort für → Börde.

gemäßigte Zone (Seite 118)
→ Klimazone bei uns. Hier gibt es Jahreszeiten, d.h. Temperaturunterschiede zwischen Sommer und Winter, und Niederschläge, die verteilt über das ganze Jahr fallen. Früher war die gemäßigte Zone von Laub- und Mischwald bedeckt, heute wird sie vom Menschen intensiv genutzt.

Gemeinde (Seite 172)
Eine Gemeinde ist ein Ort (oft mit mehreren Ortsteilen) mit eigener Verwaltung (Gemeindeverwaltung, Rathaus).

Gemeinderat (Seite 172)
Der Gemeinderat ist die Vertretung einer → Gemeinde. Er besteht aus gewählten Mitgliedern. Er beschließt z.B. den Bau von Kindergärten und bestimmt die Höhe der Gebühren für Müll und Abwasser.

Geschichte (Seite 136)
Die Geschichtsforscherinnen und -forscher unterscheiden zwischen der → Vorgeschichte und der Geschichte eines Gebietes. Als den Beginn der Geschichte bezeichnen sie den Zeitpunkt, ab dem schriftliche Aufzeichnungen der Menschen vorliegen.

Gitternetz (Seite 23)
Auf → Karten (Stadtplänen, Atlaskarten) befindet sich oft ein Gitternetz aus waagerechten und senkrechten Linien. Auf diese Weise entstehen → Planquadrate. Am oberen und unteren Kartenrand sind Buchstaben, an den Seiten Zahlen aufgeführt, sodass jedes Planquadrat bezeichnet werden kann (z. B. A1). Sucht man einen Ort auf der Karte, findet man ihn leicht, wenn man das Planquadrat kennt, in dem er liegt. Das Planquadrat wird hinter der Seitenzahl im → Register (der Stadtpläne, der Atlanten) angegeben.

Gladiator (Seite 271)
Kämpfer, der in Rom zur Unterhaltung des Volkes auftrat. Bei den Gladiatorenkämpfen ging es um Leben und Tod. Sklaven, Kriegsgefangene und Verbrecher wurden in Gladiatorenschulen für den Kampf ausgebildet.

Globus (Seite 92)
Bezeichnung für das verkleinerte Abbild der kugelförmigen Erde.

Gradnetz (Seite 26)
Darstellungen der Erde sind mit einem Netz von Linien überzogen. Sie verlaufen von Norden nach Süden und von Westen nach Osten. Dieses Gradnetz dient der Ortsbestimmung auf der Erde.

Großfamilie (Seite 71)
Familie, bei der Menschen verschiedener Generationen (Eltern, Großeltern, Kinder) unter einem Dach zusammen wohnen und oft auch zusammen arbeiten. Großfamilien bieten soziale Sicherheit und sind typisch für → Entwicklungsländer. Großfamilien kommen heute in Deutschland eher selten vor.

Großlandschaft (Seite 38)
Eine Großlandschaft ist durch einheitliche Höhenlage und Oberflächenformen gekennzeichnet. In Deutschland gibt es die drei Großlandschaften → Tiefland, → Mittelgebirge und → Hochgebirge.

Grundwasseroase (Seite 209)
Eine Grundwasseroase befindet sich im Gegensatz zu einer → Flussoase nicht an einem sichtbaren Gewässer. Das Wasser wird aus tieferen Erdschichten an die Erdoberfläche gepumpt. In diesen Oasen kann man sehr eindrücklich sehen, wie wichtig und kostbar Wasser für das Leben ist.

Grünlandwirtschaft (Seite 161)
Eine weit verbreitete Form der Landwirtschaft ist die Grünlandwirtschaft. Auf Weiden wird → Viehzucht (Rinder, Milchkühe) betrieben. Wiesen werden gemäht; das Gras dient als Viehfutter.

H
Handel (Seite 264)
Unter Handel versteht man die Beschaffung und den Verkauf von Waren. Nicht zum Handel gehört die Herstellung der Waren.

Hauptstadt (Seite 42)
Die Hauptstadt eines Landes ist die Stadt, in der die Regierung und meist auch das Parlament ihren Sitz haben. Die Hauptstadt von Deutschland ist Berlin.

Haushaltsplan (Seite 175)
Jede → Gemeinde stellt zu Beginn eines Jahres einen Haushaltsplan auf. Hier werden die geplanten Ausgaben und die zu erwartenden Einnahmen (z. B. Steuern, Gebühren usw.) gegenübergestellt.

heiße Zone (tropische Zone) (Seite 118)
Die heiße Zone der Erde erstreckt sich um den → Äquator zwischen dem nördlichen und südlichen → Wendekreis. Hier ist es das ganze Jahr über sehr warm. Am Äquator fallen immer hohe Niederschläge. Hier liegen die → tropischen Regenwälder. In Richtung der Wendekreise regnet es weniger. An den Wendekreisen selbst fallen nur noch sehr selten Niederschläge. Hier liegen die → Wüsten.

Hieroglyphe (Seite 218)
Die Schrift im alten Ägypten (ab 3000 v. Chr.) besteht aus Hieroglyphen. Das sind → Bildzeichen und → Deutzeichen.

Himmelsrichtung (Seite 18)
Wenn du mit dem Fahrrad fährst, zu Fuß gehst oder dich sonst auf der Erde in eine Richtung bewegst: Du bewegst dich immer in eine bestimmte Himmelsrichtung. Die Haupthimmelsrichtungen sind Norden, Süden, Westen und Osten. Auf Karten ist in der Regel Norden oben.

Hochgebirge (Seite 39)
Hochgebirge haben hohe Felswände, steil aufragende Gipfel (in den deutschen Alpen: Zugspitze 2962 m) und tief eingeschnittene Täler. Auf den höchsten Erhebungen liegen Eis und Schnee. (→ Mittelgebirge)

Hochkultur (Seite 212)
Eine besonders weit entwickelte Kultur nennt man Hochkultur. Kennzeichen einer Hochkultur sind die Arbeitsteilung (verschiedene Berufe) und in der Regel die Entwicklung einer Schrift. In Ägypten gab es bereits um 3000 v. Chr. eine frühe Hochkultur.

Minilexikon

Höhenlinie (Seite 28)
Eine Höhenlinie verbindet auf einer Karte alle Punkte, die in gleicher Höhe liegen. Eng zusammenliegende Höhenlinien verdeutlichen, dass das Gelände steil ist, weit auseinanderliegende Höhenlinien zeigen an, dass das Gelände flach ist.

Höhenschicht (Seite 28)
Wenn man die Flächen zwischen den → Höhenlinien auf Karten farbig ausmalt, erhält man Höhenschichten. Die Oberflächenformen (Berge und Täler) werden dadurch sehr anschaulich. Die Farbe wechselt mit zunehmender Höhe von Grüntönen über Gelbtöne zu Brauntönen.

Höhlenmalerei (Seite 138)
Höhlenmalereien sind wichtige Zeugnisse der Kunst in der → Steinzeit. Die Menschen haben vor allem Tiere auf die Wände von Höhlen gemalt. Warum sie diese Tiere gemalt haben, darüber haben Wissenschaftlerinnen und Wissenschaftler verschiedene Ansichten. Manche meinen, sie baten um viel Wild und Erfolg bei der Jagd. Andere meinen, dass es sich um einen religiösen Brauch handelte. Die bisher ältesten Höhlenmalereien sind über 37 000 Jahre alt. Man hat sie in einer Höhle in Frankreich gefunden.

Hüttensiedlung (Slum) (Seite 79)
In den armen Ländern der Erde ziehen viele Menschen vom Land in die Stadt. Sie bauen sich am Rand der Großstädte einfache Hütten aus Holz, Pappe und Wellblech. Solche Siedlungen heißen Hüttensiedlungen.

I

Individualtourismus (Seite 194)
Touristen, die ihre Reisen selbst organisieren, nehmen am Individualtourismus teil. Das Gegenteil davon ist der → Massentourismus.

Internet (Seite 64)
Weltweite Vernetzung von Computern über Kabel und Funk, die zu vielfältigen Möglichkeiten der Unterhaltung und Informationsbeschaffung führt.

Inuit (Seite 124)
Die Inuit (früher Eskimos genannt) sind die Ureinwohner der arktischen Küstengebiete Grönlands und Nordamerikas. Der Name bedeutet übersetzt „Menschen". Sie lebten ursprünglich von der Jagd und vom Fischfang. Heute führen sie ein modernes Leben.

J

Jäger und Sammler (Seite 140)
So bezeichnet man Völker, die nur von der Jagd, dem Sammeln von essbaren Pflanzen und der Fischerei leben.

Jahreszeit (Seite 95)
Einteilung des Jahres in vier Zeitabschnitte (Frühling, Sommer, Herbst, Winter). Sie entstehen durch die Umdrehung der Erde um die Sonne im Laufe eines Jahres in unseren Breiten.

Jungsteinzeit (Seite 143)
Den zweiten Abschnitt der → Steinzeit nennen wir Jungsteinzeit. Sie dauerte von ca. 10 000 – 3000 v. Chr. In dieser Zeit wurden die Menschen sesshafte Bauern.

K

kalte Zone (Polarzone) (Seite 118)
Nördlichste bzw. südlichste Klimazone mit langen, kalten und dunklen Wintern und kurzen Sommern. Große jahreszeitliche, aber geringe tageszeitliche Temperaturschwankungen.

Karte (Seite 20)
Eine Karte zeigt verkleinert die Erde oder einen Teil von ihr. Das Gebiet ist hierbei senkrecht von oben abgebildet. Die Inhalte sind stark vereinfacht und mit verschiedenen Farben und Signaturen (Kartenzeichen) dargestellt. Im Atlas unterscheiden wir → physische Karten und → thematische Karten.

Kartusche (Seite 219)
In der ägyptischen Schrift ist eine Kartusche ein → Deutzeichen. Als Kartusche bezeichnet man einen ovalen Rahmen; in ihm befindet sich ein Name. Die Kartusche weist darauf hin, dass es sich bei dem Träger des Namens um einen → Pharao handelt.

Kastell (Seite 262)
Ein Kastell ist eine römische Befestigungsanlage innerhalb des → Limes. Dort lebten Soldaten. Sie schützten die Grenzen des Römischen Reiches. Im Lauf der Zeit entwickelten sich viele Kastelle zu Städten.

Kelten (Seite 274)
Die Kelten waren neben den → Germanen das andere große Volk, das während der Eisenzeit in Europa lebte. Um 500 v. Chr. siedelten Kelten im heutigen Frankreich, im Süden Deutschlands, in Norditalien, Spanien, Großbritannien und Irland. Die Kelten beherrschten die Technik der Eisenherstellung. Der Handel mit Eisenwaffen, Streitwagen, Eisenwerkzeugen, Keramik, Glasperlen und Glasarmringen machte die Kelten reich und mächtig.

Kieswüste (Seite 207)
In der Kieswüste ist die Landschaft mit kleinen Steinen (Kies) übersät. Das Gelände ist flach.

Kinderarbeit (Seite 75)
Es ist typisch für viele Entwicklungsländer, dass Kinder unter 14 Jahren arbeiten müssen, um den Lebensunterhalt ihrer Familie zu sichern.

Klassenordnung (Seite 54)
Eine Klassenordnung enthält die wichtigsten Regeln, an die sich jeder in der Klasse halten soll. Die Regeln werden gemeinsam erarbeitet und im Klassenzimmer ausgehängt.

Klassenversammlung (Seite 52)
Eine Klassenversammlung wird von der Klassensprecherin oder dem Klassensprecher bzw. seiner Vertretung geleitet. Sie wird einberufen zur Klärung von Fragen und Problemen in der Klasse.

Kleinfamilie (Seite 71)
Eine Kleinfamilie ist die Gemeinschaft der Eltern oder eines Elternteils mit ihrem Kind (→ Ein-Kind-Familie) oder ihren Kindern. Zur → Großfamilie gehören außerdem die Großeltern und weitere Verwandte.

Klima (Seite 110)
Das Klima eines Ortes ergibt sich aus den langjährigen Durchschnittswerten des Wetters. Viele Gebiete der Erde haben ähnliche Durchschnittswerte und daher ähnliche Klimate.

Klimadiagramm (Seite 111)
Temperatur- und Niederschlagswerte können in einem Klimadiagramm zeichnerisch dargestellt werden. Die langjährigen Durchschnittswerte der Monatsmitteltemperaturen werden in roten Kurven dargestellt. Die langjährigen monatlichen Niederschlagssummen werden in blauen Säulen dargestellt.

Klimawandel (Seite 141)
Seit über 100 Jahren lässt sich auf der Erde eine Veränderung der globalen Temperatur feststellen. Damit verbunden sind auch Veränderungen anderer Klimaelemente, z. B. der Niederschläge oder des Windes.

Klimazone (Seite 118)
Große Gebiete auf der Erde, die ein ähnliches Klima aufweisen. Die Klimazonen wie z.B. die gemäßigte Zone, ziehen sich wie Gürtel um die Erde.

Kommune (Gemeinde) (Seite 44)
Jeder von uns wohnt in einer Kommune oder Gemeinde: einem Dorf oder einer Stadt. Die Kommunen regeln viele Angelegenheiten der Menschen, die dort leben. Das kann der Bau einer neuen Schule oder eines neuen Schwimmbades sein.

Kompass (Seite 18)
Ein Kompass ist ein Gerät zur Bestimmung der → Himmelsrichtungen. Er enthält eine längliche Nadel, die nach Norden in Richtung → Nordpol zeigt. Unter der Kompassnadel ist eine → Windrose. Mit ihrer Hilfe kann man die übrigen Himmelsrichtungen bestimmen.

Kondensation (Seite 106)
Wenn Wasserdampf abkühlt, bilden sich kleine Wassertröpfchen. Der vorher unsichtbare Wasserdampf wird sichtbar. Es bilden sich Dunst, Nebel oder Wolken. Diesen Vorgang nennt man Kondensation.

Anhang

Konflikt (Seite 56)
Bei einem Konflikt treffen gegensätzliche Interessen aufeinander und es kommt daher oft zum Streit. Es ist sinnvoll, Konflikte friedlich zu lösen.

Kontinent (Seite 90)
Ein Kontinent ist eine Festlandsmasse, die von anderen Kontinenten durch eine natürliche Abgrenzung (z. B. ein Meer, ein Gebirge oder eine Landenge) getrennt ist. Die Kontinente heißen Europa, Asien, Afrika, Nordamerika, Südamerika, Australien, Antarktis.

Kulturpflanze (Seite 236)
Bezeichnung für eine Pflanze, die vom Menschen „unter Kultur genommen" wird, also planmäßig angebaut wird und die oft auch durch Züchtung verändert ist. Sie stammt von einer Wildpflanze ab.

L
Land (Bundesland) (Seite 42)
Mit dem Begriff Land (der Bundesrepublik Deutschland), kurz Bundesland genannt, werden die Gliedstaaten Deutschlands bezeichnet. In Deutschland gibt es insgesamt 16 deutsche Länder, eines davon ist das Saarland.

Landkreis (Seite 44)
In einem Landkreis ist eine Zahl von Gemeinden zusammengefasst. Er erfüllt Aufgaben, die nicht von einer Gemeinde allein bewältigt werden können, z. B. Bau von Krankenhäusern, Zulassung von Kraftfahrzeugen.

Längengrad (Meridian) (Seite 26)
Teil des → Gradnetzes der Erde. Durch Greenwich (London) verläuft der → Null-Meridian. Er teilt die Erdkugel in eine westliche und eine östliche Hälfte. Längengrade werden jeweils von 0° bis 180° nach Osten und Westen gezählt.

Legende (Seite 20)
Die Legende ist die Zeichenerklärung einer → Karte. Alle Flächenfarben und → Signaturen, die in der Karte eingetragen sind, werden hier erklärt, sodass man die Karte verstehen kann.

Lehnwort (Seite 258)
Ein Wort, das aus einer anderen Sprache „entlehnt" ist, nennt man Lehnwort. Im Deutschen gibt es viele Lehnwörter. So ist das Wort Karren vom römischen Wort „carrus" entlehnt.

Limes (Seite 260)
Der Limes war die Grenzbefestigung der Römer gegen die Germanen. Er war 550 Kilometer lang und etwa drei Meter hoch. Er bestand teils aus Holz, teils aus Stein und wurde durch Wachtürme gesichert.

Luftbild (Seite 20)
Ein Luftbild ist aus der Luft fotografiert (aus einem Flugzeug oder einem erhöhten Standort). Es zeigt Teile einer Landschaft oder einer Stadt im Überblick. Ein Schrägluftbild zeigt die Landschaft von schräg oben. Ein Senkrechtluftbild zeigt die Landschaft senkrecht von oben.

Luftdruck (Seite 108)
Die Luft hat ein Gewicht. Der Luftdruck ist die Kraft, mit der die Luft auf die Erdoberfläche drückt.

M
Massentourismus (Seite 190)
Wenn in Fremdenverkehrsgebieten (z. B. in den Alpen) die Touristen in „Massen" auftreten, spricht man von Massentourismus. Der Begriff wird gebraucht, um Auswüchse des Tourismus zu kritisieren.

Maßstab (Seite 24)
Auf → Karten ist eine Landschaft kleiner als in Wirklichkeit dargestellt. Der Maßstab ist ein Maß für die Verkleinerung. Er gibt an, wie stark die Inhalte einer Karte gegenüber der Wirklichkeit verkleinert worden sind. Der Maßstab 1:50 000 bedeutet, dass 1 cm auf der Karte 50 000 cm oder 500 m (0,5 km) in der Natur sind.

Maßstabsleiste (Seite 24)
Viele → Karten enthalten in der → Legende eine Maßstabsleiste. Mit ihrer Hilfe kannst du z. B. Entfernungen zwischen zwei Städten auf einer Karte ohne mühevolles Umrechnen direkt ablesen. (→ Maßstab)

Mechanisierung (Seite 162)
Ersatz der Arbeitskraft des Menschen durch Maschinen (z. B. Mähdrescher). Dadurch wird die Arbeit erheblich erleichtert und es werden Arbeitskräfte eingespart.

Metallzeit (Seite 152)
Am Ende der → Steinzeit, um 3000 v. Chr., lernten die Menschen, Metall zu verarbeiten und Geräte daraus herzustellen. Das ist der Beginn der Metallzeit. Zuerst stellte man Geräte aus Bronze her, später aus Eisen.

Meteorologe (Seite 110)
Wissenschaftler, der das Wetter erforscht und Voraussagen erstellt, wie sich das Wetter entwickelt.

Migration (Seite 84)
Wanderung von Menschen, die mit einem Wechsel des Wohnsitzes verbunden ist. Gründe für die Migration können die Suche nach einem Arbeitsplatz, aber auch die Flucht vor Hunger und Krieg sein.

Milchwirtschaft (Seite 163)
Landwirtschaftlicher Betrieb, der Kühe hält um deren Milch an Molkereien zu verkaufen.

Mitteleuropa (Seite 188)
Dieser Teil Europas umfasst die Staaten Deutschland, Polen, Tschechische Republik, Slowakei, Ungarn, Österreich, Lichtenstein und die Schweiz.

Mittelgebirge (Seite 39)
In den Mittelgebirgen sind die höchsten Berge in der Regel nicht höher als 1500 Meter. Steile Gipfel gibt es kaum. Die Berge sind abgerundet und häufig bewaldet. Beispiele in Deutschland sind: Eifel, Rothaargebirge, Schwarzwald, Taunus, Harz. (→ Hochgebirge)

Mittelmeerklima (Seite 235)
Das Klima des Mittelmeerraums ist gekennzeichnet durch warme, trockene Sommer und milde, feuchte Winter.

Monarchie (Seite 269)
Die Monarchie ist eine Staatsform, in der ein König oder Kaiser die Macht hat.

Mond (Seite 96)
Allgemein ist ein Mond ein Himmelskörper, der einen Planeten auf einer Umlaufbahn umkreist. Unser Mond umkreist die Erde.

Museum (Seite 148)
Ein Museum ist eine Einrichtung, die Kunstwerke oder Gegenstände sammelt. Teile davon werden ausgestellt und können von den Museumsbesuchern angeschaut werden.

N
Nationalstaat (Seite 188)
Staat, dessen Bevölkerung ganz oder überwiegend zur selben Nation gehört.

Naturvolk (Seite 130)
Menschengruppe, die in abgelegenen und schwer zugänglichen Gebieten lebt. Diese Menschen betreiben eine stark naturverbundene Wirtschaft, insbesondere als Jäger, Sammler oder Fischer.

Niederschlag (Seite 106)
So nennt man das Wasser, das aus der → Atmosphäre auf die Erde fällt. Der Niederschlag kann als Regen, Nebel, Tau, Raureif, Schnee und Hagel fallen.

Nilschwelle (Seite 213)
So nannte man das einmal im Jahr auftretende Hochwasser des Nils in Ägypten. Seit dem Bau des → Assuan-Staudamms gibt es keine Nilschwelle mehr.

Nomade (Seite 128)
Angehöriger eines Stammes, der mit seinen Viehherden von Weideplatz zu Weideplatz zieht. Die Nomaden nehmen all ihren Besitz (Zelte, Kochgeräte usw.) auf ihrer Wanderschaft mit.

Norddeutsches Tiefland (Seite 38)
Landschaft im Norden Deutschlands mit nur geringen Höhenunterschieden. Sie reicht von der Küste bis an den Rand der deutschen → Mittelgebirge.

Nordeuropa (Seite 188)
Dieser Teil Europas umfasst die Staaten Dänemark, Schweden, Norwegen, Finnland, Island, Lettland, Estland und Litauen.

Minilexikon

Nordhalbkugel (Seite 26)
Die Nordhalbkugel ist der Teil der Erde, der nördlich des → Äquators liegt. (→ Südhalbkugel)

Nordpol (Seite 26)
Der Nordpol ist der nördlichste Punkt auf der Erde. Er ist der am weitesten entfernte Punkt vom → Äquator auf der nördlichen Halbkugel. Am Nordpol gibt es nur eine → Himmelsrichtung: Alle Wege führen nach Süden. (→ Südpol)

Nullmeridian (Seite 26)
→ Längengrad (Meridian), den man durch Greenwich (Ortsteil von London) gelegt hat. Mit ihm beginnt die Zählung der Längengrade von 0 bis 180 in Richtung Westen und Osten.

O

Oase (Seite 208)
Vom Menschen genutzte Fläche in der → Wüste. Wegen des vorhandenen Grund- oder Flusswassers ist der Anbau von Getreide, Obst und Gemüse möglich.

Olympische Spiele (Seite 246)
Die Olympischen Spiele sind internationale sportliche Wettkämpfe. Sie finden alle vier Jahre an einem anderen Ort statt. Die Olympischen Spiele der Neuzeit wurden in Anlehnung an die Olympischen Spiele der → Antike zum ersten Mal im Frühjahr 1896 in Athen abgehalten.

Osteuropa (Seite 188)
Dieser Teil Europas umfasst die Staaten Weißrussland, Russland, die Ukraine und Moldawien.

Ozean (Seite 90)
Die einzelnen, durch → Kontinente voneinander getrennten Teile des Weltmeeres. Sie heißen Atlantischer, Indischer und Pazifischer Ozean. Auch die gesamte Wassermasse des Meeres wird Ozean genannt.

P

Papyrus (Seiten 80, 218)
Papyrus ist eine Pflanze, aus deren Fasern die alten Ägypter ein papierähnliches Material herstellten, auf dem man schreiben konnte.

Patchwork-Familie (Seite 71)
Etwa 200 000 Paare lassen sich allein in Deutschland jedes Jahr scheiden. Finden die alleinerziehenden Eltern nun neue Partner, entsteht eine Patchwork-Familie.

Patrizier (Seite 269)
In Rom wurden die Mitglieder vornehmer Familien Patrizier genannt. Nur sie durften Staatsämter und Priesterstellen annehmen. Sie waren sehr reich und besaßen Viehherden und viel Land.

Pauschalreise (Seite 200)
Reise, bei der alle wichtigen Einzelheiten (Organisation, Fahrt, Übernachtung, Verpflegung usw.) von einem Reiseveranstalter zu einem Gesamtpreis (Pauschalpreis) angeboten werden.

Pflanzung (Seite 131)
Hier: Landwirtschaftlicher Betrieb in der → heißen Zone, der in der Regel vom Besitzer und seiner Familie selbst bewirtschaftet wird. Neben Pflanzen für den Eigenbedarf werden auch Produkte angebaut, die auf dem Markt verkauft werden.

Pflichtaufgabe (Seite 172)
Die Aufgaben der Gemeinde gliedern sich in Pflichtaufgaben und → freiwillige Aufgaben. Zu den Pflichtaufgaben zählen die Wasserversorgung, die Verwaltung der Kindergärten und Schulen sowie die Unterhaltung der Straßen.

Pharao (Seite 216)
Bezeichnung für den Herrscher im alten Ägypten. Ursprünglich wurde der Name nur für den Palast des Königs benutzt. Später wurde auch der Herrscher so genannt. In Einzelfällen gab es auch Pharaoninnen.

Philosoph (Seite 253)
Die Übersetzung des griechischen Wortes bedeutet „Freund der Weisheit". Ein Philosoph versucht Antworten auf die Fragen nach dem Ursprung der Dinge und den Zusammenhängen zu geben. Die berühmtesten griechischen Philosophen sind Sokrates, Platon und Aristoteles.

physische Karte (Seite 28)
Die physische Karte ist ein wichtiges Hilfsmittel, um sich zu orientieren. Sie enthält u.a. Landhöhen (Farbgebung in Grün, Gelb und Braun), Höhenangaben, Gewässer, Orte, Verkehrslinien, Grenzen sowie Einzelzeichen (Berg, Stausee, Kirche, usw.). (→ thematische Karte)

Planet (Seite 96)
Bezeichnung für einen Himmelskörper, der sich auf einer Umlaufbahn um die Sonne bewegt. Er leuchtet nicht selbst, sondern nur im Licht der Sonne. Unsere Sonne hat acht Planeten. Einer davon ist unsere Erde.

Planquadrat (Seite 23)
Ein Feld im → Gitternetz einer → Karte, das mit einer Kombination aus einem Buchstaben und einer Zahl bezeichnet wird, z.B. A5. Planquadrate helfen bei der Orientierung auf einer Karte.

Plantage (Seite 76)
Landwirtschaftlicher Großbetrieb (oft mit Einrichtungen zur Verarbeitung), der vor allem in der → heißen Zone vorkommt. Der Anbau von Nutzpflanzen (z.B. Zuckerrohr, Kaffee, Tee, Kautschuk, Bananen) erfolgt u.a. auch für den Weltmarkt.

Plebejer (Seite 269)
In der römischen Republik war es die Bezeichnung für das einfache Volk (Bauern und Handwerker).

Polarnacht (Seite 122)
Die Polarnacht gibt es zwischen den Polarkreisen und den Polen. In der Polarnacht bleibt es mindestens 24 Stunden dunkel. Die Sonne geht in dieser Zeit nicht auf. An den Polen dauert die Polarnacht etwa ein halbes Jahr, an den Polarkreisen einen Tag.

Polartag (Seite 122)
Polartag gibt es zwischen den Polarkreisen und den Polen. Am Polartag bleibt es mindestens 24 Stunden hell. Die Sonne geht in dieser Zeit nicht unter. An den Polen dauert der Polartag etwa ein halbes Jahr, an den Polarkreisen einen Tag.

Polis (Plural: Poleis) (Seite 240)
Stadtstaat in der griechischen → Antike. Er bestand aus einem städtischen Zentrum und dem umliegenden Gebiet. Die größte Polis war Athen.

Primärquelle (Seite 261)
Mit Primärquellen sind Quellen gemeint, die als erste eine bestimmte Information in Umlauf gebracht haben. So sind z.B. Berichte von → Zeitzeugen als Primärquelle anzusehen.

Provinz (Seite 260)
Eine Provinz ist ein Gebiet, das unter einer anderen Verwaltung steht. Die ersten Provinzen entstanden in der römischen → Antike, als fremde Völker besiegt worden waren.

Pyramide (Seite 222)
Grabstätte der ägyptischen Herrscherinnen und Herrscher. Die Pyramiden gehören zu den größten Steinbauten der Welt. Die Cheops-Pyramide wurde etwa um 2500 v. Chr. gebaut. Sie ist 146 Meter hoch und hat eine Grundfläche mit einer Seitenlänge von 230 Metern.

R

Regenbogenfamilie (Seite 71)
Eine Regenbogenfamilie ist eine Familie, bei der Kinder bei zwei Frauen oder zwei Männern in einer Familie leben.

Regenfeldbau (Seite 236)
Ackerbau, bei dem die Pflanzen ihren Wasserbedarf aus den → Niederschlägen decken.

Regionalverband (Seite 45)
In einem Regionalverband sind mehrere → Landkreise und Städte zusammengefasst. Er übernimmt verschiedene Aufgaben, wie z.B. die gemeinsame Abfallentsorgung.

Register (Seite 31)
Alphabetisches Verzeichnis der geographischen Namen im Atlas. Es enthält Verweise, auf welcher Seite im Atlas und in welchen Planquadraten die Namen zu finden sind.

Republik (Seite 269)
Staatsform, in der das Volk die Möglichkeit hat, politischen Einfluss zu nehmen, z.B. durch Wahlen.

Rolle (Seite 62)

In unserem Leben werden uns viele Rollen zugewiesen. Wir sind z.B. gleichzeitig Tochter oder Sohn, Freundin oder Freund, Mitglied eines Vereins oder einer Clique usw. Ein der jeweiligen Rolle angepasstes Verhalten erlernen die Menschen im Laufe des Lebens.

Rollenerwartung (Seite 62)
Alle → Rollen, die wir im Leben übernehmen, sind mit bestimmten Erwartungen an unser Verhalten verknüpft. Das sind die Rollenerwartungen. Wir müssen sie erfüllen, wenn wir uns nicht der Missbilligung der Mitmenschen aussetzen wollen. Die Erziehung zum Rollenverhalten beginnt mit der Geburt und zieht sich durch das ganze Leben.

Romanisierung (Seite 260)
Wenn von den Römern eroberte Völker nach und nach Umgangsformen, Lebensweise und Sprache der Römer annahmen, nennt man das Romanisierung.

Römer (Seite 258)
Als Römer bezeichnet man die Bevölkerung des Römischen Reiches, das ca. 2000 Jahre bestand. Seit etwa 50 v. Chr. drangen die Römer bis an den Rhein und die Donau vor. Ihre Sprache war Latein. Noch heute bezeichnen sich die Einwohner der Stadt Rom als Römer.

Römerstraße (Seite 265)
Römerstraßen umspannten in der → Antike das ganze römische Reich. Sie wurden zunächst aus politischen und militärischen Gründen geschaffen, damit die → Provinzen schnell erreicht werden konnten. Sie wurden gleichzeitig von Händlern benutzt, die Waren transportierten.

S

Sandwüste (Seite 207)
Bei der Sandwüste ist die Landschaft mit Sand bedeckt, der zum Teil zu hohen Dünen aufgetürmt ist.

sanfter Tourismus (Seite 198)
Der sanfte Tourismus ist eine besondere Form des Tourismus. Er soll die Natur schonen, z.B. durch ein gutes Angebot von öffentlichen Verkehrsmitteln, damit auf das Auto verzichtet werden kann.

Scherbengericht (Seite 243)
In der → Antike wurde in Athen auf der → Volksversammlung auch das Scherbengericht abgehalten. Die Athener konnten jemanden verbannen, indem sie seinen Namen in eine Tonscherbe ritzten.

Schrägluftbild (Seite 20)
Name für ein aus dem Flugzeug schräg nach unten aufgenommenes Bild.
(→ Senkrechtluftbild)

Selbstversorger (Seite 124)
So bezeichnet man Menschen, die nahezu alles, was sie zum Leben benötigen, selbst erjagen, anbauen oder herstellen.

Senkrechtluftbild (Seite 20)
Name für ein aus dem Flugzeug senkrecht nach unten aufgenommenes Bild.
(→ Schrägluftbild)

Sesshaftigkeit (Seite 142)
Eigenschaft von Menschen, die während des ganzen Jahres einen festen Wohnsitz (z.B. ein eigenes Haus) haben.

Shopping Mall (Seite 73)
Eine Shopping Mall in den USA ist ein großes → Einkaufszentrum mit vielen Einzelgeschäften, teilweise Kaufhäusern, Restaurants, Cafés und Freizeiteinrichtungen. Sie liegt meist verkehrsgünstig an einer großen Straße, bietet viele Parkplätze an und ist zumeist voll klimatisiert.

Signatur (Seite 30)
Die Zeichen auf einer Karte werden Signaturen genannt. Dazu gehören z.B. die roten Punkte für Städte und die blauen Linien für Flüsse. Die Signaturen werden in der → Legende erklärt.

Sklavin/Sklave (Seite 244)
Ein Sklave ist ein unfreier Mensch ohne Rechte. Sklavinnen und Sklaven gab es in großem Ausmaß u.a. in der → Antike.

Sonderkultur (Seite 161)
Sonderkulturen sind → Nutzpflanzen, die mit hohem Aufwand an Arbeitskraft und Geld meist auf kleinen Flächen angebaut werden (z.B. Obst, Wein oder Gemüse).

Sonnensystem (Seite 96)
Eine Sonne mit ihren → Planeten und deren → Monden bilden ein Sonnensystem. Unser Sonnensystem umfasst die Sonne sowie acht Planeten mit ihren Monden.

soziales Netzwerk (Seite 64)
Ein soziales Netzwerk ist eine Plattform im Internet. Hier geben Menschen persönliche Daten, Texte, Bilder oder Videos ein. Sie tauschen dort persönliche Informationen mit Freunden, Bekannten oder Geschäftspartnern aus. Sie stellen Beziehungen zueinander her oder vertiefen sie. Dadurch entsteht ein Netzwerk von Personen, die miteinander in Kontakt stehen. Ein soziales Netzwerk ist z.B. SchülerVZ.

Staat (Seite 42)
Ein Staat ist ein abgegrenztes Gebiet der Erdoberfläche. Er stellt eine politische Einheit dar, die von einer Staatsregierung geführt wird. Die Bevölkerung lebt innerhalb der Staatsgrenzen nach einer allgemein gültigen Rechtsordnung. Staatsformen sind z.B. → Republik und → Monarchie.

Stadtplan (Seite 23)
Ein Stadtplan ist eine → Karte, die alle Straßen einer Stadt mit Namen, die öffentlichen Gebäude, die Grünflächen usw. enthält. Oft sind auch die Bus- und Straßenbahnlinien eingezeichnet. Ein → Register mit der Angabe von → Planquadraten erleichtert die Suche.

Steinzeit (Seite 138)
Steinzeit nennt man einen Abschnitt der frühen Menschheitsgeschichte, weil in dieser Zeit hauptsächlich Stein als Material für Werkzeuge und Waffen benutzt wurde. Die Steinzeit begann vor ca. 3 Mio. Jahren und dauerte bis ungefähr 3000 v. Chr. Man unterteilt die Steinzeit in Alt- und Jungsteinzeit.

Stern (Sonne) (Seite 96)
Ein Stern (auch Sonne genannt) ist eine glühende Gaskugel, die ihr Licht in den Weltraum strahlt.

Steuer (Seite 216)
Abgaben, die fast jeder Einwohner und jede Firma an den Staat entrichten muss. Mit dem Geld finanziert der Staat Ausgaben, die der Bevölkerung zugute kommen (Straßen, Schulen, Krankenhäuser usw.).
Im alten Ägypten zahlten die meisten Menschen ihre Steuern, indem sie einen bestimmten Teil ihrer Ernte abgaben.

Stockwerk-Anbau (Seite 209)
In den Oasen werden → Nutzpflanzen so angebaut, dass sie möglichst gut gegen die Sonne geschützt sind. Höhere Pflanzen dienen als Schattenspender für niedrigere.

Straßenkind (Seite 79)
Straßenkinder sind Kinder, die vor allem in den Ländern Südamerikas, Afrikas, Süd- und Südostasiens die → Hüttensiedlungen der Großstädte verlassen, um sich auf den Straßen der Innenstädte durchzuschlagen. Sie verdienen ihren Lebensunterhalt z.B. mit Zeitungsverkauf und anderen Gelegenheitsarbeiten, aber auch mit Betteln und Diebstählen. Weltweit gibt es nach Schätzungen etwa 100 Millionen Straßenkinder.

Streitschlichtung (Seite 56)
Um einen → Konflikt zu lösen, hilft die Methode der Streitschlichtung. Es wird eine Streitschlichterin oder ein Streitschlichter ausgesucht; anschließend werden die unterschiedlichen Standpunkte vorgetragen und ein Lösungsvorschlag erarbeitet. An vielen Schulen gibt es die Möglichkeit für Schülerinnen und Schüler, sich zu Streitschlichtern ausbilden zu lassen.

Südeuropa (Seite 188)
Dieser Teil Europas umfasst die Staaten Portugal, Spanien, Italien und Griechenland.

Südhalbkugel (Seite 26)
Die Südhalbkugel ist der Teil der Erde, der südlich des → Äquators liegt.
(→ Nordhalbkugel)

Südosteuropa (Seite 188)
Dieser Teil Europas umfasst die Staaten Slowenien, Jugoslawien, Kroatien, Bosnien und Herzegowina, Makedonien, Rumänien, Bulgarien sowie den europäischen Teil der Türkei.

Minilexikon

Südpol (Seite 26)
Der Südpol ist der südlichste Punkt auf der Erde. Er ist der am weitesten entfernte Punkt vom → Äquator auf der südlichen Halbkugel. Am Südpol gibt es nur eine → Himmelsrichtung: Alle Wege führen nach Norden. (→ Nordpol)

SV (Schülervertretung) (Seite 52)
Die Schülervertretung ermöglicht den Schülerinnen und Schülern, ihre Interessen an der Schule einzubringen und das Schulleben mitzugestalten. Die SV wird von der Schülersprecherin bzw. dem Schülersprecher geleitet.

T

Temperatur (Seite 105)
Die Temperatur gibt den Wärmezustand der Luft oder eines anderen Stoffes an. Sie wird in Europa in der Regel in Grad Celsius (°C) gemessen.

thematische Karte (Seite 30)
Eine thematische Karte behandelt ein spezielles Thema. Nahezu alles, was räumlich verbreitet ist, lässt sich so darstellen; z. B. Bevölkerungsdichte, Staaten, Wirtschaft oder Luftverkehr.
(→ physische Karte)

Therme (Seite 271)
Thermen waren in der römischen → Antike öffentliche Bäder. Sie waren beliebte Treffpunkte der Römer. In eine große Therme kamen an einem Tag bis zu 5000 Besucher.

Totengericht (Seite 225)
Die alten Ägypter glaubten an die Möglichkeit, nach dem Tod im Jenseits weiterleben zu können. Dies entschied ein Totengericht, das prüfte, ob sie frei von Sünden waren.

Trockenwüste (Seite 206)
Eine Trockenwüste ist so trocken, dass dort keine Pflanzen wachsen können. Die Sahara ist eine Trockenwüste. Neben den Trockenwüsten gibt es Kältewüsten. Sie liegen in den → kalten Zonen der Erde. Dort können keine Pflanzen wachsen, weil es zu kalt ist.

tropischer Regenwald (Seite 130)
Immergrüner Wald in der → heißen Zone der Erde.

V

Vegetationszone (Seite 121)
Zone mit ähnlicher Pflanzenwelt (z. B. Zone des tropischen Regenwaldes) aufgrund ähnlicher klimatischer Bedingungen.

Verein (Seite 62)
Ein Verein ist ein Zusammenschluss von Menschen zu einem bestimmten Zweck. Der Zweck eines Fußballvereines z.B. ist das Fußballspielen.

Viehzucht (Seite 160)
Wichtiger Zweig der → Landwirtschaft, zu dem Haltung, Nutzung und Züchtung von Vieh gehört.

Villa (Seite 272)
Während der Römerzeit war dies ursprünglich ein großes Bauernhaus auf dem Land. Später bauten sich Adlige und Reiche innerhalb der Stadtmauer diese luxuriösen Gebäude.

Volksversammlung (Seite 242)
In der griechischen → Antike gab es eine Volksversammlung, die alle politischen Entscheidungen traf. An ihr konnte jeder freie Bürger, der über 20 Jahre oder älter war, teilnehmen. Durch Abstimmung wurden hier viele Ämter im Staat vergeben. Die Volksversammlung gilt als Ursprung der → Demokratie.

Vorgeschichte (Seite 136)
Die Zeit bis zur Überlieferung von schriftlichen Aufzeichnungen nennt man Vorgeschichte. In Ägypten wurde die Schrift um 3000 v. Chr. erfunden. Dort endet zu dieser Zeit die Vorgeschichte. Bei uns in Europa kam die Schrift erst nach Christi Geburt auf. Hier dauerte die Vorgeschichte also viel länger.

Vormundschaft (Seite 251)
In der römischen → Antike standen Frauen unter der Vormundschaft ihrer Ehemänner und waren nicht gleichberechtigt.

W

Wadi (Seite 206)
Ausgetrocknetes Flusstal in der Wüste. Bei den seltenen, aber heftigen Regenfällen füllt es sich mit Wasser und wird zu einem reißenden Strom.

Wahlrecht (Seite 52)
Das Wahlrecht ist eine wichtige Funktion der → Demokratie. Jeder Wahlberechtigte hat hier die Möglichkeit, mit seiner Stimme an einer politischen Entscheidung teilzunehmen. Schülerinnen und Schüler können z. B. bei einer Klassensprecherwahl die Klassensprecherin oder den Klassensprecher bestimmen.

Warmzeit (Seite 141)
Nach einer → Eiszeit folgt eine Warmzeit, in der die Gletscher größtenteils abtauen und die Durchschnittstemperatur deutlich ansteigt.

Weltall (Seite 96)
Der gesamte Raum, in dem sich alle für uns fassbaren räumlichen und zeitlichen Vorgänge abspielen.

Weltstadt (Seite 46)
Eine Weltstadt ist in der ganzen Welt bekannt wegen ihrer Bedeutung in den Bereichen Wirtschaft, Politik, Kultur und Kunst. In einer Weltstadt leben Menschen aus vielen verschiedenen Ländern. Weltstädte sind z. B. New York, London, Paris und Berlin.

Wendekreis (Seite 95)
Die beiden Wendekreise der Erde befinden sich auf 23,5° nördlicher und südlicher Breite. Hier steht die Sonne einmal im Jahr im → Zenit, bevor sie scheinbar „wendet", um sich wieder dem Äquator zu nähern.

Westeuropa (Seite 188)
Dieser Teil Europas umfasst die Staaten Großbritannien, Irland, Frankreich, Niederlande, Belgien und Luxemburg.

Wetter (Seite 104)
Wetter nennt man das Zusammenwirken von → Temperatur, → Luftdruck, → Wind, → Bewölkung und → Niederschlag zu einem bestimmten Zeitpunkt. Man beobachtet und misst das Wetter in den Wetterstationen. Das Wetter ändert sich bei uns nahezu täglich. Auch kann z.B. in Saarbrücken die Sonne scheinen und es gleichzeitig in St. Wendel regnen.

Wetterelement (Seite 104)
Die Wetterelemente sind die „Bausteine" des → Wetters. Dazu gehören → Temperatur, → Luftdruck, → Niederschlag, → Wind, → Bewölkung u.a. Das Wetter entsteht dann durch das Zusammenwirken und die gegenseitige Beeinflussung der verschiedenen Wetterelemente.

Wind (Seite 109)
Wind ist die Bewegung der Luft in der → Atmosphäre. Er entsteht durch Luftdruckunterschiede in einem Gebiet.

Windgeschwindigkeit (Seite 109)
Ein Maß dafür, wie schnell sich die Luft über den Boden bewegt.

Windrichtung (Seite 109)
Der Wind wird immer nach der Himmelsrichtung benannt, aus der er weht. Ein Westwind kommt aus Westen.

Windrose (Seite 18)
Auf der Windrose sind die → Himmelsrichtungen eingetragen. Sie befindet sich auf dem → Kompass unter der Kompassnadel.

Z

Zeitleiste (Seite 138)
Eine Zeitleiste zeigt von links nach rechts wichtige Ereignisse einer bestimmten Zeitspanne.

Zeitzeuge (Seite 58)
Als Zeitzeuge bezeichnet man eine Person, die einen geschichtlichen Vorgang selbst miterlebt hat.

Zenit (Seite 95)
Gedachter Himmelspunkt, der sich senkrecht über einem Punkt auf der Erde befindet. Zwischen den beiden → Wendekreisen steht die Sonne zweimal im Jahr im Zenit, d.h. ihre Strahlen treffen senkrecht auf die Erdoberfläche.

Zeitleisten

Zeitleisten zum Band 1

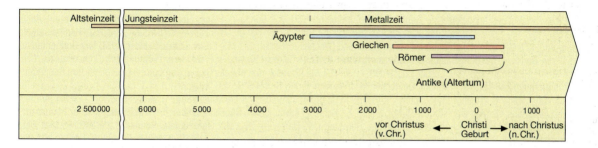

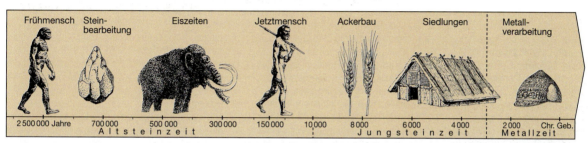

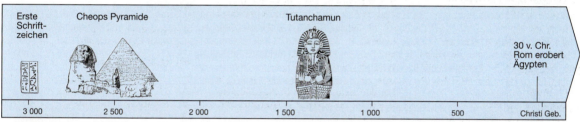

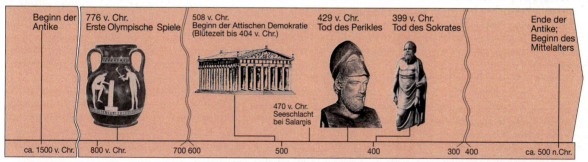

Wie lange dauert ein Jahrhundert?

Hier einige Beispiele:
Das 4. Jahrhundert n. Chr. dauerte von 301 bis 400 n. Chr.
Das 4. Jahrhundert v. Chr. dauerte von 400 bis 301 v. Chr.

Ein Jahrhundert ist ein Zeitraum von 100 Jahren.

Wir leben im 21. Jahrhundert. Es begann mit dem Jahr 2001 und endet mit Ablauf des Jahres 2100.

Bildquellen

action press, Hamburg: 230/231; adpic Bildagentur, Bonn: 192 M1c (Schlutter); akg-images GmbH, Berlin: 8 M1b, 80 M3, 81 M6, 82 M2 (Lessing), 82 M4, 146 M2, 147 M7a, 147 M7b, 157.3c, 157.3f, 221 M6e, 258 M3; Andean Images, Argyll: 68 M3 (Eric Lawrie); Arena Verlag GmbH, Würzburg: 154.2, 265 M3; Artbox Grafik & Satz GmbH, Bremen: 272 M1; Astrofoto, Sörth: 93 M4, 96/97; BASF Agrarzentrum Limburgerhof, Limburgerhof: 168.1-.3, 168.4; Bayerisches Landesamt für Denkmalpflege, München: 150 M2; Behnsen, Frank, Frankfurt/M.: 276 M2; Bettermann, Antje, Wendhausen: 64 M2; Big Shots Contact, Potsdam: 50/51 (Reinhardt); Bildagentur Huber, Garmisch-Partenkirchen: 256/257; Bildarchiv Foto Marburg, Marburg: 273 M2; bpk - Bildagentur für Kunst, Kultur und Geschichte, Berlin: 271 M3; Breinl, Lothar, Reisbach: 150 M3; Bridgeman Art Library Ltd. Berlin, Berlin: 80 M5 (Kunsthistorisches Museum, Wien), 216 M2; Cinetext Bildarchiv, Frankfurt am Main: 65 M3 (Sony pictures); CNH Deutschland GmbH, Heilbronn: 158/159; Corbis, Düsseldorf: 72 M4, 81 M8 (Brecelj); ddp images GmbH, Hamburg: 84 M3 (AP/Arturo Rodriguez); 137 M5 (AP/Rothermel), 248 M1 (AP/Mazalan); Deutscher Taschenbuch Verlag GmbH & Co. KG, München: 154.1; DLR Deutsches Zentrum für Luft- und Raumfahrt, Weßling, OT Oberpfaffenhofen : 88/89, 90 M1a; dreamstime.com, Brentwood: 78 M3 (Pawelkowalczky), 124 M4 (Andrew Buckin); Eckert-Schweins, Werner, Ingolstadt: 155 M3; Ehlers, E., Bonn: 214 M3; Elbert, Christina, Mülheim: 13 M3; Europäischer Kulturpark , Gersheim-Rheinheim: 274 M2; Film- und Fernsehmuseum Hamburg e.V., Hamburg: 270 M2; Floto, Gisela, Hamburg: 236 M3; Fochler, Dirk, Wendhausen: 29 M3; Focus Photo- u. Presseagentur GmbH, Hamburg: 128 M4 (Manaud/ Rapko), 128 M5 (Manand/ Rapko), 191 M6.4, 197 M6; Foto Winkler, Saarbrücken: 16/17; fotolia.com, New York: 19.1 (Kadmy), 39 M4 (reises), 48.1 (hapa7), 69 M5 (poonsap), 85 M4 (Jeanette Dietl), 117.1 (chattange), 119 M4 (gaelj), 119 M5 (Rich Lindie), 174 M2a (Edler von Rabenstein), 175 M2c (evok20), 180 M1 (Alexander Rochau), 191 M6.2 (Alexander Rochau), 191 M6.5 (Mihai Musunoi), 196 M3 (Gessler), 222 M2 (Dan Breckwoldt), 232 M1 (SMICE), 234 M2 (Living Legend), 237 M5 (Kitigan), 237 M6 (Christa Eder), 259 M4a (Frank Haub), 259 M4b (Jenifoto), 291.1; Frambach, Timo, Braunschweig: 164 M4; Gaffga, Peter, Eggenstein-Leopoldshafen: 119 M3, 186/187 (Peter, Eggenstein), 190 M1, 196 M1; Gartung, Werner, Heidelberg: 129 M10, 129 M8; Gehrke, Mahlberg: 107 M4c; Geißler, Ch, Maintal/Bischofsheim: 67 C; Gemeinnützige Stiftung Leonard von Matt, Buochs: 83 M7; Gesamtverband des deutschen Steinkohlenbergbaus , Essen: 153 M6; Gesellschaft für ökologische Forschung e.V., München: 191 M6.3 (Zängl), 197 M5 (Zängl); Getty Images, München: 102/103 (MJ Kim), 204/205 (Rossi), 249 M2 (Bongarts); Glatz, S., Offenburg: 237 M7; Greiner, Alois, Braunschweig: 131 M3; Griese, Dietmar, Laatzen/Hannover: 236 M2; Hafen Hamburg Marketing e.V., Hamburg: 9 M3 (Hasenpusch); Harrer, Heinrich, Hüttenberg: 116/117, 132.3; Hauck, Angelika, Großostheim: 87 M2; Heit, E., Rilchingen-Hanweiler: 44 M2; Helga Lade Fotoagentur GmbH, Frankfurt am Main: 175 M2d (Klaus Baier); Hofemeister, Uwe, Diepholz: 172 M3; i.m.a - Information.Medien.Agrar e.V., Berlin: 168.5; iStockphoto, Calgary: 68 M1 (Thomas Gordon), 73 M5a (Rhienna Cutler), 106 M3a (Anna Minkevich), 107 M4b (Marek Mnich), 123 M4 (Max Lindenthaler), 259 M4c (D Huss), 259 M4f (Oleg Babich); Jupiterimages, München: 133.1; Keller, J., Wiesbaden: 59 M4, 176 M1; Kesper, Ingrid, Salzkotten: 57 M5, 86.1, 140 M2, 142/143, 153 M5, 217 M3, 217 M4, 229 M7; Key Porter Books Ltd., Toronto: 125 M6, 133.2; Kiefer, Dillingen: 162 M3, 163 M4, 163 M6; Kirch, Peter, Koblenz: 38.1, 39.1, 39.2; Kirmes, U., Garbsen: 175 M2e; Kubenka, H., Wiesbaden: 173 M4; Kurverwaltung Garmisch-Partenkirchen: 39 M5; Königliches Grönländisches Handelsdepartment, Kopenhagen: 124 M3; laif, Köln: 76 M2 (beide) (D. Rosenthal), 129 M11 (Deville), 191 M6.1 (GAFF); Lamberty, Michael , Deißlingen: 165.1; Lammerhuber, Baden: 226 M5; Landesamt für Kataster-, Vermessungs- und Kartenwesen , Saarbrücken: 35.2b; Latz, Wolfgang, Linz: 108 M1; Leue, M., Lüneburg: 164 M1; Liebe, K., Wirges: 104 M3; Liepe, J., Berlin: 218.1; Lorang, Hans-Walter, Überherrn-Berus: 149 M4, 149 M6, 275 M4 (beide), 275 M5; Lotos Film, Kaufbeuren: 220 M4 (Thiem), 221 M5 (Thiem), 221 M6a (Thiem), 221 M6b (Thiem), 221 M6c (Thiem), 221 M6d (Thiem); Luftbildverlag Hans Bertram GmbH, Memmingerberg: 35.2b; Masterfile Deutschland GmbH, Düsseldorf: 213 M4; Mathis, I., Merzhausen: 169.2; mauritius images GmbH, Mittenwald: 130 M2 (de foy), 200 M3 (Pigneter), 201 M6 (World Pictures), 234 M3 (World Pictures), 254.3, 233 M2, 259 M4d (Scott); Meyer, M., Paderborn-Elsen: 10 M1, 11 (beide); Mizzi, A., Buxtehude: 146 M3, 157.3a; Mohr, T. , Zermatt: 198 M3b; Museum Herxheim, Herxheim: 145 M3; Müller, Bodo, Bartensleben: 254.2; Nebel, Jürgen, Muggensturm: 23 M3, 27 M6, 32 M2-M4, 33 (alle), 69 M4, 70 M3, 95.1, 134/135, 136 M2, 139 M4, 145 M5, 148 M3, 211 M4; Neuhof, N., Braunschweig: 270 M1; Niedersächsisches Landesmuseum, Hannover: 264 M2; Nägele, E., Cheltenham: 195 M4; Panther Media GmbH, München: 79 M6 (C. Walenzyk), 206 M4 (Christian Pauschert); Pauly, Friedrich, Erfurt: 12 M1, 15 M4, 174 M2b, 183.2, 209 M5; Peter Wirtz Fotografie, Dormagen: 6/7; phothothek.net GbR, Radevormwald: 166 M2 (Grabowsky); Picture Press Bild- und Textagentur GmbH, Hamburg: 227 M6 (Ilert); Picture-Alliance GmbH, Frankfurt/Main: 35.1a (Uwe Gerig), 35.1b (PA Butterton), 47.1 (Bösl), 65 M4, 74 M2 (Lissac, Godong), 90 M1b, 166 M1 (Haid), 166 M3 (Zucchi), 168.6 (CHROMORANGE/F. Waldhäusl), 210 M3 (dpa (Sofam)); pixelio media GmbH, München: 192 M1a (strowa), 192 M1d (Elsa); Post- Lange, E., Prien: 54 M3; Rheinisches Landesmuseum, Trier: 83 M5; Richter, Ulrike , Malsch: 106 M3c, 108 M3; Riedmiller, A., Oberzollhausen: 199 M8; Rogge, F., Baden-Baden: 107 M5, 108 M2; Roland Seitre, Marray: 69 M6; Römerkastell Saalburg, Bad Homburg: 277 M7; Römisch-Germanisches Museum, Köln: 157.3d (S Siegers), 263 M3; Schlemmer, Herbert, Berlin: 36/37; Schnaubelt, W. & Kieser, N., WILDLIFE ART, Breitenau: 151 M6; Schroedel Archiv: 163 M5; Schulthess, Emil, Forch/ Zürich: 122/123; Schuster, D., Emmerich: 32 M1; Schäfer, J., Euskirchen: 63 M3, 63 M4; Schönauer-Kornek, Sabine, Wolfenbüttel: 8 M2, 12 M2, 14.1, 14 M1, 18 M1, 18 M3, 20 M1, 29.1, 34.1, 40.1, 41 M3, 43 M4, 49 (alle), 53 M3, 59 M5, 59 M6, 67.1, 67 A, B, D-F, 97 M3, 100.1, 105 M4, 107.1, 107 M6, 116/117, 130 M1, 131 M4, 162 M2, 169.1, 177 M4, 182.1, 183.1, 184.1, 194 M2, 194 M3, 195 M5, 202.1, 228.1, 233 unten, 235 M5, 239 M4, 254.4, 262 M1, 277 M6; Shutterstock Images LCC, New York, NY 10004: 13 M3b (Glenn Walker), 129 M9 (Sternstunden); Silis-Hoegh, Inuk , Kopenhagen: 116.1, 132.1; Staatliches Museum für Naturkunde und Vorgeschichte, Oldenburg: 151 M4, 151 M5; Stadt Dillingen, Dillingen: 274 M3; Stadtmarketing Regensburg, Regensburg: 259 M4e; Stiftung Schleswig-Holsteinische Landesmuseen, Schleswig: 152 M3, 157.3e; Stiftung Stadtmuseum Berlin, Berlin: 58 M1 (Bartsch); Stürzlinger, Gerhard, Pfons: 198 M2; The British Museum, London: 220 M1, 224/225; Tonn, Dieter, Bovenden-Lenglern: 244 M1; TopicMedia Service, Putzbrunn: 233 M5 (Rauch); TransFair, Köln: 77 M5; Uni-Dia-Verlag, Grosshesselohe: 215 M5; Unilever Austria GmbH, Wien: 62 M2; Uwe Schmid-Fotografie, Duisburg: 109 M6; vario images, Bonn: 167 M6 (Juice Images); Visum Foto GmbH, Hamburg: 167 M5 (Staudt), 208 M2 (Rainer Hackenberg); Walenta, Christian, Unterschleißheim: 19 M5; Weidner, Walter, Altußheim: 121 M3b; Weigert, C., Beratzhausen: 276 M3; Weiser, M., Paderborn: 9.1, 86 M1, 87 M3, 111 M5; White Star, R. Rabal, Hamburg: 201 M5; Wilhelm Busch Museum, Hannover: 58 M2; www. Burnig Well. org: 73 M6; Zeilsheimer Heimat- und Geschichtsverein e.V., Frankfurt/Main: 182 M1; Zwick, Monika, Gelnhausen: 264 M1.

Der Band enthält Beiträge von: Hanne Auer, Andreas Bremm, Jutta Brenneke, Bernhard Detsch, Myrle Dziak-Mahler, Renate Frommelt-Beyer, Peter Gaffga,   Angelika Hauck, Erika Heit, Jürgen Heller, Ingo Juchler, Karl-Heinz Kiefer, Peter Kirch, Norma Kreuzberger, Rainer Lacler, Walter Liederschmitt, Hans Walter Lorang, Matthias Meyer, Friedrich Pauly, Hans-Joachim Pröchtel, Ulrike Richter, Heike Schaadt, Thomas Seidl, Jens Siebert, Christoph Weigert, Alexander Wiebel und Roland Widmann.

Hilfe zur Lösung
in alphabetischer

Schwierigkeitsgrade
■ = einfache Aufgabe, ■■ = schwierige Aufgabe, ■■■ = sehr schwierige Aufgabe

analysieren	■■	Schwierige Sachverhalte in Teilthemen untergliedern und die Zusammenhänge herausarbeiten und aufzeigen.
auflisten	■	Eine Liste von Sachverhalten oder Gegenständen ohne Erklärung anlegen.
auswerten	■■	Die Aussagen von Materialien (Texten, Karten, Bildern) herausfinden und zusammenstellen.
begründen	■■	Für einen bestimmten Sachverhalt Argumente finden und aufschreiben.
beschreiben	■	Die Aussagen von Materialien (Texten, Karten, Bildern) mit eigenen Worten wiedergeben.
bestimmen, ermitteln	■	Einen Sachverhalt oder einzelne Begriffe in Texten und Materialien herausfinden.
beurteilen	■■■	Auf der Grundlage von Fachkenntnissen und der Analyse von Materialien einen Sachverhalt ohne persönliche Bewertung einschätzen.
bewerten	■■■	Auf der Grundlage von Fachkenntnissen und der Analyse von Materialien einen Sachverhalt einschätzen und eine sachlich begründete eigene Meinung darlegen.
charakterisieren	■■	Einen Raum oder einen Sachverhalt auf der Grundlage bestimmter Gesichtspunkte begründet vorstellen.
darstellen	■	Die Aussagen von Materialien (Texten, Karten, Bildern) geordnet als Text oder Schemazeichnung verdeutlichen.
diskutieren	■■■	Zu einem Sachverhalt Argumente zusammenstellen und daraus eine begründete Bewertung entwickeln.
einordnen	■■	Einen Sachverhalt auf der Grundlage einzelner Gesichtspunkte in einen Zusammenhang stellen.